宝鸡文理学院哲学重点学科建设经费资助

宝鸡文理学院专项项目"吕柟年谱与思想研究"（项目编号：ZKH01）研究成果

横渠書院 丛书 · 王志刚 刘学智 / 主编

吕柟年谱

米文科 ◇ 著

中国社会科学出版社

图书在版编目（CIP）数据

吕柟年谱/米文科著 . —北京：中国社会科学出版社，2017. 10
ISBN 978 - 7 - 5203 - 0708 - 6

Ⅰ . ①吕…　Ⅱ . ①米…　Ⅲ . ①吕柟(1479 - 1542)—年谱
Ⅳ . ①B248. 92

中国版本图书馆 CIP 数据核字（2017）第 163694 号

出 版 人	赵剑英
责任编辑	周晓慧
责任校对	无　介
责任印制	戴　宽

出　　版	中国社会科学出版社
社　　址	北京鼓楼西大街甲 158 号
邮　　编	100720
网　　址	http://www. csspw. cn
发 行 部	010 - 84083685
门 市 部	010 - 84029450
经　　销	新华书店及其他书店

印　　刷	北京明恒达印务有限公司
装　　订	廊坊市广阳区广增装订厂
版　　次	2017 年 10 月第 1 版
印　　次	2017 年 10 月第 1 次印刷

开　　本	710 × 1000　1/16
印　　张	19. 75
插　　页	2
字　　数	283 千字
定　　价	86. 00 元

目　　录

吕柟学行简述

吕柟（1479—1542），字仲木，号泾野，明宪宗成化十五年（1479）四月二十一日生于陕西高陵县。吕氏家族从南宋理宗时就定居在高陵，此后世代为高陵人。吕柟年少时即聪悟绝人，曾随高陵教谕高俦与邑人孙昂学习《尚书》。弘治十一年（1498），进入西安府正学书院读书，当时陕西提学副使杨一清称："康（康海）之文辞，马（马理）、吕（吕柟）之经学，皆天下士也。"[①] 同年，又师事渭南薛敬之，成为薛瑄河东之学在关中最重要的传人。随后在高陵建云槐精舍讲学。弘治十四年（1501），中陕西乡试第十，时年二十三。第二年，会试落第，入北京国子监读书。正德三年（1508），吕柟以《尚书》会试第六，廷试第一，授翰林院修撰兼经筵讲官。当时权宦刘瑾想以同乡身份前往祝贺，但被吕柟拒绝，此后也不相往来。两年后，即正德五年（1510），吕柟上疏请明武宗亲临政事，触怒刘瑾，遂辞病归乡。回到家中数月，刘瑾就被朝廷诛杀，受其牵累而下狱、降职和免官的陕西籍官员很多，但吕柟因其气节而免受牵连。正德七年（1512），因王廷相举荐，被重新起用，官复原职。正德九年（1514），吕柟第二次辞官归乡。

从正德九年至嘉靖元年（1522），吕柟一直居家讲学，曾先后讲

---

① （明）冯从吾：《关学编（附续编）》，中华书局1987年版，第47页。

于东郭别墅和东林书屋。嘉靖元年，起用，仍官翰林院修撰，入史馆纂修《武宗实录》。嘉靖三年（1524），因上疏语涉"大礼"而下狱，被贬为山西解州判官。在解州，吕柟轻徭薄赋，劝课农桑，兴修水利，筑堤护盐池。同时，又建解梁书院，选民间俊秀子弟入书院读书，令耆德每月朔望讲读《会典》诸礼，并在解州推行《吕氏乡约》和《朱子家礼》，表彰孝子、义士、节妇等。嘉靖六年（1527）冬，转官南京吏部考功郎中，去后，解州人为其立碑塑像。嘉靖十年（1531），升南尚宝司卿。嘉靖十三年（1534），升南太常寺少卿。在此期间，吕柟与湛甘泉、邹东廓共主南京讲席，先后讲学于柳湾精舍、鹫峰东所与太常南所，风动江南，从学者甚众。嘉靖十四年（1535），升北京国子监祭酒。在国子监，作《监规发明》，以约束诸生，改善国子监学风，并强调对礼乐的学习。第二年，由国子监祭酒升南京礼部右侍郎，并讲学于礼部北所。嘉靖十八年（1539），时年六十一的吕柟致仕回乡。在家乡高陵，又建北泉精舍讲学。嘉靖二十一年（1542），因病去世，时年六十四。隆庆元年（1567），追赠礼部尚书，谥文简。

吕柟一生著述很多，其中主要有《泾野子内篇》《四书因问》《泾野先生五经说》（包括《周易说翼》《尚书说要》《毛诗说序》《春秋说志》《礼问》）、《泾野先生文集》《泾野先生别集》《高陵县志》《解州志》以及《宋四子抄释》等。

在学术主张上，吕柟以程朱为宗，不认同阳明学，但无门户之见。黄宗羲说："先生之学，以格物为穷理，及先知而后行，皆是儒生所习闻。而先生所谓穷理，不是泛常不切于身，只在语默作止处验之；所谓知者，即从闻见之知，以通德性之知，但事事不放过耳。"①在这里，黄宗羲指出了吕柟学问的主要特点，即格物穷理与知先行后，而这也是吕柟批评阳明学的重点所在。首先，就知行关系来说，吕柟反对王阳明讲的"知行合一"，在他看来，"知者行之始，行者

---

① （清）黄宗羲：《明儒学案》（修订本），中华书局 2008 年版，第 138 页。

知之随"，故"必先知而后行"①。知与行的关系就像形体与影子、目视与足移一样，如果没有形体，影子就不会存在；如果没有目之视，足的移动就会失去方向，甚至寸步难行。其次，对于"格物"，吕柟认为自《周易》讲仰观、俯察、远求、近取以来，"格物"都是指"穷理"，而非王阳明所说的"正物"，以"格"为格式之格，并非孔子立言之意，而且，"若不穷理，将不至于冥行妄作乎？"②不过，正如黄宗羲指出的，吕柟所说的"穷理"，并非泛常不切于身，而是要在语默动止处讲求，换言之，也就是要对身心有益、于世道有补，否则便是口耳记诵之学。吕柟说："所谓格，在随时随处格。凡念虑所起，身之所动，事之所接皆是，皆要穷究其理。……若离却己身，驰心鸟兽草木上，格做甚。"③除此之外，吕柟不认同阳明学的另一个重要原因是，他认为王阳明讲学单提"良知"，只是告诉学者去"致良知"，未免过于浑沦，使初学者无处下手做工夫。但圣人却不是如此，圣人是随所学者的资质、学力或不足之处而诲之，就像孔门弟子问"仁"一样，孔子的回答并不完全相同。因此，吕柟提出了一个重要观点，即"圣人教人，每因人变化"④。

然而，尽管吕柟在学术思想上并不认同王阳明之学，但他并无门户之见。首先，在吕柟看来，王阳明的良知学对于世俗只注重词章训诂、口耳记诵而不重视身心道德修养具有补偏救弊的作用。其次，嘉靖二年（1523）会试时，因当政者不喜阳明学，故会试策问有阴诋王阳明之意，作为同考官的吕柟却为之力辨，并且力荐王阳明弟子欧阳南野的试卷，欲置上等，但因主考官的反对而不果。最后，吕柟弟子薛应旂也指出，对于朱陆同异，吕柟的态度是："晦庵、象山同法尧舜，同师孔孟，虽入门路径微有不同，而究竟本原，其致一也，亦

① （明）吕柟：《泾野子内篇》，中华书局1992年版，第89页。
② （明）吕柟：《泾野子内篇》，第129页。
③ （明）吕柟：《泾野子内篇》，第147页。
④ （明）吕柟：《泾野子内篇》，第87页。

何害其为同哉！学者不务力行而胶于见闻以资口耳，竟于身心何益？"① 在这里，我们可以看到吕柟真正重视的是"力行"。

"力行"可以说是吕柟思想最大的特点。东林学者高攀龙就说："薛文清、吕泾野语录中无甚透悟语，后人或浅视之，岂知其大正在此。他自幼未尝一毫有染，只平平常常，脚踏实地做去，彻始彻终，无一差错，既不迷，何必言悟？所谓悟者，乃为迷者而言也。"② 从吕柟的讲学语录中也可以看到，吕柟对理学中的理气、心性等形上问题很少讨论，讲的最多的是工夫实践。因此，在工夫上，吕柟很重视"致曲"，认为"君子之学，致曲为要"③，而且"致曲"就是"明诚"的尽头，工夫并非只是为了体证本体。

吕柟学问的再一个特点就是对孔孟"仁学"的重视，主张"以仁为学"。在他看来，"圣人之学，只是一个仁"④ "仁是圣门教人第一义，故今之学者必先学仁"⑤。不过，吕柟所说的"仁"并不是一时一事之仁，而是宋明理学家常常强调的"万物一体"精神的反映。对吕柟而言，这个"仁"就是以"天下犹一家，万民犹一人"为基础，以万物各得其所为目标。可见，吕柟的仁学既有宋明理学的"万物一体"精神，又吸收了孔孟仁学的实践特点，其仁学是工夫与境界的统一。

最后，在恪守程朱之说的同时，吕柟也继承了张载关学的一些学风特点，如重视经学和礼教。吕柟把经学看作"士子之堤防"，认为通过"六经"的学习，可以使学者避免高谈性命、追求名利、不切实用和见利忘义等。不过，相对于宋明理学家常常以己意或所谓"义理"来解释经典，吕柟则主张学者要"以行为先，以言为后，以明

① （明）薛应旂：《泾野先生传》，《方山薛先生全集》卷24，《续修四库全书》第1343册。

② （清）黄宗羲：《明儒学案》（修订本），第1433页。

③ （明）吕柟：《赠别林秀卿语》，《泾野先生文集》卷33，明嘉靖三十四年于德昌刻本。

④ （明）吕柟：《泾野子内篇》，第67页。

⑤ （明）吕柟：《泾野子内篇》，第202页。

经为重，议经为轻"①。对于礼教，吕柟则认为，学者应先学礼，因为礼如堤防之于水，人若无礼以堤防其身，则内心便常是私意私欲。而学礼、执礼即是遵从道义，工夫便有准的，身心就有持守，非辟之心便无从而入，故一动一静都应当用礼来规范。可见，在吕柟那里，礼并不只是一种表面上的仪式或礼节，而是义的体现，也是天理的再现。吕柟对礼的重视，就连《明儒学案》也说："关学世有渊源，皆以躬行礼教为本，而泾野先生实集其大成。"②

总之，作为明代中期最著名的关学学者，吕柟与晚明长安的冯从吾分别代表了明代关学发展的两个高峰。当时江右王学学者邹元标就说："横渠之后，明有仲木（吕柟），今有仲好（冯从吾），可称鼎足。"③

① （明）吕柟：《送费振伯语》，《泾野先生文集》卷33。
② （清）黄宗羲：《明儒学案》（修订本），第11页。
③ （明）邹元标：《少墟冯先生集序》，见冯从吾《冯恭定公全书》，清光绪二十二年刻本。

凡　例

一　年谱正文依次为谱文、注文、按语。若当年有与谱主关系紧密或为明代关学思想史之大事，则附于该年谱文之后。

二　本谱以系年纪事，以年号加干支，并注公元纪年及谱主岁数。

三　谱主每年行事，时间可考者，则以季、月、日顺序编列；具体时间不可考而确定在某两条之间者，则插入其中；年次可考而具体时间难定者，则置于该年行事可考者后；具体时间不可考而与某条内容相关者，则置于该条后；年次大致可知为当年或下年者，则视情况置于该年或下年条，并加"约是年""是年或明年"，或在按语中进行说明。

四　本谱人物称谓，一般称全名，但在习惯上称号的，如王阳明、湛甘泉、邹东廓、欧阳南野等则称其号。

五　每年谱文之事均有注文，为谱文之征引、补充材料。主要依据谱主文集及相关文集、史、志等。

六　注文材料详略不同，或录全文，或节录要点，以说明谱主思想及活动为取舍原则，其余则精简之。

七　按语是对谱文或注文相关内容的说明或考证，包括人物及地名介绍、事件背景补充、事件考证等，以"按"字开头。人物介绍，基本上系于其首次出现处。

吕柟年谱

成化十五年己亥（1479），一岁

四月二十一日，生于陕西高陵县，初字大栋，后更为仲木。

马理《谿田文集》卷 5《南京礼部右侍郎泾野吕先生墓志铭》（以下简称《墓志铭》）：吕泾野先生者，讳柟，字仲木，高陵人也。学行世儒所宗，称为泾野先生云。……公生于成化己亥四月二十一日午时。

马理《泾野先生文集序》：吕子讳柟，初字大栋，渼陂王子敬夫谓理更字之曰仲木，号曰泾野，西安高陵人也。

按：马理序见嘉靖三十四年于德昌刻本《泾野先生文集》。另，下引《泾野先生文集》，若无特别说明，皆为嘉靖本。

渼陂王子敬夫即王九思（1468—1551），字敬夫，号渼陂，陕西鄠县（今户县）人。明代文学复古运动的"前七子"之一。弘治九年（1496）进士，历官翰林院检讨、吏部主事、郎中、寿州同知。著有《渼陂集》《渼陂续集》《碧山诗余》《碧山乐府》、杂剧《杜子美沽酒游春记》《中山狼院本》《鄠县志》等。

据记载，吕柟家族为西周姜太公之后。在南宋理宗时有吕世昌者在陕西高陵县定居，此后世代为高陵人。其世系可考者如下：吕世

·1·

昌……彬卿—八—兴—贵—鉴—溥—柟、梓、栖。

马汝骥《通议大夫南京礼部右侍郎泾野吕公柟行状》（以下简称《行状》，见焦竑《国朝献征录》卷37）：吕氏本太公望后，宋时有讳世昌者居高陵，故世为高陵人。又几世生彬卿，彬卿生八，八生兴，兴生贵，贵生鉴，鉴生溥，号渭阳。渭阳公配宋氏，生公。昔葬彬卿祖时，其圹有声如雷，卜言兆显六世，至是公生，敦厚颖敏特异。

《泾野先生文集》卷13《新昌吕氏家乘序》：泾野子曰："於戏！新昌之吕盛哉！信卿之纂实哉！柟亦齐吕之苗裔也。求其先止于宋理宗朝，其前无据也；访诸蓝田四吕氏之里，其族湮无闻也。……"

按：吕八，名大，以行名。王九思所撰吕鉴墓碑（见《渼陂集》卷11《明故处士吕公墓碑》）曰："有讳彬卿者生子三人，其长曰大，次曰十，又次曰珪，通经发迹，作邑于淇。大之行八，人乃特称，而淳朴戆直，闻言不信。"

吕柟还有一叔父吕博（1455—1539），见吕柟《（嘉靖）高陵县志》卷7。康海《对山集》卷35《封儒林郎翰林修撰吕公墓碑》云："公讳溥，字某，家世高陵人也。……鉴娶魏氏，生公及其弟博。公长子柟者，海友也。"

父吕溥，是年三十二。母宋氏，是年亦三十二。

康海《对山集》卷35《封儒林郎翰林修撰吕公墓碑》：公讳溥，字某，家世高陵人也。……配宋氏，沈府教授宋公之孙女也。……公生正统戊辰五月十四日，春秋六十又九。安人与公同生，生七月二十一，卒弘治乙卯五月八日，寿止四十有八。

按：吕溥（1448—1516），号渭阳，吕柟之父。传见康海《封儒林郎翰林修撰吕公墓碑》（《对山集》卷35）。

是年，韩邦奇、穆孔晖生。

按：韩邦奇（1479—1555），字汝节，号苑洛，陕西朝邑（今大荔县朝邑镇）人。与其弟韩邦靖（五泉，1488—1523）并有名。正德三年（1508）进士，官至南京兵部尚书。卒赠太子少保，谥恭简。韩邦奇是明代中期关学的重要代表人物，其理学"出王虎谷（云凤）先生之门"而渊源于薛瑄（见杨绍武《理学备考序》）。著有《苑洛集》《性理三解》（即《正蒙拾遗》《启蒙意见》和《洪范图解》）《易占经纬》《苑洛志乐》《禹贡详略》等书。今有点校本《韩邦奇集》。传见焦竑《国朝献征录》卷42《南京兵部尚书韩邦奇传》、冯从吾《关学编》卷4等。

穆孔晖（1479—1539），字伯潜，号玄庵，山东聊城堂邑人，王阳明弟子。弘治十八年（1505）进士，官至南京太常寺卿，卒赠礼部右侍郎，谥文简。穆孔晖是阳明弟子中与吕柟交往较密切的一位。传见王道《南京太常寺卿赠礼部右侍郎谥文简穆公孔晖墓志铭》（《国朝献征录》卷70）。

成化十六年庚子（1480），二岁

成化十七年辛丑（1481），三岁

成化十八年壬寅（1482），四岁

正月十九日，弟吕梓生。

《泾野先生文集》卷23《吕仲桥圹志》：仲桥生成化壬寅正月十九日，殁正德己卯十二月五日，亦才三十八。

按：吕梓（1482—1519），字仲桥，吕柟大弟。

成化十九年癸卯（1483），五岁

成化二十年甲辰（1484），六岁

是年，段坚卒。

按：段坚（1419—1484），字可久，初号柏轩，后号容思，甘肃兰州人。明初关学重要代表人物。其先山西阳曲县人，至其祖段鹤鸣迁居兰州。景泰五年（1454）进士，历官福山知县、莱州知府、南阳知府。在南阳，创建志学书院、豫山书院，讲习程朱之学，又重建诸葛书院，刊刻《二程全书》及胡寅的《崇正辨》等书。致仕后居家讲学。段坚之学由凤翔的张杰（字立夫，号默斋，1421—1472）与洛阳的阎禹锡（字子与，1426—1476）、白良辅而上溯河东之薛瑄（三人皆为薛瑄弟子）。因此，《明儒学案》称其虽未及薛瑄之门，却属私淑而有得者。其弟子秦州（今天水）的周蕙（字廷芳，号小泉）在游学西安时，咸宁的李锦与渭南的薛敬之皆从之学，后薛敬之又将河东之学传之吕柟。著有《容思文集》《柏轩语录》，已佚。今存其弟子彭泽编，清道光三年（1823）刻本《段容思先生年谱纪略》。

阎禹锡与白良辅之事迹见孙奇逢《中州人物考》卷1（收入《孙奇逢集》）、马中锡《监察御史阎公禹锡墓志铭》（《国朝献征录》卷65）。

成化二十一年乙巳（1485），七岁

约是年，从邑人周尚礼学习《小学》。

薛应旂《方山薛先生全集》卷24《泾野先生传》：故先生七八岁时，敦厚颖敏如老成人，遣就傅于周丈人节之，闻《小学》之教。

杨九式《吕泾野先生续传》（《（嘉靖）高陵县志》附）：先生资性颖悟，始就傅于周尚礼，习幼仪。郎中高选见而奇之曰："此子他日必成大器，不但以科第先人。"

清道光杨浚《续刻吕泾野先生文集》卷8《江陵尹周君墓表》：此吾友江陵君周君之墓也。……父讳尚礼，字节之，号养浩轩，亦以太学生仕为山西垣曲县丞。垣曲善教人，枏为童子时，受学焉，获闻洒扫应对之节。其殁也，枏尝志其墓曰："《小学》之教不行久矣，至先生而后能复之。"

按：周尚礼（1436—1508），字节之，号养浩轩，陕西高陵人，以太学生仕为山西垣曲县丞。吕枏曾为其第四子周绍（字克述，号渭川）撰有墓表（见清道光十二年杨浚《续刻吕泾野先生文集》卷8）。

高选（1457—1516），字朝用，号渭坡，陕西高陵人。弘治六年（1493）进士，授户部主事。历官户部员外郎、户部郎中、河南钧州同知、吉州知州、山东临清知州、两淮盐运司同知。万历李桢本《泾野先生文集》卷34有《两淮盐运司同知渭坡高公配安人邸氏墓志铭》。

成化二十二年丙午（1486），八岁

是年，李锦卒。

按：李锦（1436—1486），字在中，号介庵，咸宁（今陕西西安）人。明初著名关学学者。天顺六年（1462）举人，成化二十年（1484），选为松江府同知，因病卒于官。李锦从学于周蕙，以主敬穷理为学。曾与渭南的薛敬之、咸阳的姚显等人相互讲学，躬行实践，被关中学者称为"横渠"。因不喜著述，不见有著作传世。其门人著名者有刘玑（见"弘治十二年"条）。传见冯从吾《关学编》卷3。

姚显，字微之，别号西廓，陕西咸阳人。正统九年（1444）举人，先后为山东齐东、武城县令，官至太仆寺丞。传见《冯少墟集》卷17《西郭先生传》。

成化二十三年丁未（1487），九岁

是年，南大吉生。

按：南大吉（1487—1541），字元善，号瑞泉，陕西渭南人。正德六年（1511）进士，官至绍兴知府。明代中期关学"中兴"的主要代表人物。南大吉师从王阳明，"以致良知为宗旨，以慎独改过为致知工夫"。嘉靖三年（1524），南大吉重修稽山书院，延请王阳明及其弟子讲学其中。后来南大吉又刻《传习录》（相当于今本《传习录》的上、中两卷）于越。致仕回乡后，先后讲学于所居之地秦村与启善寺及县城的酒西书院（或称酒西草堂），成为第一个在关中地区自觉传播阳明学的学者。著有《瑞泉南伯子集》（22 卷，现仅存残卷）、《（嘉靖）渭南县志》等。今有点校本《南大吉集》。传见马汝骥《明故中顺大夫浙江绍兴府知府瑞泉南公墓志铭》、马理《明故中顺大夫浙江绍兴府知府瑞泉南先生墓表》、冯从吾《关学编》卷 4《瑞泉南先生》等。

是年，马理入三原县学，从雷鸣学《易》，尊师重道。

薛应旂《方山薛先生全集》卷 32《谿田马公墓志铭》：十四补县学生，受《易》于同学生雷鸣。后雷不第，公闻誉日起，执弟子礼唯谨，三原士人知尊师道实自公始。

李开先《闲居集》卷 9《谿田马光禄传》：自开卷读书，即轻举子业不屑为，而励志圣贤之学。从庠生雷鸣受《易》。每遇雷，拱立道旁，待其过而后行。士人知尊重师道，实自先生始。

按：马理（1474—1555），字伯循，号谿田，陕西三原人。师从王承裕，为明代三原学派的重要学者，关学"中兴"的主要代表人物。杨一清督学关中时，将马理与康海、吕柟并称为"天下士"。正德九年（1514）进士，官至南京光禄寺卿。曾先后讲学于三原的武安王祠和嵯峨精舍，以及商州（今陕西商洛）的商山书院。天启初，追谥忠宪。马理著述较丰富，但大多已失传，现存《谿田文集》《周易赞义》等。今有点校本《马理集》。传见薛应旂《方山薛先生全集》卷32《谿田马公墓志铭》、李开先《闲居集》卷9《谿田马光禄传》、乔世宁《丘隅集》卷14《马谿田先生墓碑》、冯从吾《关学编》卷4《谿田马先生》等。

弘治元年戊申（1488），十岁

季弟吕栖生。

《泾野先生文集》卷35《哭栖仲止文》：念去年之别尔也，尔谓我云："兄之此去也，必作大魁。"今如尔言矣，尔未及闻而去，令我不哀？戊辰冬。

《泾野先生文集》卷23《吕仲桥圹志》：此吾弟仲桥梓之圹也。……季弟仲止二十一岁殁。

按：据吕柟之文可推知，其弟吕栖（字仲止，1488—1508）生于是年。

是年，陕西提学副使娄谦命西安知府徐政重建三原学古书院。

王恕《王端毅公文集》卷1《复学古书院记》：三原故有学古书院，在城西北隅。元延祐间义民李子敬暨其弟子懋创为之，延师儒以教乡人之子弟者。……至正十八年废，移其内所奉宣圣及颜、曾、思、孟像于大成殿、学古书院碑于儒学。本朝永乐中，居民张秉等即其地建三官庙。……成化二十三年，余致仕归，适提学宪副广信娄君谦来临吾邑，课试之余，访予于西园精舍……以议复之，知县葛璋力不能为，且惑于浮议，不果复。是年冬，余被召至京师。明年是为弘治元年，娄君擢宪长，复下其事于西安府。太守广平徐君政慨然以兴复为任，乃遣使至县，撤去三官神像，即其殿宇奉安宣圣及四配像如故；移学古书院碑于内，仍以旧额榜其门。

按：学古书院在陕西三原县城西北，始建于元延祐七年

（1320），为邑人李子敬与其弟李子懋创建，延泾阳程瑁讲学其中，人称悦古先生。元至正十八年（1358）废。明永乐中，其地成为三官庙。至弘治元年（1488）修复。此后历经明清两代，学古书院都是三原乃至陕西著名的讲学书院之一。

娄谦，字克让，江西上饶人，成化二年（1466）进士，官至四川布政使。传见京学志《监察御史娄公谦传》（《国朝献征录》卷65）。

弘治二年己酉（1489），十一岁

弘治三年庚戌（1490），十二岁

受陕西提学副使马中锡赏识，入高陵县学。

《泾野先生文集》卷22《明奉政大夫云南武定府同知龙湾先生高公墓志铭》：柟十二而入县庠，十三而先生来署高陵教谕。

杨九式《吕泾野先生续传》：提学东田马中锡异其文，收入县学。

按：马中锡（1446—1512），字天禄，号东田，河北故城人。成化十一年（1475）进士，官至都察院左都御史。有《东田漫稿》《别本东田集》传世。传见靳贵《资善大夫都察院左都御史东田马公中锡墓志铭》（《国朝献征录》卷54）、《明史》卷187。

居高陵东郊后土宫读书，与道士张道隆同舍异室居二年。

《泾野先生文集》卷15《重修清真观记》：曩弘治辛、壬间，予同友人读书东郊后土宫，与道人张道隆同舍异室居二年。予治孔氏，道隆治老氏，道虽不相谋，居久则情亲。

按：《（嘉靖）高陵县志》卷2亦收有吕柟《重修清真观记》，然作："曩弘治庚、辛间"。今从县志。

《重修清真观记》即为张道隆所作。高陵县清真观，在县东南二十五里吴村原上，始建于何年不详，但在西魏文帝时即已有之，今已不存。

弘治四年辛亥（1491），十三岁

在高陵县学教谕高俦的帮助下，开始有志圣贤之学。

《泾野先生文集》卷22《明奉政大夫云南武定府同知龙湾先生高公墓志铭》：柟十二而入县庠，十三而先生来署高陵教谕。当是时，柟蒙未有知也，逐诸童生，习白谈，或荡或孩，孺子戏状。先生曰："柟也，亦若此乎？"乃策使与优等生群。优等生业熟而行习，乃俾柟努力日夜追，勿敢后也。

马汝骥《行状》：时未总卯，辄有志圣贤之道，乃夏居矮屋，衣冠危坐，虽炎暑铄金，不越户限。至冬月祁寒，则履藉麦草，诵读恒夜以继日。

按：高俦（1449—1521），字宗伊，号龙湾，又号钝庵，四川泸州人。弘治二年（1489）举人，历官高陵县学教谕、云南武定府同知。传见《泾野先生文集》卷22《明奉政大夫云南武定府同知龙湾先生高公墓志铭》。《（嘉靖）高陵县志》卷2《祠庙记》收有其记一篇，撰于弘治四年。

《文集》云"十三而先生来署高陵教谕"，而吕柟《（嘉靖）高陵县志》卷4《官师传》则记高俦于弘治三年以举人任教谕。

是年，邹守益生。

按：邹守益（1491—1562），字谦之，号东廓，江西安福人。王阳明弟子，江右王门的主要代表。正德六年（1511）进士，官至南京国子监祭酒。隆庆元年（1567），赠礼部右侍郎，谥文庄。邹东廓是吕柟在南京讲学时重要的讲友，二人曾就知行、格物和"修己以敬"等问题进行过多次辩论。传见耿天台《东廓邹先生传》（《耿天台文集》卷14）、宋仪望《邹东廓先生行状》（《华阳馆文集》卷11）等。今有点校本《邹守益集》。

弘治五年壬子（1492），十四岁

应试临潼，补廪生。

杨九式《吕泾野先生续传》：年十四，应试临潼，贫不能僦馆，投宿于新丰空舍内。夜梦老人自骊山下，谓曰："尔其力学，后当大魁天下。"明日试，补廪生。

马理《墓志铭》：年十四，应试临潼，贫不能僦馆，宿新丰空舍。夜梦老人自骊山下，谓曰："尔勉学，后当魁天下。"明日试，获超补廪膳生。

弘治六年癸丑（1493），十五岁

是年，王承裕在三原讲学，马理等人来从学，遂开创三原学派。

冯从吾《关学编》卷3《平川王先生》：癸丑，第进士。会端毅公致仕，先生予告归，乃开门授徒，讲学于释氏之刹。堂至不能容，复讲于弘道书院。先生教以宗程朱以为阶梯，祖孔、颜以为标准。

李开先《谿田马光禄传》：会端毅公致仕，子康僖以进士侍养，有余力，设教聚徒，先生即游其门，得尽览王氏家藏书。又因王氏父子，得习闻朝家故典及儒先性理奥旨，不徒虚事口耳，真能体验于身心。

按：端毅公即王恕（1416—1508），字宗贯，号介庵、石渠，陕西三原人。正统十三年（1448）进士，官至吏部尚书，加太子太保。卒，赠太师，谥端毅。王恕致仕后，潜心儒家经典的研究，亦时而为弘道书院诸生讲学。著有《王端毅公文集》《石渠意见》《玩易意见》等。今有点校本《王恕集》。

康僖公即王承裕（1465—1538），字天宇，号平川，王恕之子。弘治六年（1493）进士，后官至南京户部尚书。王承裕中进士后，未授职，即陪同刚致仕的父亲王恕返回三原，借僧舍讲学，名为"学道书堂"，后又创建弘道书院。马理、秦伟、雒昂等人皆从其学，遂开创明代关中地区著名的三原学派。王承裕著述丰富，但大都已佚失，后人辑有《少保王康僖公文集》，保存了王承裕的部分著述。传见马理《谿田文集》卷5《南京户部尚书平川先生王公行实》。

三原学派，黄宗羲《明儒学案》曰："关学大概宗薛氏，三原又其别派也。其门下多以气节著，风土之厚，而又加之学问者也。"（卷9《三原学案》）《四库全书总目提要》卷63 "《关学编》五卷"条曰："明世关西讲学，其初皆本于薛瑄。王恕又别立一宗，学者称为三原支派。大抵墨守主敬穷理之说，而崇尚气节，不为空谈。黄宗羲所谓风土之厚，而加之以学问者。"同书卷96 "《愿学编》二卷"条说："关中之学，大抵源出河东、三原。"清末关中学者柏景伟说："段容思起于皋兰，吕泾野振于高陵，先生王平川、韩苑洛，其学又微别。"（见《关学编（附续编）》柏序）可见，三原之学虽以程朱为宗，但与河东薛瑄之学并不完全相同。

是年，杨爵生。

按：杨爵（1493—1549），字伯修，号斛山，陕西富平人，学者称斛山先生，明代中期著名的关学学者。嘉靖八年（1529）进士，授行人，先后任山东道、河南道监察御史。嘉靖二十年（1541），因上疏力陈时弊，被逮下狱。嘉靖二十四年（1545），释放归乡。抵家才十日，又再次入狱，直至嘉靖二十六年（1547）放归。嘉靖二十八年，卒于家。隆庆元年（1567），赠光禄少卿。万历中，赐谥忠介。杨爵从学于朝邑的韩邦奇，与杨继盛号称"韩门二杨"。著有《杨忠介集》《周易辨录》。今有点校本《杨爵集》。

弘治七年甲寅（1494），十六岁

是年，南逢吉生。

按：南逢吉（1494—1574），字元贞，号姜泉，陕西渭南人。嘉靖十七年（1538）进士，授礼部仪制主事，官至山西按察司副使、雁门兵备道。南逢吉与其兄南大吉同师事王阳明，后又与兄长一同在家乡传播良知学，学者称之为"二南先生"。致仕后，又在渭南建姜泉书院讲学。著有《越中述传》《订注会稽三赋》和《姜泉集》，现仅存《订注会稽三赋》一书。

弘治八年乙卯（1495），十七岁

五月，母宋氏卒，时年四十八。

薛应旂《泾野先生传》：安人为沈府教授玉之孙女。教授幼好书，人号"宋五经"，以贤名于时。安人少习其教。先生孩竖时，即诵其祖教授公之遗行以教之。弘治乙卯，丁母安人忧，哀毁读《礼》，未尝轻出。服阕，犹思慕不已。

康海《封儒林郎翰林修撰吕公墓碑》：公讳溥，字某，世家高陵人。……配宋氏，沈府教授宋公之孙女也。以身教子，凡枕被刺绣故实，必日此贤此孝，讲说大意，亹亹不倦。又恒诵其祖教授公之遗行以诏柟。故柟之所以为天下之士者，其父母之教有然也。公生正统戊辰五月戊戌，春秋六十有九。安人与公同年，生七月己巳，卒弘治乙卯五月庚寅，寿止四十又八。正德癸酉春，以柟封公为儒林郎翰林院修撰，赠宋为安人，而继室侯氏亦加封安人焉。

按：宋氏为沈府教授宋玉之孙女，正德八年（1513）赠安人。《泾野先生文集》卷34有吕柟为其外曾祖宋玉所作的《宋先生传》。

夜梦程颢、吕祖谦，就正所学。

冯从吾《关学编》卷4《泾野吕先生传》：年十七八，梦明道程子、东莱吕氏就正所学，由是学益进。

马汝骥《行状》：母宋卒，公哀毁骨立。……尝梦见明道程子、东莱吕子，就正所疑，学益大进。

是年，王承裕在三原创建弘道书院，并于次年完工。弘道书院的建立，标志着明代关中地区书院讲学之风的兴起。

　　《弘道书院志·建弘道书院记（王云凤）》：弘道书院者，三原王君天宇之所建也。始君举进士，即侍父太宰公归，诸生秦伟、马理、雒昂辈从之学，假僧舍以居，题曰"学道书院"。君于后堂自构一室，曰"弘道书屋"。弘治乙卯，太宰公命如京受职，拜兵垣。数月，复以疾归，从者益众。秦伟谋于众，欲作书院，镂疏遍告里之富而好礼者、商贾之游于其地者，鸠缉钱若干，择地之爽垲，得永清坊之普照废院。其地以丈计袤四十，广十二，遂白于官而肇工焉。

　　按：弘道书院自建成后，历经明清两代一直都是陕西著名的讲学书院。清代时，因避乾隆帝讳，改名"宏道书院"。

　　王承裕在弘道书院的讲学：一是强调读经，但主张以心证经，不泥于程朱传注；二是重视礼教，以礼教人；三是注重理学（道学）的教育；四是崇尚气节，不为空谈。

　　是年十二月，张鼎卒。

　　按：张鼎（1431—1495），字大器，别号自在道人，陕西咸宁（今西安）人。薛瑄弟子。景泰四年（1453）以《易》中举。成化二年（1466）进士及第，授刑部主事，迁员外郎。成化十年（1474），任山西太原府知府，后历任山西参政、河南按察使、右金都御史巡抚保定，官至户部右侍郎。张鼎是明初重要的关学学者，曾搜辑校正薛瑄文集并序刻之。其著作今不存。传见王恕《王端毅公文集》卷6《嘉议大夫户部右侍郎张公墓志铭》。

弘治九年丙辰（1496），十八岁

　　春三月，陕西提学副使杨一清在凤翔府陇州（今陇县）建岍山书院。

　　《（乾隆）重修凤翔府志》卷10《崇经阁记》：院（岍山书院）

肇于弘治甲辰（按：弘治间无"甲辰"，当为丙辰之误）春三月，阁成于戊午秋七月。倡其事者……按察副使杨君一清。

按：杨一清（1454—1530），字应宁，号邃庵，别号石淙，原籍云南安宁，后徙居今江苏镇江。成化八年（1472）进士，官至少师兼太子太师吏部尚书华盖殿大学士，赠太保，谥文襄。传见《明史》卷198。今有点校本《杨一清集》。

六月，杨一清在陕西武功建绿野书院。

康海《（正德）武功县志》卷1《地理志》：绿野亭，今在县南郭东外，为宋儒张子子厚寓所。张子与武功县簿张山甫厚，故武功弟子因从子厚游，亭此讲学焉。弘治八年冬，户部尚书沁水李瀚时以御史巡按至。诸生以白御史，御史乃谋于提学副使今少傅吏部尚书杨公一清。杨公以知县学通有良治，能用其民，一以责学通。……书院前为堂，祠祭子厚，而后建讲堂学舍。……数月而功毕，名之曰绿野书院。择士子充于其中，而以县学训导赵文杰为之师，俾日讲性理之学。凡是学诸生，则三日一至听讲。其规约大率与白鹿、睢阳类。未几，若西安、凤翔诸生闻风就学者踵至。君时坐堂上，躬督劝之，飒飒乎道学之流行也。……书院建于弘治九年六月，工毕于是年十二月。明年十月癸未记。

是年，杨一清重建西安正学书院。正学书院的重建对关中地区的讲学与理学发展具有里程碑的意义，并成为此后八十余年间关中地区最著名的讲学书院。

李东阳《怀麓堂集》卷65《重建正学书院记》：正学书院，为道学而作也。院在陕之西安，盖宋横渠张子倡道之地，门人吕大钧辈皆得其传。元鲁斋许公来主学事，亦多造就。后省臣建议为书院，合祀横渠、鲁斋及其乡贤杨元甫，而聚徒讲学其间，朝廷赐以经籍，给之学田，张忠文公养浩实记其事。入国朝百余年，遗址为兵民所据，而坊名尚存。弘治丙辰，杨君一清始倡之。……是虽复鲁斋之旧，而实崇祀先贤，表彰正道，以风励学者，非徒为许设也，故易其名曰"正学书院"。

王云凤《博趣斋稿》卷14《正学书院进士举人题名记》：三历取士之科，举于乡者八十一人，举进士者十人，乡举皆得解元，而进士得状元一人。……书院未十载，所得如此，亦盛矣！

按：杨一清重建正学书院后，吕柟、康海、李梦阳以及晚明的冯从吾等都曾入读该书院。

弘治十年丁巳（1497），十九岁

从高陵县学教谕高俦与邑人孙昂习《尚书》。

马理《墓志铭》：母宋卒，哀毁骨立。既祥，受《尚书》于高教谕俦、邑人孙行人昂，又请益于渭南薛氏。

杨九式《吕泾野先生续传》：既祥，受《尚书》于高教谕俦、孙行人昂，既又远从渭南薛思庵，充然有得。

按：父母丧后一周年（即第十三个月）举行的祭礼叫"小祥"；两周年（即第二十五个月）举行的祭礼叫"大祥"。马理、杨九式所云"既祥"，当指"大祥"，故系于此年。

孙昂（1467—1505），字廷举，陕西高陵人，弘治十五年（1502）进士，试事福建道，越二年授行人，历官三月多卒。事见吕柟《（嘉靖）高陵县志》卷6、卷7。

渭南李锦至高陵来学，与吕柟同受业于高俦之门。

《泾野先生文集》卷34《明故海州知州龙坡李君墓志铭》：君讳锦，字仲白，号龙坡，世为渭南丰原里人也。弘治初，泸州高龙湾先生署高陵教事。是时，君方弱冠，闻龙湾先生之有道也，跨驴来高陵，与予同受业于其门。君长予数岁，又说经构文字，予数不逮，故每以兄事君，而君友予亦若亲弟，至今四十年无改也。君在渭南庠中，言论行事，出人意表，后领庚午乡荐，累试礼闱不第。……遂受选宿迁。……及升海州……予尝两过宿迁，与夫马卒皆云宿迁追思李公不可复得，以为百年来一人耳。……君生成化九年三月七日，卒嘉靖十五年闰十二月十四日，寿六十有四岁。

按：据文中吕柟言"至今四十年无改也"，可知李锦至高陵来学在是年。

李锦（1473—1536），字仲白，号龙坡，陕西渭南人。正德五年（1510）举人，屡试不第，受选宿迁县令，迁海州知州，致仕。传见《泾野先生文集》卷34《明故海州知州龙坡李君墓志铭》，冯从吾《关学编》卷3《介庵李先生》附其传。

弘治十一年戊午（1498），二十岁

是年，入正学书院读书。

马理《墓志铭》：既祥，受《尚书》于高教谕偁、邑人孙行人昂，又请益于渭南薛氏。又屡为督学遽庵杨公、虎谷王公所拔，入正学书院，授以所学。复友诸髦士，由是见闻益博。

杨九式《吕泾野先生续传》：既祥，受《尚书》于高教谕偁、孙行人昂，既又远从渭南薛思庵，充然有得。相继督学者杨遽庵、王虎谷，屡试首多士，拔入正学书院，授以所学，而闻见益博。

于长安开元寺遇渭南薛敬之，与吕经同师事之。

《泾野先生文集》卷22《明奉政大夫金华府同知进阶朝列大夫薛先生墓志铭》：初，先生致仕家居，以事入长安，柟获遇先生于长安之开元寺。柟由是知先生也，因叩先生而师事焉。先生言："兰州军周蕙者，字廷芳，躬行孝弟，其学近于伊洛，吾执弟子礼事之。吾入太学时，道经陕州，陕州陈云逵，忠信狷介，不可屈扰，凡事皆持敬遇之，吾以为友。凡吾所以有今日者，多此二人力也。"乃信先生之学异乎人也。

马理《明渭南思庵薛先生入陕西会城乡贤祠记》：时泾野吕宗伯仲木、九川吕巡抚道夫方学于正学书院，共出郊迎拜于所馆，以师礼

事焉。理先闻先生于端毅公，后又闻二吕子言。弘治乙丑归自京师，过渭南就问《礼》焉。（见《思庵野录·思庵薛先生行实》）

按：薛敬之（1435—1508），字显思，号思庵，陕西渭南人，明代前期关中著名理学家。成化二年（1466），由岁贡入太学。成化二十二年（1486），以岁贡出知山西应州。弘治九年（1496），升金华府同知。著有《思庵野录》《金华乡贤祠志》。今有点校本《薛敬之张舜典集》。传见吕柟《泾野先生文集》卷22《明奉政大夫金华府同知进阶朝列大夫薛先生墓志铭》及《思庵野录》所附《思庵薛先生行实》。

九川吕道夫即吕经（1476—1544），字道夫，号九川，陕西庆阳府宁州（今甘肃庆阳宁夏）人。正德三年（1508）进士，授礼科给事中，官至都察院右副都御史巡抚辽东。与吕柟同师事于渭南薛敬之。韩邦奇《苑洛集》卷7有《前嘉议大夫都察院右副都御史九川吕公经墓表》。

开馆于长安开元寺。

李开先《泾野吕亚卿传》：拨入正学书院，授以所学，而闻见益博。……于时有熊、李二参政，闻其贤，欲延为塾师，先生以礼无往教辞之，乃遣其子就学于荒寺。未几，闻父疾，走还。二公以驿马追送，弗受。

冯从吾《泾野吕先生传》：大参熊公、李公延教其子，先生辞不获，乃馆于开元寺。后闻父疾，即徒步归，二公以夫马追送不及。先生曰："亲在床褥，安忍侯乘为也！"父寻愈，构云槐精舍，聚徒讲学其中，二公仍遣子熊庆浩、李继祖卒业焉。

讲学于高陵云槐精舍。

马汝骥《行状》：父疾寻愈，乃居云槐精舍，熊、李二生及多士皆来就学。公食谷面饼，有上客至，与共之。

杨九式《吕泾野先生续传》：（父）疾平，移居于云槐精舍，从游者日众，不但参政二子而已。

《泾野先生文集》卷14《云槐精舍记》：邑郊东后土宫槐树匝陈溢塘……殿西有屋，荫当其下，聚徒结庐，曰云槐精舍。屋凡三楹，萧然面渭，讨论古经，言萃于斯，曰讲经堂。堂含二室，东室曰仰华轩，西室曰望河庵。

按：云槐精舍在高陵县城距河门（东门）外之后土宫，以中有云槐树得名。吕柟讲学云槐精舍的时间，大约在1498年问学薛敬之以后到1501年中举之间，以及正德元年（1506）至二年（1507）间。

是年，马理以《春秋》中陕西乡试第四。

《泾野先生文集》卷22《马母李氏墓志铭》：理夙著文行，应弘治十一年省《春秋》第一举人。

薛应旂《谿田马公墓志铭》：弘治戊午，公以《春秋》中乡试第四，再试礼闱未第。

弘治十二年己未（1499），二十一岁

是年冬十一月，王云凤任陕西提学佥事。

按：王云凤在提学陕西时，建正学书院藏书楼，广收书籍，并开设求道、读书、学文、治事"四科"，亲自为正学书院诸生讲学，其讲学不限于科举，而是"教人读书自《小学》、《近思录》始，次及各经史，语学者以圣贤之道"。此外，王云凤还增祀李锦入正学书院（见《博趣斋稿》卷18《正学祠增祀李介庵先生告文》），并邀李锦门人刘玑主讲其中，为诸生讲授性理之学，从而进一步加强了薛瑄河东之学在关中地区的影响。

王云凤（1465—1517），字应韶，号虎谷，山西和顺人。其学源出薛瑄。与乔宇、王琼并称"河东三凤"。成化二十年（1484）进士，官至右佥都御史巡抚宣府。著有《虎谷集》《博趣斋稿》等。传见吕柟《泾野先生文集》卷24《虎谷先生王公墓志铭》。

刘玑（1457—1533），字用齐，号近山，陕西咸宁（今西安）

人。成化十七年（1481）进士，授山西曲沃知县，官至户部尚书。从学于李锦。著有《正蒙会稿》。传见许宗鲁《资政大夫户部尚书近山刘公玑墓志》（《国朝献征录》卷29）。

据许宗鲁《刘公玑墓志》可知，刘玑从弘治十四年（辛酉，1501）至弘治十七年（甲子，1504），因丁母忧回陕，在这一期间受王云凤邀请主讲正学书院。

弘治十三年庚申（1500），二十二岁

有五言拟古诗《我行出东门庚申》。

按：诗见《泾野先生别集》卷5。

弘治十四年辛酉（1501），二十三岁

与韩邦彦、韩邦奇、韩邦靖兄弟同试于长安。中陕西乡试第十。

马汝骥《行状》：弘治辛酉，乡举第十。

杨九式《吕泾野先生续传》：辛酉，年甫二十三，中乡试前名，刻其文。

《泾野先生文集》卷23《福建按察司副使封中宪大夫莲峰先生韩公墓志铭》：初，弘治辛酉，柟与公之三子同试长安，邸一寺，朝夕游。三子者，今仪封知县邦彦、浙江佥事邦奇、工部员外邦靖也。时三子已灵俊度人，而工部年始十四即同柟举矣。

按：韩氏兄弟中与吕柟同时中举者为韩邦靖，年仅十四。

韩邦靖（1488—1523），字汝庆，号五泉，陕西朝邑人。正德三年（1508），与其兄韩邦奇及吕柟同中进士。历官工部虞衡司主事、都水司员外郎、山西布政司左参议。著有《（正德）朝邑县志》《韩五泉诗集》。传见韩邦奇《苑洛集》卷8《韩邦靖传》、王九思《渼陂集》卷13《明故朝列大夫山西等处承宣布政使司左参议五泉韩子墓志铭》、唐龙《渔石集》卷3《五泉韩子墓表》。

韩邦奇于弘治十七年（1504）以《尚书》中陕西乡试第二，韩邦彦于正德二年（1507）中举。

中举后仍讲学于云槐精舍。

《泾野先生文集》卷15《高陵后土宫记》：高陵距河门东北有祠焉，土人因其像曰娘娘庙。成化初，提学副使伍公福扁其殿曰后土宫。……殿西以北有屋三橡，盖古集场坊所改建者也，社中士人多读书其中，柟举人时亦尝居以授徒焉，因名曰云槐精舍。

有五律《云槐夏霁》。

按：诗见《泾野先生别集》卷11。

是年中举之后，娶李氏。

《泾野先生文集》卷29《南京国子监典籍李舅之配魏氏岳母合葬墓志铭》：岳母魏氏者，户侯讳善翁第八女也。……女子四人：长适柟，时举人也，及官至侍郎，封淑人云。

马理《泾野先生文集序》：弘治辛酉，子在辟雍，与理及秦西涧世观、寇涂水子惇均携妻子同邸居者数年，内外旦夕，以修齐之道相切磨相观法也。

按：由马理序文可知，吕柟于中举后第二年入太学读书时，其妻李氏亦在，故系于此年。

李氏，据吕柟所撰《南京国子监典籍李丈人墓志铭》（见清道光杨浚《续刻吕泾野先生文集》），为高陵李崇光（字宗显）之女，母魏氏。李崇光以国子监生于正德五年（1510）任南京国子监典籍。

弘治十五年壬戌（1502），二十四岁

春，会试落第，入太学读书四年。

冯从吾《泾野吕先生传》：弘治辛酉，举于乡。明年，计偕不第，

游成均。

《泾野先生文集》卷27《兵部右侍郎涂水寇公墓志铭》：公讳天叙，字子惇，姓寇氏，别号涂水，以其邑榆次之南有涂水云。公年二十二中弘治辛酉乡试，与予同试礼部不第，卒业太学，乃会三原秦世观、马伯循、安阳张仲修、崔子锺、林虑马敬臣同窗学四年。

按：是年会试，康海、王廷相、何瑭、何景明等人中进士，康海为状元。

康海（1475—1540），字德涵，号对山，又号浒西山人、沜东渔夫，陕西武功人。弘治十五年（1502）进士第一，任翰林院修撰、经筵讲官。明代古文运动"前七子"之一（其余为李梦阳、何景明、徐祯卿、边贡、王九思、王廷相）。后因救李梦阳而有求于刘瑾，遂坐瑾党落职。著有《康对山先生文集》《武功县志》及杂剧《中山狼》、散曲集《沜东乐府》、杂著《纳凉余兴》《春游余录》等。今有点校本《对山集》《康对山先生集》。

王廷相（1474—1544），字子衡，号浚川，河南仪封人。弘治十五年进士，官至南京兵部尚书兼都察院左都御史。今有点校本《王廷相集》。

何瑭（1474—1543），字粹夫，号柏斋，河南武陟人，弘治十五年进士，官至南京右都御史。卒赠礼部尚书，谥文定。著有《何文定公集》。

何景明（1483—1521），字仲默，号大复，河南信阳人，弘治十五年进士，官至陕西提学副使。其诗文与李梦阳齐名，有"何、李"之称。著有《大复集》《雍大记》等。传见樊鹏《何大复先生行状》、孟洋《何君墓志铭》、刘海涵《何大复先生年谱》等。

在京师，与三原马理、秦伟，榆次寇天叙，安阳张士隆、崔铣，林县马卿一起讲学于宝邝寺，相约"文必载道，行必顾言，毋徒举业以要利禄，毋徒任重弗克有终"。

马理《泾野先生文集序》：子在辟雍，与理及秦西涧世观、寇涂

一起读书于太学。

约是年，有七言杂曲《遗安亭三首　为陇州阎鸿胪仲容作》。

按：诗见《泾野先生别集》卷9。

据王九思《渼陂集》卷15《明故河南按察司经历阎公配孺人王氏墓志铭》载，阎仲容，陕西陇州（今陇县）人。累举不第，成化二十年（1484），援例贡入太学。弘治十六年（1503），仕鸿胪序班，进阶登仕佐郎。正德四年（1509），迁河南按察司经历。

约是年，有《具庆堂序》，强调于经书不能只停留在言语讲论上，还要力行实践。

《泾野先生文集》卷1《具庆堂序》：延安赵生、杨生来从学，予以其年之长我也，辞为友。二子以为却也，莫赞求之恳。杨生旧为《具庆堂》卷以乐亲，请予叙。予曰："……生之从我且未浃时，而《尚书》、《大学》、《语》、《孟》讲殆周，言论繁而躬行鲜，回视古人，俱有愧乎！虽然，生聪敏，绰有德器，与讲《语》、《孟》奥义及程、朱之旨辄即解，恍若不在文字间。苟即是推而大之，体而行之，当必又求严师如横渠所说者矣，斯又父母之所具庆也！"

弘治十七年甲子（1504），二十六岁

弘治十八年乙丑（1505），二十七岁

夏五月，明孝宗崩，与国子监诸生在顺天府哭临，声泪俱下，众哗为迁，弗恤也。

冯从吾《泾野吕先生传》：乙丑，敬皇帝宾天。与诸生哭临，先生声出泪下，众哗为迁，弗恤也。

李开先《泾野吕亚卿传》：孝庙宾天，众在顺天府哭临，惟具礼耳，先生则涕泪交下，通国异而哗之，弗恤也。

少年时师孙昂卒于京师，其子不在侧，为之服衰。

冯从吾《泾野吕先生传》：乙丑……孙行人殁于京，遗孤不在侧，先生衰绖哭拜吊者，或曰："礼与？"曰："礼，丧无主，比邻为主，况师乎！"及返葬于乡，犹是服也。宿棺下三日，哭而相葬事。

按：孙昂，见"弘治十年"条。

冬十一月，与马理自太学同返陕西。

《泾野先生文集》卷22《马母李氏墓志铭》：理蚤著文行，应弘治十一年省《春秋》第一举人。十五年，柟卒业太学，同舍居四年。十八年冬十一月，同归省。

行至河北邯郸，马母讣至。马理请铭于河南彰德（今安阳）路上。作《马母李氏墓志铭》。

《泾野先生文集》卷22《马母李氏墓志铭》：马母姓李氏，云岩先生三原马公之次室，吾友伯循理之母。……十八年冬十一月，同归省。行邯郸而马母讣至，伯循惊怖僵冷，移时而苏。已行，泣语柟于彰德路曰："……理不能状矣！归将修葬事，子为母志之。"……欲筮正德元年六月十二日，葬于先茔之次。

至河南淇县，以事留淇十余日。

《泾野先生文集》卷22《马母李氏墓志铭》：至淇，柟以事留淇旬余，稿落淇邸。

正德元年丙寅（1506），二十八岁

春日郊行，怀念其师孙昂，有四言古诗《采芹》四章。

按：诗见《泾野先生别集》卷2《采芹思师也春日郊行眷焉出涕

作采芹　丙寅》。

夏，有五律《夏夜　丙寅》

按：诗见《泾野先生别集》卷11。

归高陵后，仍讲学于云槐精舍。

冯从吾《泾野吕先生传》：乙丑，……既归，复讲学于精舍，从游者日众。

肤施（在今陕西延安）杨本源（字叔用）与赵幼孜从学于云槐精舍。

《泾野先生文集》卷10《赠杨叔用升知马湖序》：肤施杨君叔用仕于南户部主事至正郎六七年矣，乃有马湖之擢。……泾野子曰："……君子学有要领，则应无不当；心有所见，虽蛮貊之邦亦可行也。且叔用忘三十年前云槐精舍乎？子与赵幼孜之来也，予尝讲《虞书》第二篇至'咨，十有二牧'矣。……"

按：吕柟序作于嘉靖十四年（1535），据序中言"且叔用忘三十年前云槐精舍乎"，可知杨叔用从学于云槐精舍在是年。

正德二年丁卯（1507），二十九岁

为陕西丁卯举人作《同年录序》。

《泾野先生文集》卷1《同年录序》：吾省人同举丁卯者序齿录成，王太史序诸端，悉矣。诸君子复欲予书其后，盖重求所以居同年者。

为河南丁卯举人作《叙齿录序》。

《泾野先生文集》卷1《叙齿录序》：士举于乡大夫及礼部卿者，有试录，惟文章第上下，不论年，故士又私有序齿录。年异者甲子列，同者月列，月同者日列，日同者时列，艾强壮弱，循循然不乱。殊井邑，异风俗，情若同胞，父祖子姓，世讲其雅，文章、威富不与焉，厚之道也。故河南人举丁卯者，亦为是录，由夫厚之道也。

有七言杂曲《城西寺　丁卯》。

《泾野先生别集》卷9，诗云：策驴暮抵城西寺，月下高僧迎我来。方丈卧寒香满榻，东风一夜刺梅开。

正德三年戊辰（1508），三十岁

春二月，以《尚书》中会试第六。

张治道《翰林院修撰对山康先生状》：戊辰，先生同考会试，场中拟高陵吕仲木为第一，而主者置之第六。榜后，先生忿忿言于朝曰："吕仲木天下士也，场中文卷无可与并者，今乃以南北之私，忘天下之公，蔽贤之罪，谁则当之？会试若能屈吕矣，能屈其廷试乎？"时内阁王济之为主考，甚怒先生焉。及廷试，吕果第一，人又甚服之。

杨九式《吕泾野先生续传》：戊辰会试，以治《书》中第六名，据卷当居第一，主考欲取一《易》卷，本房力争不可得。……廷试读卷官见其笔画端楷，策冒仁孝字，正合题旨，遂以首卷进呈。武皇御览嘉赏，遂赐状元及第。湛甘泉为同考，批其卷云："卷虽佳，惜力微，不能首荐子，然子固已魁天下矣。"自乡试至是仅八年，已有成帙诗文集，其《春阴》、《履霜》等作不亚名诗，而《子畏于匡传》甚高古，虽王渼陂《补周语》、李空同《拟赵高答李斯书》无以逾也。

按：是年会试，王鏊（济之，1450—1524）为主考官，湛若水、康海等为同考官，湛若水拟取吕柟为第一，王鏊则置之第六。

李开先《泾野吕亚卿传》云批吕柟卷者为康海，与杨九式所记为湛若水不同，据《湛甘泉先生文集》卷32洪垣《湛甘泉先生墓志铭》："戊辰，充会试同考试官，识高陵吕公柟，于文置第一。"以及吕柟在文章中每称自己是湛氏所取之士，可知李开先所记有误。

湛若水（1466—1560），字元明，号甘泉，广东增城人。从学于陈献章，以"随处体认天理"为学。弘治十八年进士，选庶吉士，授编修，累迁南京礼、吏、兵三部尚书。有《湛甘泉先生文集》《遵道录》等书传世。

同中进士者有王阳明弟子徐爱。吕柟曾为徐爱之父徐玺（号古真）作传，曰："古真先生姓徐氏，名玺，字克用，浙江余姚人也。……生一子曰爱，予同年进士也。……比谒选时，以伯安讲明濂、洛之学，遂遣爱师事之。爱举进士，出知祁州，适天下多故，廉能大闻于畿甸。"（见《泾野先生文集》卷11《古真先生传》）

是年共取进士三百五十人。《泾野先生文集》卷3《同年三会序》："予戊辰同年三百五十人，其始未之能会也。"

廷试第一，授翰林院修撰、经筵讲官。刘瑾以同乡致贺，辞之，为刘瑾所恨。

马汝骥《行状》：戊辰廷试，策对仁孝，武庙嘉之，赐状元及第。……明日，有中官横加贺礼，却之。

冯从吾《泾野吕先生传》：正德戊辰，举南宫第六人，廷对擢第一，授翰林修撰。凡知先生者皆喜曰："今得其状元矣！"时阉瑾窃政，以枌榆故致贺，先生却之，瑾衔甚，自是逊避不与往来。

薛应旂《泾野先生传》：正德戊辰，举南宫高第，入对大廷，承法天法祖之问，反覆以仁孝为言，而要之于学。上与公卿大臣嘉赏之，赐进士及第第一人，授翰林修撰。寻为经筵讲官，直以辅德弼违为己任。

按：吕柟殿试策文见明万历李桢刻本《泾野先生文集》卷31，题为《殿试策》。

正因为吕柟能与刘瑾保持距离，后来又上疏劝谏武宗听讲经筵、亲理朝政，以此疏远宦官，因而当刘瑾案发后，陕西籍官员大多受到牵连而遭惩罚或罢黜，但吕柟则幸免。

二月二十七日，师薛敬之卒，友人李锦书信告之。

《泾野先生文集》卷22《奉议大夫金华府同知思庵先生薛公墓志铭》：正德三年春二月二十七日，金华府同知渭南薛先生卒于家，柟友李锦以书报于京邸，柟为之悼痛焉。

按：薛敬之，见"弘治十一年"条。李锦，见"弘治十年"条。

为友人高陵刘守臣撰《处士刘君配王氏合葬墓志铭》。

清道光杨浚《续刻吕泾野先生文集》：正德三年春二月，友人刘守臣会试礼部，其父处士君之讣适至，守臣将奔丧，以状托柟。……君讳勤，字警常。父讳显，母郭氏。祖讳荣。曾祖讳林。世为高陵人，俱有积德，为乡里称。……守臣中弘治甲子举人。

按：清道光杨浚本《续刻吕泾野先生文集》中有《明东轩处士刘君暨配墨氏墓志铭》，为刘守臣叔父所作，从中可见吕、刘二人之关系。其云："东轩处士刘君字宗周，讳冕，世为高陵郭下里人，与予家比邻居。其从子知州守臣与予自童子时师事周先生，凡笔札束脩之费，予仰取于吾叔，而知州亦率仰取诸处士，故知州及予成立，里中语皆知叔父云。"

向同年进士泾阳褚宗性问《小戴礼记》。

清道光杨浚《续刻吕泾野先生文集》卷7《新城知县褚君墓志铭》：予有年友曰褚宗性者，西安泾阳县河下里人也。生有异质，初充学官弟子员，即强记博闻，为《小戴礼记》数年而畅其旨。夫《小戴礼记》在《五经》中策，简牍浩繁，世之士子莫肯为也。或为焉，又遗其《杂记》、《服问》、《间传》、《问丧》诸篇，莫肯尽为也。……宜士子者，于圣人之经卤莽而分裂若是，然则圣人作经之意安在哉？予正德戊辰年及宗性同会试礼部，尝叩其《小戴礼记》，则虽世之不肯尽为者皆习之矣。是年宗性及予同举进士，观政都察院，出为吴桥知县，不劳而治。

四月十五日，同年进士姚禧（字畏卿）卒，作《姚进士墓志铭》。

清道光杨浚《续刻吕泾野先生文集》：正德三年四月十五日，同年进士姚畏卿殁。十六日，畏卿友人杨温甫以与予、卿相善也，携畏卿之子与状请铭。予悼曰："昨闻之，果然殁吾年友。夫人不幸不知学，不幸知学矣，有命焉弗获见之用。畏卿学诸己，行且用之，乃遽有今日，谓非大不幸邪？……"畏卿讳禧，别号西坞。曾大父讳毅，世为浙之德清人。……生成化戊子二月二十日，距卒之年四十一岁。

按：据《泾野先生文集》卷26《南京兵部主事曹君墓志铭》载，吕柟同年进士，未仕而卒者二人，即姚禧与张永泰。初仕而卒者一人，即曹深（字文远）。其云："予戊辰同年进士，未仕而卒者二人焉：顺天之姚畏卿、定远之张吉甫；初仕而卒者，则歙之雄川里人曹君文渊也。三人之材行，皆卓伟不群，乃皆早逝，不大显于时，至今同年论及辄痛惜，而于文渊尤甚焉。"

为同年进士甘钦采撰《甘钦采妻周氏墓志铭》。

清道光杨浚《续刻吕泾野先生文集》：正德三年正月十九日，同年甘钦采之妻周乐没于家江西永兴县，钦采将以某年月日葬邑上边岭虎形，乃哭乞铭。曰："……吾今年举进士矣，周未逮闻而没。质性静重，祗若吾意，吾卒业南雍，裘葛之寄，咸中所嗜，实惟我俦，二十三年而殁。……"

为同年进士丁致祥撰《丁母宋氏墓志铭》。

清道光杨浚《续刻吕泾野先生文集》：宋氏，常州武进县处士冕之女，配其县质庵君丁洁，予同年进士致祥者，其子也。……生永乐甲辰七月十七日，卒正德戊辰年五月日，年八十。

为同年进士洛阳孙凤作《处士孙公配王氏继配张氏合葬墓志铭》。

清道光杨浚《续刻吕泾野先生文集》：同年洛阳孙凤拜且泣曰："凤父生凤二岁殁，凤今年举进士，母又殁。有身不能事父，几有官不能事母，凤心憾焉，弗能白，死获铭吾子，凤尚可自存。"……公生永乐辛丑正月八日，卒成化丁亥十二月十二日，是年张才三十七矣，乃今正德戊辰四月二十八日卒，享年七十八。

六月二十一日，同年进士定远张永泰卒，有《张一真墓志铭》。

清道光杨浚《续刻吕泾野先生文集》：张永泰字吉夫，号一真，直隶定远人也。……吉夫孺有远志，气宇逸迈。……戊辰，登进士，试政通政未及，以疾卒，大司徒顾公佐闻之，悼惜良久。……生天顺辛巳年五月二十八日，卒正德戊辰年六月二十一日，年四十有八。

秋八月，作五律《送李空同献吉归汴》。

《泾野先生别集》卷11，诗云：行露九秋白，常山万木黄。离人辞魏阙，归路抵夷梁。

按：李梦阳因代户部尚书韩文草疏劾刘瑾，下狱，幸得康海相救，放归汴梁（今开封）。据《空同集》卷9《离愤》诗小序云："正德戊辰五月，阉瑾知劾章出我手，矫旨诏狱。"卷48《述征集后记》谓："余以正德三年五月十七日絷而北行，至秋八月八日乃赦之出云。"可知吕柟此诗作于李梦阳回大梁时。

李梦阳（1472—1529），字天赐，又字献吉，号空同子，甘肃庆阳人，后徙河南扶沟。弘治六年（1493）进士，官至江西提学副使。工诗古文，与何景明等号为"弘治十才子"，为提倡文学复古运动的明代"前七子"领袖。著有《空同集》。

秋，少年时友程东轩卒，有《祭程东轩文》。

《泾野先生文集》卷35《祭程东轩文》：柟年十二三即与君为友，今也几二十年，受君之益良亦多矣。……君之殁，柟以取科第，不获与永诀。于君之哭，当与哭吾弟仲止者恸等也。戊辰秋。

十月，撰《董仲舒祀田记》，肯定董仲舒对儒学的贡献，认为"孔子之道大明于世，自董仲舒始"。

《泾野先生文集》卷14《董仲舒祀田记》：董仲舒，汉醇儒。……董仲舒一师孔子，进退容止，非礼不行，学士咸师尊之。建元初，对策，言《春秋》大一统，宜纯用孔子术，罢诸治申、韩、苏、张之言乱国政者。自是邪说灭息，统纪一，孔子之道大明于世，自董仲舒始。戊辰十月。

冬十一月，薛敬之之子薛乾操自渭南至京师问墓铭。

《泾野先生文集》卷22《明奉政大夫金华府同知进阶朝列大夫薛先生墓志铭》：正德三年春二月二十七日，金华府同知渭南薛先生卒于家，柟友李锦以书报于京邸，柟为之悼痛焉。冬十一月，其子乾操迺自其家持南参政钊所撰状请铭。

季弟吕栖卒，年仅二十一岁。是年冬，有《哭栖仲止文》。马理至高陵来吊。

《泾野先生文集》卷35《哭栖仲止文》：念去年之别尔也，尔谓我云："兄之此去也，必作大魁。"今如尔言矣，尔未及闻而去，令我不哀？戊辰冬。

《泾野先生文集》卷23《吕仲桥圹志》：此吾弟仲桥梓之圹也。……先季弟仲止二十一岁殁。

马理《谿田文集》卷4《与吕仲木书》：吕栖之没，理缘多病，东行吊之，有其意而无其辞，然终当有其辞也，不知吾子亦尝有辞乎否？

按：《泾野先生别集》卷1有赋《云槐思忆弟仲止三首》、卷11有五律《疏雨忆弟仲止》。

有《祭太师王端毅公文　戊辰》。

按：祭文见《泾野先生文集》卷35。

是年，京人张诗与华容孙继芳来从学。

《泾野先生文集》卷13《沈元明诗稿序》：都下人有张诗子言者，于正德戊、己之间尝师事予于宣武门左，时子言已能为诗赋古文词，翰苑之良多称焉。

《泾野先生文集》卷35《明昆仑处士张子言墓志铭》（万历本）：初，正德戊、己间，子言与华容孙世其谒予于宣武门东，予睥其器宇，闻其词说，即讶其非寻常士。越数日，乃撰《拟子》七篇以献，予览之曰："子有荀况、贾谊才力，惜不自文中子出耳。子若登甲科，当以文章鸣盛时也。"

按：张诗（1487—1535），字子言，号昆仑山人，河北宛平人（今属北京）。吕柟弟子。曾学诗文于何景明。绝意科举，著有《昆仑山人集》。

华容孙世其即孙继方（1483—1541），字世其，号石矶，湖南华容人。吕柟弟子。正德六年（1511）进士，授刑部主事，谢病归。十一年，起为兵部主事，迁职方司员外郎。十四年，因谏武宗南巡，受廷杖。官至云南提学副使。嘉靖五年（1526）罢归，家居十六年卒。传见其子孙宜《洞庭集》卷48《先提学府君行实》。

是年，韩邦奇、韩邦靖兄弟进士及第。

《泾野先生文集》卷23《福建按察司副使封中宪大夫莲峰先生韩公墓志铭》：初，弘治辛酉，柟与公之三子同试长安，邸一寺，朝夕游。三子者，今仪封知县邦彦、浙江佥事邦奇、工部员外邦靖也。……比正德戊辰，同三子试礼部，而佥事、工部皆又同柟举进士，仕京师。

正德四年己巳（1509），三十一岁

春，作《罗节妇陈氏记》。

按：《泾野先生文集》卷14《罗节妇陈氏记》文末小字记"己巳春"。

作七言杂曲《春兴四首 己巳》《春兴八首和王检讨敬夫 己巳》与拟汉乐府《朱鹭》七首。

按：诗分别见《泾野先生别集》卷9、卷12、卷13。《朱鹭》诗注云："以下七首己巳年作。"

三月，礼科都给事中潘铎出任陕西汉中府知府，有《燕山野饯序》《燕山野饯又序》。

《泾野先生文集》卷1《燕山野饯序》：惟正德己巳三月己未，礼科都给事中潘伯振铎出守汉中，伯振僚友张季升云、吕道甫经辈作诗送之，成帙曰《燕山野饯》，既请柟为序。

按：潘铎，字伯振，河南新乡人。弘治十二年（1499）进士，正德二年升礼科都给事中，四年升陕西汉中府知府，官至浙江右布政使。

夏五月，董天锡为山东青州太守，有《送董青州序》，以北宋富弼治青州事勉之。

《泾野先生文集》卷1《送董青州序》：正德四年夏五月，朝廷以青州，山东大郡缺太守，难其人选，于众得刑曹正郎董君天锡寿甫者畀之，其僚友欧阳君子重辈请赠之以言。……昔宋富郑公为青州，救饥民数万，当时利焉。寿甫兹往行，见青人歌曰："宋有富公，今有董君。"而寿甫他日之在朝廷者与富公并，又可知也。

按：董天锡，字寿甫，江西宁都人。弘治九年（1496）进士，授刑部主事，升郎中，出知青州。

《（嘉靖）青州府志》卷3《职官》记正德四年知府："董天锡，赣州人，进士。"

五月，三原雒昂西归，有《雒氏重庆堂记》。

《泾野先生文集》卷14《雒氏重庆堂记》：正德四年五月，三原雒仲頵西归，言曰：……请为昂作重庆堂记。

按：雒仲頵即雒昂（1479—1545），字仲俛，号三谷，陕西三原人。嘉靖二年（1523）进士，官至都察院右副都御史巡抚河南，以劾徽藩而受廷杖，毙于阙下。隆庆元年（1567），赠户部右侍郎。传见葛守礼《葛端肃公文集》卷16《雒公墓志铭》。

夏，作《秋山记》。

《泾野先生文集》卷14《秋山记》：山川之灵，爰降俊豪，明德君子，增芳山谷。首阳拳石，如金如玉，贪泉洋洋，渴者不酳。故君子阅诸其外，责诸其内，不道而华声，识者恶焉，称以泰山、大河，奈何哉？己巳夏。

七月十五日，作七律《中元谒陵和景编修伯时》。

按：诗见《泾野先生别集》卷12。

景伯时即景旸（1476—1524），字伯时，号前溪，江苏南京人。正德三年（1508）进士，授翰林院编修。与蒋山卿、赵鹤、朱应登以诗文名，人称"江北四子"。著有《前溪集》。

秋，兵科都给事中邹文盛为保定太守，有《赠邹保定序》。

《泾野先生文集》卷1《赠邹保定序》：正德四年秋，兵科都给事邹子文盛为保定太守，僚友惜其才大量博，守固志远，外补郡守，欲赠以言，意存劝勉，用饬臣力，乃请予道之。

按：邹文盛，字时鸣，湖北公安人。弘治六年（1493）进士，官至户部尚书，卒赠太子少保，谥庄简。传见《明史》卷194。

冬，作《吴氏继善堂记》。

《泾野先生文集》卷14《吴氏继善堂记》：继善堂者何？桐庐吴楷之所构也。堂何以言"继善"？继善庆堂也。……继其忠，则知所以为臣；继其孝，则知所以为子为孙。己巳冬。

作五言拟古诗《紫葛　己巳》。

按：诗见《泾野先生别集》卷5。

友人崔铣病重，为请名医，病愈后，代撰《赠正斋萧君序》。

《泾野先生文集》卷1《赠正斋萧君序》：昔予在太学，闻萧君正斋者，名医也；正斋者，萧昂别号也。……今年夏，吾友崔子钟病，予视之，已言乱矣，乃柬请正斋，正斋他出。……三日而后用正斋也，病已危，然卒愈。惟时子钟以翰林编修改南京验封主事，匆匆欲行，乃托予代言赠正斋。

按：崔子钟即崔铣。据郭朴《南京礼部右侍郎赠礼部尚书崔文敏公铣传》（《国朝献征录》卷37），崔铣因不屈于权宦刘瑾，于正德四年由翰林院编修出为南京吏部主事。到正德五年八月，刘瑾诛，召还，复为编修。故知此文作于是年。

作《寿曹母太夫人八十序》。

《泾野先生文集》卷1《寿曹母太夫人八十序》：曹太夫人姓张氏，今年正德己巳生八十年，嗣子时范求僚友作诗歌为八十之贺，请予作八十诗序。

按：曹时范，名鍪，吕柟同年进士。

林云从为南京御史，作《送林侍御之南京序》。

《泾野先生文集》卷1《送林侍御之南京序》：正德四年间，朝廷数缺御史，予同年进士拣补者数十人，林君云从与焉。未几，朝廷又以御史多新进不老谙宪体，不可遽令出风表诸臣工也，乃取南御史之三四年者于朝，而以新御史补南缺，林君云从与焉。

按：林从龙，字云从，福建莆田人，正德三年（1508）进士，官南京监察御史。

作《徐生寿亲记》，提出寿德、寿齿、寿业三种寿亲之道。

《泾野先生文集》卷14《徐生寿亲记》：夫寿亲有三道焉：得其上者之谓圣，得其中者之谓贤，得其下者之谓才。……寿其德者，万世有辞，金石同其坚，日月齐其明，非圣而能之乎？寿其齿者，顺厥考心，身其康强，年越其度，非贤而能之乎？寿其业者，箕裘不坏，为他人有，非才而能之乎？故圣也者，尽性者也；贤也者，尽情者也；才也者，尽力者也。……已巳年月日记。

为同年进士河北完县（今顺平县）石麟作《石母张氏墓志铭》。

清道光杨浚《续刻吕泾野先生文集》：保定府完县之下叔乡有石翁亮者，娶于唐县尧城乡之张氏为配焉。张归石翁三年，生一子曰麟。……麟年三十二举于顺天，三十三举进士，去年之戊辰也，张闻之曰："吾儿果复举进士矣。"复自完视麟于京邸，详戒麟以居官之术，越数十日归完而没，实正德戊辰十一月某日，距生之年才五十岁也。讣至京，柟吊麟，麟泣以告柟，且请铭焉。

为同年进士行人谢艮撰《世拙先生谢君墓志铭》。

清道光杨浚《续刻吕泾野先生文集》：世拙谢先生，江西新淦人也，讳邃，字方顺，世拙其别号也。……生正统已巳十一月二日，卒正德已巳九月二十三日，寿六十有一岁。……子男四：长艮，廖出也，中戊辰进士，任行人司行人。

是年，寇天叙为南京大理评事，临行，有《别寇子惇序》，论君

子之道。

《泾野先生文集》卷1《别寇子惇序》：南京大理寇子惇将行，友人吕子别之曰："夫学有五美，亦有五不美。夫忠信不谲则美，固执有志力则美，简淡则美，不畏高明虐茕独则美，持此道终其身不易则美。夫忠信不谲弗克明，则或速欺侮则不美；固执有志力弗克变，则事愤则不美；简淡之流弊，守雌守黑则不美；不畏高明虐茕独，乃或长傲长奸则不美；持此道终其身不易而不知也，则差毫厘缪千里则不美。故君子之道，博其学，所以求明也；精审权衡，所以经物也；有守以藏其用，有为以显其体，所以为达也；恭以出其正，义以行其慈，所以宅上下也；如天地无不覆载，所以广所受也。"

按：《明史》卷203本传，寇天叙"登正德三年进士，除南京大理评事，进寺副"，则其赴南京当在是年前后。别后，吕柟又有《梦寇子惇 时官南大理》（见《泾野先生别集》卷11）。

正德五年庚午（1510），三十二岁

春，精膳司郎中张潜赴广平知府任，作《送张广平序》，以古今对比，论安民之道。

《泾野先生文集》卷1《送张广平序》：正德庚午春，岷山张子潜以膳部郎中出守广平，泾野子曰：……古之称善政者虑民，今之称善政者贼民；古之刑罚惩民之恶，今之刑罚剥民之财；古之征敛计安其国，今之征敛弗由其经；古之折狱求民之情，今之折狱任己之情。……故君子之为政，老者欲其佚之也，幼者欲其生之也，壮者欲其有服也，鳏寡孤独者欲其有养也。审此四者，则知所以驭民矣。

按：张潜（1472—1526），字用昭，号东谷。原籍河南，后徙居陕西华州。弘治九年（1496）进士。正德四年（1509），擢广平府知府，官至山东左参政。据吕柟序，可知张潜于正德五年春始赴广平任。传见王九思《渼陂续集》卷下《明故大中大夫山东布政司左参政张公墓志铭》。

四月，为同年进士史旸作《瑞谖记》。

《泾野先生文集》卷14《瑞谖记》：史旸逆母陆氏上元奉诸京邸。……戊辰正月，家折梅插瓶，无本也，二月花，三月实，旸及第。旸友枏曰："龙作雷雨，膏泽天下，戊午花征也；梅实调鼎，戊辰花征也；孝子思忘忧，庚午五月之花征也。"……庚午四月。

四月，作五言拟古诗《留别孙世其职方　庚午四月》。

按：诗见《泾野先生别集》卷5。

同年进士黄卿赴武进知县任，作《送黄武进序》。

《泾野先生文集》卷1《送黄武进序》：同年黄子卿出尹武进……吕子枏曰："善哉！时庸之行，尚质之赠，其于武进也轻矣。夫胥吏不奸，明而义也；征敛有艺，送迎有程，营缮不忒，仁也；振整风俗，礼也；刑允，信也。五者，性之德也，故君子务之也。"

按：黄卿，字时庸，号海亭，山东益都人。正德三年进士，授武进知县，官至江西左布政使。《（光绪）武进县志》卷18《官师》载明正德时知县："黄卿，山东人。进士。五年八月任。"可知吕枏序作于是年。

上疏请武宗御经筵，亲政事，疏入不报。权宦刘瑾欲杀之，遂辞病归乡。

马汝骥《行状》：在官二年，会西夏乱，公疏请上入宫，御经筵，亲政事，可常保富贵。时中官恶其言，因尝却贺礼，又不往见，欲杀之。乃乞养病得归。中官使校尉尾至真定，不得其过而返。抵家数月，中官凌迟，人服公明。公家居，杜门谢客，枥食茹草，若将终身。

杨九式《吕泾野先生续传》：逆瑾擅权窃政，附丽之者，骤迁显秩，先生虽同乡，独不出其门，且却其贺礼，瑾已不堪。又因西夏拘乱，上疏请上入宫亲政事，则祸患潜消，内外臣工，可常保富贵，瑾更恶其直，欲杀之，先生遂与何柏斋相继引疾。何亦骨鲠，当时所不能容者。遣官校尾其后，俱不得其过，至半途返。先生抵家数月，瑾诛，刑及大冢宰，遗累陕之缙绅几尽。

按：是年八月，刘瑾被诛，《明武宗实录》卷66："八月戊申，刘瑾伏诛。瑾，陕西兴平人，本姓谈，幼自宫，投中官刘姓者得进，因冒其姓。……自古宦官肆虐，未有如瑾之甚者。"

吕柟归时，何景明作五律《送吕子》（《大复集》卷18），诗云："京洛三年客，云霄万里违。上书俱不报，解佩独先归。北极临燕甸，南山绕汉畿。相将未可料，歧路断蓬飞。"

归途中，在河北涿州公署遇刘天和，作五律《涿州公署赠刘御史养和巡按陕西》。

《泾野先生别集》卷11，诗云："涿州风雪里，逢子暨踌躇。世事空流泪，交情忆素书。"

按：刘养和即刘天和（1479—1545），字养和，号松石，湖北麻城人。正德三年（1508）进士，官至兵部尚书，谥庄襄。传见王世贞《光禄大夫太子太保兵部尚书赠少保刘庄襄公天和墓志铭》（《国朝献征录》卷39）、王一鸣《刘庄襄公列传》（见《明文海》卷388）。据传，刘天和为御史巡按陕西在正德五年。

途经山西榆次（在今山西晋中），有《过榆次访寇大理子惇书庄》。

《泾野先生别集》卷11，诗中云："涂水今安在，南京大理堂。"

夏，在高陵，居家养病。

《泾野先生文集》卷1《西守留芳序》：正德五年夏，柟养疴泾野。

九月，作七言《秋怀二首　庚午》。

《泾野先生别集》卷9，诗中云："抱病高秋渭水隈，漫天风雨半窗来。"

十月，有拟古诗《送胡检讨孝思谪嘉定　十月》、七律《别胡检讨孝思谪嘉定　庚午》。

按：诗见《泾野先生别集》卷5、卷12。

胡孝思即胡缵宗（1480—1560），初字孝思，后改世甫，号可泉，自号鸟鼠山人，甘肃秦安（属天水）人。正德三年进士，授翰林检讨。正德五年被诬"瑾党"，贬为嘉定判官。正德十年转南京户部，官至都察院右副都御史。著有《鸟鼠山人集》等。

作《诰封一品夫人王母文氏墓表》。

《泾野先生文集》卷29《诰封一品夫人王母文氏墓表》：正德己巳六月十八日，诰封一品夫人王母文氏卒。夫人……太师谥端毅三原王公之继配也。……其卒也，正德庚午八月十九日葬于端毅公丘之右丘。……是年月日，通判君以墓表请柟。

按：据吕柟之文可知，文氏为三原王恕之继配，正德四年（己巳，1509）卒，葬在正德五年（庚午，1510）八月。

冬，有《西守留芳序》，记叙西安知府陈天祥之德政。

《泾野先生文集》卷1《西守留芳序》：正德五年夏，柟养疴泾野，客有来者曰："去年关中旱棘，饿夫饿妇俾子女蒫草同马牛出鬻于市，立终日无买者，或仆而毙，太守陈君为食以食之，率得不死；又身走烈日中求雨，及秋大熟。……及今冬十月，天子闻太守贤，陟山东宪副，敕整天津兵备。秦中士大夫自大司徒雍公以下，咸矢诗以赞之，且劝太守进于不已也。……"是时秦父老子弟攀留，闻予言，益恋恋不已。太守日中乃得次灞上，夜宿于临潼。

按："太守陈君"即陈天祥（？—1516），字元吉，苏州吴江人。

弘治九年（1496）进士，历官青州府推官、监察御史、西安知府、山东按察副使，官至左副都御史。传见焦竑《国朝献征录》卷 59 《都察院左副都御史陈天祥传》。

正德六年辛未（1511），三十三岁

有拟古诗《春夜　辛未》、七言杂曲《土榮　辛未》。

《泾野先生别集》卷 5《春夜》：春夜不成寐，卧起视七襄。庭树风冥寂，初月照我床。思我同心侣，忧来不可忘。裁罗寄好音，恨恨天一方。履霜斯知寒，对镜乃自明。人不九绝食，安能甘糟糠。还取匣中琴，聊以辞永伤。

《泾野先生别集》卷 9《土榮》：十九年前黄土榮，书斋常照古人经。挂冠渭水南山下，犹自浑身彻夜明。

有四言古诗《朱云》三章。

按：诗见《泾野先生别集》卷 3《朱云忧旱也　辛未》。

冬十一月，为杨一清《邃庵集》撰后序。

《泾野先生文集》卷 2《邃庵集后序》：邃庵者，吾师石淙杨先生之别号也。集者，诸名公为邃庵而作也。刻之者，吾省宪长公冯汝扬也。

按：《邃庵集》，现存有明正德六年陕西按察使冯汝扬刻本（集一卷，续集一卷），卷末吕柟《后序》云："正德辛未冬十一月丁未赐进士及第翰林院修撰承务郎门生高陵吕柟拜书"。

三原知县程启充至高陵来访，问父寿言，作《寿凤山先生程公序》。

《泾野先生文集》卷 1《寿凤山先生程公序》：凤山先生讳端，字表正，姓程氏，别号凤山，蜀之嘉定人也，今年辛未阅春秋七十矣。

其配孙氏，载德肃雍，亦嘉定著姓也，今年辛未阅春秋七十矣。其子以道从三原诣予曰："启充之父今年正月二十一日诞期也，启充之母今年十二月十九日诞期也。启充羁栖一官，无能称寿，惟吾子图之。"

按：以道即程启充（？—1537），字以道，号初亭、南溪，四川嘉定（今乐山）人。正德三年（1508）进士，授三原知县，官至江西按察使。后因直言宦官之害被诬，于嘉靖六年（1527）充军辽东。嘉靖十六年（1537），赦归故里，不久病卒。隆庆元年（1567），赠光禄少卿。著有《初亭文集》。

《（乾隆）三原县志》卷5《官师》："程启充，嘉定人。进士。正德四年任。"

是年，左经来访于东林书屋。

《泾野先生文集》卷25《皇明湖广按察司佥事漆厓左君墓志铭》：漆厓先生左君者，今南京户部主事长臣思忠之父也。……六七年间，尝两会君于予东林别业，采菊烹葵欢甚，见体干硕健，议论慷慨，当其时，气可塞天地，志可均邦国也。……公讳经，字载道，先世长安人。远祖讳继先者，徙居耀州之漆厓。至公遂号漆厓，人称漆厓先生云。

按：左经（1468—1528），字载道，号漆厓，陕西耀州人。弘治十二年（1499）进士，授永年知县，官至湖广按察司佥事。

冬十二月二十六日，裕州同知同年进士郁采死节，时年三十六。有《裕州同知赠光禄寺少卿郁君墓志铭》及古诗《取人　谏裕州同知山阴郁亮之采也亮之死节裕城云》。

《泾野先生文集》卷34《裕州同知赠光禄寺少卿郁君墓志铭》（万历李桢本）：正德辛未冬十有二月二十有六日，裕州同知山阴郁君采卒。初，黠寇赵鐩、刘惠纠诸饥民僭号横行，所过郡邑，十七屠破，守令率略金缯免死，或开门以迎之。裕守恃此不备，君身作裕人，缮城以待。是月朔，寇至，守欲去，君曰："毋为民望。"乃率士登陴，矢石四下……寇攻东郭，不克。攻西郭，守开西门去，贼乘之，君释东救西，至城隍祠，贼获君，刃君，君骂贼，贼裂君口，君骂至死已。……君生成化丙申，年才三十六也。……君讳采，字亮之，浙江山阴人。

《泾野先生别集》卷3，诗云："取人以貌，君貌不扬，行道以官，君官伊郎。诞其抱心，如百炼钢，杀身云大，孰云义亡。食禄云小，无非我王，十五学道，三十六亡。伊谁知者，巡远为朋，嗟嗟奸谀，愧用胆丧。王书伊真，帝命伊明，有烈其风，千万年长。"

按：郁采（1476—1511），字亮之，浙江山阴人。正德三年进士，授刑部主事。谪大名教谕，迁河南裕州同知。赵镦率众攻掠，郁采誓死据守，城陷而死。传见《明史》卷289。

《泾野先生别集》卷13有拟乐府《裕州哀吊郁别驾采》诗五首。

《读同门题名录》约作于是年或之后。

《泾野先生文集》卷3《读同门题名录序》：此《同门题名录》自太宰乔公始终题识，而其中说者凡七家，上于邃翁先生复古之教，下于诸弟子师事之义，已略具矣，而先生又命柟有言。夫是录，计科自成化丁酉、戊戌至正德丁卯、辛未，几及四十年；计人自胡司空至华黄门，几盈七十人；计地自顺天至广西，几具十三省。……柟，先生提学所造士，虽不能如亲受业者望其高深，然于先生进人不已之志，亦颇闻之矣。

正德七年壬申（1512），三十四岁

二月，出游武功，访康海。有《游浒西集》，收录此次出游武功时所作诗赋。

《泾野先生文集》卷1《游浒西集序》：壬申春，泾野子力疾出游，至对山康子浒西庄。浒西山水花鸟既中予赏玩，而武功师友耆旧又恋予不释，居五日焉。凡与康子赓和及予所自作，得赋三首，五言古诗五首，五言绝句六首，五言律诗四首，七言绝句五首，七言律诗五首，七言古诗一首，曰《游浒西集》。而康子之诗计亦若是也，别为一编，其自命曰《浒西集》云。

按：《泾野先生别集》卷5有《奉答康子闻余见访之作　壬申》、卷11《宿武功酬康德涵入城见访之作次韵　壬申》、卷12《访康德涵于武功次韵　壬申》等。

康海《康对山先生集》卷3有《泾野子与余居既数日，陟降原隰，临眺川陆，二美具集，百情咸畅。辛丑之夜，宴归学宫，风雨忽作，因秉烛相对，慨然兴怀，击筑长歌。悲婉激壮之声，古之志士未之能或先也。因倚而和之如此，固已愧泾野子之所陈矣》《与吕子发浒西》《同仲木往浒西别业》，卷4《在浒西别业闻吕子仲木见访》，卷12《将入城访吕子》等。

与康海同谒后稷祠、横渠祠等。

康海：《（正德）武功县志》卷1《地理志》：绿野亭……正德壬申，翰林院修撰高陵吕柟于绿野书院谒横渠先生祠堂诗："二月入武功，载谒横渠祠。春桃杂芳涧，好鸟鸣天枝。绿野终南翠，含情实在兹。昂求曾凤夜，人亡道未涯。撤皋下程氏，执礼西仲尼。表时脱枝蔓，订顽那有私。瞻依真气象，无复梦中疑。兹邦有君子，迹殊路不歧。豪迈存余烈，高怀有我知。鹏飞要扶摇，鲲化自天池。斯文应不斩，白日令见之。"

按：吕柟与康海所谒横渠祠位于武功绿野书院中。《泾野先生别集》卷5有《谒后稷祠作》《谒横渠祠》，卷9《同康子步过沍东观望二首　壬申》，卷11《同康子步过沍东望雍原有作》等。

康海《康对山先生集》卷4有《同仲木谒后稷祠》《同仲木谒横渠先生祠》，卷11《与吕子同步沍东望雍原次吕子韵》等。

在浒西庄，康海出示所撰《张氏族谱》，有序。

《泾野先生文集》卷2《张氏族谱叙》：泾野子游康子之浒西庄，

康子出所撰《张氏族谱》以观。……夫张氏，康子之母家也。

返高陵，康海送之。

按：《康对山先生集》卷4有《二月二十八日同吕子过武水联句》，卷9有《与仲木陟武水登东原入韩店道中》，其曰："送子东行还故丘，伤心握手增百忧。"卷12有《和吕子韩店道中之作》。

康海至高陵来访，拜谒吕父。

康海《康对山先生集》卷35《封儒林郎翰林修撰吕公墓碑》：昔在壬申，拜公于庭。

三月，好友马理为父请铭，作《云岩先生耆德官马公墓志铭》。

清道光杨浚《续刻吕泾野先生文集》：正德五年庚午八月二十九日，云岩先生耆德官三原马公卒。公讳江，字文渊，一字巨源，初号云岩居士，中岁号浩然子，晚号竹园老人，县尹屡宿乡饮正宾，正德元年应诏授耆德官。距生洪熙元年乙巳五月一日，阅春秋八十有六矣。正德七年壬申三月壬申日，其子举人理，理字伯循，中弘治戊午科《春秋》经元，选兆于丁村之东，迁公之二室李氏合葬焉，乃作状请铭。

按：云岩先生即马江（1425—1510），字文渊，马理之父，陕西三原人。博学好古，隐居教授，学者称云岩先生。传见吕柟《云岩先生耆德官马公墓志铭》、韩邦奇《苑洛集》卷7《赠中大夫光禄寺卿马公墓表》、康海《康对山先生集》卷24《光训堂记》。

据文可知，马理之父卒于正德五年（1510），正德七年葬，请铭于吕柟。

有诗《吊云岩先生赋　马伯循乃翁》。

《泾野先生别集》卷1，诗云："曰高陵兮吕生，岁壬申兮春征，吊云岩兮丈甫。"

七月初八，堂姑丈樊宗玉卒，作《河阴教谕渭北先生樊公墓志铭》。

清道光杨浚《续刻吕泾野先生文集》：河阴教谕渭北先生卒于官，既归家，有葬日，门人翰林修撰吕柟谨志诸石曰：先生讳宗玉，字廷璋，别号渭北。自高祖克名世居高陵之贾店村。……屡试于乡不第，以弘治七年岁贡授朔州训导，中以母丧解任。免丧，授河南遂平训导。正德六年，御史荐其克职，升河阴教谕，越明年七月初八日以疾卒。……生于正统七年壬戌八月十七日，距卒之年七十有一岁。配吕氏，柟堂姑也。……华卜于正德七年壬申十一月二十日葬先生于贾店村之先茔次。

暮秋九月，遣弟持书访王九思，王九思作五言古诗《吕子仲木遣其弟持书见访酬答来意》。

王九思《渼陂集》卷1，诗云："佳人抱沉疴，高卧泾川浔。……暮秋仲氏至，恍如颜色临。遗我尺素书……上言长相思，乃在终南阴。"

按：王九思于正德五年（1510）八月因坐刘瑾案谪为寿州同知，并于正德六年（辛未，1511）十二月罢官归乡。《渼陂集》卷8《送丰原学先生序》："辛未冬十二月，上乃用谏臣议。议盖曰：'寿州同知前在翰林，得出为吏部，为吏部而狼藉贿赂破坏选法，宜罢弃去，应上天之变。'于是上报曰'同知致仕'矣。"卷15《妻赠孺人赵氏继室封孺人张氏合葬墓志铭》："辛未冬，谏官奏除瑾党塞天变，予得致仕归其乡。"

但由于当时河南乱起，回陕道路不宁，故王九思迟至第二年秋（正德七年，壬申）始至家。《渼陂续集》卷中《陆汝清传》："壬申夏，予罢归里舍，泊舟朱仙镇。"《渼陂续集》卷下《明故甲子乡进士爱松山人王禹夫墓志铭》："壬申秋，予自寿州罢归。"又见《渼陂集》卷8《送平贼将军右都督时公序》以及下条吕柟《颖水别意跋》等。

吕柟在本年冬十月即应命入京，故其遣弟持书访王九思，当在是年王九思回陕西之后，入京之前。

为王九思之诗《颖水别意》作跋。

《泾野先生文集》卷 2《颖水别意跋》：此吾友渼陂子王先生留别戈挥使之卷也。渼陂子自文选郎中谪贰寿州，淹屈屯塞，旧与交游者大半改视而易待矣。乃挥使素不相识之人也，周旋亲炙如此，不贤而能之乎？及渼陂子挂冠西归，流寇梗路者半年，而挥使月身问之，日僮候之，相与之厚，眷隆不衰，是其真情雅意，又尤为难得。古人云："一贱一贵，乃知交态。"则若挥使，岂惟今日之所少见者哉！此卷存，可以敦薄俗矣。凡挥使他日功名之盛，亦可据为张本也。

作七律《赠韩平阳汝节》。

按：诗见《泾野先生别集》卷 12。

韩邦奇（字汝节）谪平阳府通判在正德六年（1511）十一月（见《明史》本传），可知吕柟此诗当作于第二年。

撰《重建米脂县文宣王庙儒学记》，指出圣人之道，"穷益于乡，达泽于世"。

《泾野先生文集》卷 14《重建米脂县文宣王庙儒学记》：延安米脂县文宣王庙及儒学旧在上城，卑隘不足以奉先师、业士子。弘治壬、癸间，陕西提学副使今太宰杨公乃令知县徙今下城，建大成殿。……正德七年夏，延安知府赵君楫曰："米脂初无举人，学建而举，高堂杨公之功也。"予曰："先生作学，诞不止此。夫圣人之教有四：举文则道明，举行则性尽，举忠信则道定而命能至矣。穷益于乡，达泽于世，圣人之道，兹用有光，是作者之意也。"

作四言古诗《平汉南操》，赞蓝章平乱之功。

《泾野先生别集》卷3，诗前小序云："美中丞蓝公也。正德己、庚、辛、壬间，鸨贼大寇蜀汉，蓝公章讨平之，宪副边君亿征凯歌焉。"

按：蓝公即蓝章（1453—1525），字文绣，号大崂山翁，山东即墨人。成化二十年（1484）进士，官至南京刑部右侍郎。正德十二年（1517）致仕。晚年在崂山之华阳山建华阳书院课子讲学。有《大崂山人遗稿》等。

《送蓝公平汉中序》约作于是年。

《泾野先生文集》卷2《送蓝公平汉中序》：乃正德六年六月，擒其渠魁三十人于金宝寺，解厥支蔓，百千其众，上令典刑，诸魁枭首湖广，于是诸贼胆慑，汉中乃乂。天子以公洪勋，遂进右副都御史，仍抚陕西。比公退长安，余孽曹甫续叛江津，汉人云扰。公再领师入汉，威德照临，甫惧奔蜀，党与大解，所降男女万有二千，风声震动，如雷如霆，四方诸贼，亦皆解体。将班师奏凯于朝，汉中兵备宪副边亿诸君为宴于天汉楼以饯公，请史柟叙其事行，将勒石原山之上，以纪我大明之盛也。

按：《国榷》卷48："（正德六年）三月，巡抚陕西右佥都御史蓝章捕盗汉中。"卷49："（正德九年）正月，右副都御史蓝章为南京刑部右侍郎。"而吕柟在是年冬十月应命入京，可知吕柟此序当作于正德七年入京之前。

是年，王廷相上疏请起用吕柟，称其"学问渊粹，德性纯雅""使立清朝，必能振起休风，劝惩颓俗"。

王廷相《浚川奏议集》卷1《请起用修撰吕柟疏》：臣伏见养病修撰吕柟，陕西高陵县人，即今年力精壮，无病家居，不行赴部及时供职。……当瑾贼擅政，朝士侧目之时……惟本官不顾时忌，乃敢求归。逆探初心，似难尽知；据今形迹，实亦可取。且本官学问渊粹，德性纯雅，加以涵养之深，历练之久，必能裨补治源，赞翊化机。自告病以来，杜门谢客，读书耕稼，安贫守分，略不苛求。以斯介行，使立清朝，必能振起休风，劝惩颓俗。

冬十月，病起赴京，携家而行。

《泾野先生文集》卷2《贺彭公平蜀序》：枏壬申冬应命入京，遇公于安肃，躬睹军容，如挟纩泪。

《泾野先生文集》卷20《答虎谷先生书》：壬申之冬，曾携家一过榆次。

过高陵隆昌寺，题诗于寺壁。

《（嘉靖）高陵县志》卷2《祠庙》：隆昌寺，在县西毗沙镇，宋太宗敕赐名额，有塔突兀。正德壬申，泾野子尝题诗于寺壁。……诗云："五色云中落一寺，明心定处几谁知？涅槃若问孔夫子，开合从来总不疑。"

按：隆昌寺，位于高陵县城西约9公里姬家乡毗沙村西南麓。宋太宗敕赐名隆昌寺。同治元年（1862）回民起义时毁于战火。

过高陵崇皇寺，应僧满照请，有题诗。

《（嘉靖）高陵县志》卷2《祠庙》：崇皇寺……正德壬申，泾野子过寺，僧满照请留题。

按：崇皇寺，位于高陵县城西南崇皇乡。唐初置佛寺。宋太宗敕赐名崇皇寺。清同治年间回民起义时废毁。

十月，至华州，作《刘侯毙虎记》。

《泾野先生文集》卷14《刘侯毙虎记》文末有："泾野子至华闻之。正德七年十月记。"

有《重修华州治记》。

《泾野先生文集》卷14《重修华州治记》：正德壬申春日惟吉，

华州太守蠡吾刘侯锦鼎缉州宇。……徙预备仓于州治之内,仓西草场也,故旷地立少华书院焉,乃新儒庠及阴阳医学。

在华阴,拜谒致仕工部郎中张寿。

清道光杨浚《续刻吕泾野先生文集》卷7《工部郎中进阶奉政大夫华阴张公墓志铭》:华阴张公永年自弘治丁巳以郎中引年还山,今二十余载矣,然日日课子孙种稼读书,无他外干,予恒仰其高。往年病起上京,过华阴,始见于其家。是时秋获后,公皓首庞眉,由粟麦堆间迓予,予望之若物外人矣,自是屡念之不置也。今年己卯三月二十五日,公且九十有一岁,乃卒。

按:张寿(1429—1519),字永年,陕西华阴人。由举人授山西繁峙县知县,历官山西太谷知县、顺天通判、工部都水司员外郎、郎中。弘治十年(1497)致仕归。吕柟有《工部郎中进阶奉政大夫华阴张公墓志铭》。

由华阴前往朝邑拜见韩邦奇之父韩绍宗。

《泾野先生文集》卷23《福建按察司副使封中宪大夫莲峰先生韩公墓志铭》:公姓韩氏,讳绍宗,字裕后,号莲峰,同州朝邑之南阳洪人也。……壬申岁,病起赴京,始由华阴谒公于漆南,然严范鸿度,柟未见,汉汲孺、刘向也,当亦不过是。

按:韩绍宗(1452—1519),字裕后,号莲峰,陕西同州(今大荔)朝邑人。成化十四年(1478)进士,授刑部主事,升员外郎、郎中,官至福建按察副使。吕柟与其子韩邦彦、邦奇、邦靖交好。传见吕柟《莲峰先生韩公墓志铭》、王九思《渼陂集》卷11《大明中顺大夫福建等处提刑按察司副使封中宪大夫莲峰先生墓碑》。

漆南,即漆水之南,这里指朝邑。

道过山西榆次。

《泾野先生文集》卷20《答虎谷先生书》:壬申之冬,曾携家一过榆次，然榆次无官，几不能行。是时夫子亦在大同，故柏井驿有次韵之题，言不能进谒也，然自是再无榆次行，后期尚可求也。

道过山西洪洞，拜谒韩文。

《泾野先生文集》卷36《韩忠定公遗墨二跋》：正德壬申冬，予赴京，过谒忠定公。公诱掖奖进如恐不及，因赋诗请教。公赐和数篇后，犹广前韵以寄，大抵皆尊主庇民之至情也。

按：韩文（1441—1526），字贯道，号质庵，山西洪洞人。成化二年（1466）进士，官至户部尚书。正德元年（1506），率同官上疏弹劾宦官刘瑾等，被罢官。卒，谥忠定，赠太傅。著有《韩忠定公集》。《泾野先生文集》卷36有《韩忠定公遗墨二跋》。

十一月，在安肃（今河北徐水）遇彭泽，有七律《安肃道中遇少保彭公率师征蜀作赠》。

《泾野先生文集》卷2《贺彭公平蜀序》：桷壬申冬应命入京，遇公于安肃，躬睹军容，如挟纩洎。

按：诗见《泾野先生别集》卷12。

彭泽（1459—1530），字济物，号幸庵，甘肃兰州人。其外祖父即为段坚（见"成化二十年"条）。弘治三年（1490）进士，官至太子太保兵部尚书。隆庆元年（1567），谥端毅。其著述丰富，但多已不存。传见自撰《幸庵老人墓志》与刘耕《大司马彭公别传》（《国朝献征录》卷39）等。

十一月二十日抵京。有《与康太史德涵书》，认为康海受累于刘瑾之事，乃是因其言语不慎，劝其慎言。

《泾野先生文集》卷20《与康太史德涵书》：往日赴京时，匆匆不能拜别，至今怀恨。仗赖一路平安，十一月二十日抵京，含愧窃禄，足负知己。吾兄心迹明白，近日人多知之，其有今日，只因言语之肆耳。夫言行一也，古之人未有不谨于言而能美其行者。惟望吾兄非法不言，以成大业，固非若是以要誉干禄也，吾儒之法自当尔耳。……承吾兄之教，日就柏斋，与化之效全未，思齐之心常存。若柏斋者，吾兄亦不可不念之也。伯循服已阕矣，可邀致浒西，与处数月，当大有益耳。道远情深，临纸不胜怅惘。

上《劝圣学以图治平疏》。

马理《墓志铭》：公家居，侍渭阳公。台谏累交荐，起用入朝。上《劝学疏》，略曰："昔周文王缉熙敬止，咸和万民，斯享灵台之乐；元顺帝废学纵欲，盛有台沼，我太祖一举而取之。"蒙嘉纳。

《泾野先生文集》卷31《劝圣学以图治平疏》（明万历李桢本）：臣非欲陛下绝游田观逸也，盖先勤学以安天下而后游田观逸，为我乐矣。不先勤学以安天下即游田观逸，不为我乐矣。昔周文王缉熙敬止，咸和万民，斯享灵圃之乐。元顺帝废学纵欲，盛有台沼，我太祖一举而取之，陛下不可不深念之也。即今蜀、汉、江、湖盗贼日炽，星殒地震濒年而见，旱涝不均，久无丰岁，民之穷苦惊慌，亦既极矣，陛下不可不棘图之也。

有《贺彭公平贼序》，指出乱起之原因在于官府"穷困不知恤，豪强不知制，奸贪不知惩"。

《泾野先生文集》卷2《贺彭公平贼序》：正德六年，太子少保右都御史皋兰彭公帅师讨贼，刑部主政张宽以知县受公调用，功成进秩，归而告曰："往岁文安贼赵鐩因刘六、杨虎、齐彦名、刘惠之叛也，没入其党，纠率饥寒众且百万，僭号横行。……既而彭公提师，及陆公、仇、许诸帅合兵四剿，而赵鐩之胆始寒。……赵鐩既髡且僧，色获于赵成，于是刘六、刘仲淮投于东江，刘七、庞文宣遁于狼山，于是天作飓风，人以死战，肤功奏矣。"吕柟曰："……追初盗起，惟在穷困不知恤，豪强不知制，奸贪不知惩，浸淫至此耳。闻公受命而出，擢贤能，汰侵渔，而后攻伐，其弭盗以是。夫今公又承命伐鸹，柟知其势如破竹矣。……"

按：《明史·武宗本纪》：“（七年）十一月壬申，时源为平贼将军，会彭泽讨四川贼。”

《明史纪事本末》卷46：“（七年）十一月，汉中贼廖麻子、喻思俸，内江贼骆松祥，崇庆贼范藻等分劫州县，众号二十万。……命右都御史彭泽总制军务，同总兵时源讨之。”

由序文可知所论之事是在彭泽讨平河南赵鐩并因功升太子少保右都御史之后，而文中提到“今公又承命伐鹑”，则是指彭泽于正德七年十一月又受命征讨四川廖麻子、喻思俸等人。可知吕柟之序作于此年。

作《送洪云南序上》《送洪云南序下》。

《泾野先生文集》卷1《送洪云南序上》：正德七年夏五月，巡抚云南阙。……帝乃咨于冢宰及九卿，佥曰：“洪远作陕西左布政使，身戴四贤，选于众，惟兹所宜往。”……敕至，洪公将驾，其僚大方伯田公商贤以下咸矢诗以赠，乃言于翰林修撰吕柟，请叙其事。

按：洪远（1450—1519），字克毅，号仙斋，安徽歙县人。成化十四年（1478）进士，授莆田知县。正德七年升右副都御史巡抚云南，官至南京工部尚书。正德十四年（1519）七月，卒于官。嘉靖中，追赠太子少保，谥恭靖。

正德八年癸酉（1513），三十五岁

春，作四言古诗《河有蔻柳　送韩工部汝庆也》七章。

《泾野先生别集》卷3，诗小序云：“正德八年春，汝庆清匠于直隶、山西、陕西，作是诗以送之。”

张士隆巡盐河东，为撰《南风之什序》。

《泾野先生文集》卷2《南风之什序》：《南风之什》，赠张子仲修也。安阳张子巡盐河东，诸友有怀，各赠以诗章劝勉也。……张子斯行，上不亏国，下不亏民，义以行利。博其惠，使民不争，宣圣化，导后人，斯南之风云尔。

按：《国榷》卷48"正德七年"条："十二月，监察御史张士隆劾光禄寺卿李良。"

崔铣《洹词》卷5《亡友张仲修墓志铭》："正德壬申（七年，1512），晋监察御史。……癸酉（八年，1513），巡河东盐法。运使刘瑜贪而有奥援，迁参政，仲修劾罢之。革豪右以均商，严取晒以美盐。以其暇，建正学书院。凿青石槽、开茅津，皆为大衢，车可行。"

可知张士隆巡盐河东在正德八年，而吕柟序即作于张士隆临行之前。

作拟乐府《河东盐赠张御史仲修》六首，反映河东盐场之弊。

《泾野先生别集》卷13，诗云：一、"宁为燕京捞粪卒，莫作河东捞盐子。捞粪犹能生，捞盐不如死。"二、"尔家富如京，年年免盐丁。我家贫无橐，月月丁不脱。"三、"彼贾不识官，买盐半泥丸。此贾到处熟，买盐白如玉。"五、"但为盐场吏，胜种负郭田。暗有换概略，明有截角钱。"

三月一日，封吕柟之父吕溥为儒林郎翰林院修撰，继母侯氏为安人，并赠生母宋氏为安人。

康海《对山集》卷35《封儒林郎翰林修撰吕公墓碑》：正德癸酉三月一日，以柟封公为儒林郎翰林院修撰，赠宋氏为安人，继室侯氏亦如封安人焉。

按：吕柟父母受封一事，李开先《泾野吕亚卿传》、杨九式《吕泾野先生续传》记在正德九年正月乾清宫灾后。如李开先《泾野吕亚卿传》云："以乾清宫灾，覃恩封其父为翰林修撰、承德郎，母及继母侯氏，配李氏，生封殁赠，俱为安人。"而据康海为吕溥所撰墓表，可知李开先、杨九式所记有误。

崔铣有赠诗祝贺吕父受封，吕柟有《家君受封修撰崔子钟有诗贺因次其韵》（见《泾野先生别集》卷11）。

三月十六日，同年进士新城知县泾阳褚宗性卒，撰《新城知县褚君墓志铭》。

清道光杨浚《续刻吕泾野先生文集》：予有年友曰褚宗性者，西安泾阳县河下里人也。……予正德戊辰年及宗性同会试礼部，尝叩其《小戴礼记》，则虽世之不肯尽为者皆习之矣。是年宗性及予同举进士，观政都察院，出为吴桥知县，不劳而治，吴桥县小宜尔。及调新城，新城县大……而宗性治之犹树柳，而诸同年皆曰："宗性平日粥粥，若无能也，及临政有声乃尔。"……宗性新城三年，几受敕命，而没于官，为正德八年三月十六日，距生成化九年九月十三日，年才三十五岁云。

三月，有《李编修宗易雨中西园速酌五首　癸酉》《都城元夜次李编修宗易韵　癸酉》《三月二十日饮宗易花园》《次韵答李序庵》《谒陵次韵答李序庵》等诗。

按：诗见《泾野先生别集》卷9、卷12。

李宗易即李时（1471—1538），字宗易，号序庵，河北任丘人。弘治十五年（1502）进士，授编修，官至少傅兼太子太师、吏部尚书、华盖殿大学士。嘉靖十七年（1538），卒于官，赠太傅，谥文康。有《南城召对录》《日下旧闻》《列卿记》。传见《明史》卷193。

为御史孟洋作《寿孟静乐公序》。

《泾野先生文集》卷2：信阳孟君洋初举进士，为行人，迎其母太夫人孙氏而养之。继守御史，又迎其父静乐公而养之。值降辰，则绘《椿萱图》以寿焉。

按：孟望之即孟洋（1483—1534），字望之，又字有涯，河南信阳人。弘治十八年（1505）进士，官至南京大理寺卿。著有《有涯集》，刻于家。传见孙奇逢《中州人物考》卷5。又，崔铣为孟洋父母撰有墓志铭，作"乐静公"（见《洹词》卷7《赠金都御史孟公暨配封太恭人孙氏合葬墓志铭》）。

《国榷》卷49"正德八年"条："三月，试监察御史孟洋下狱。洋论大学士梁储屡被劾当去、礼部尚书靳贵阴求入阁，上责其排陷，谪桂林教授。"

孙奇逢《中州人物考》卷5《孟大理公洋》："已而，洋选为御史，即抗疏大学士梁储、靳贵。"

可知吕柟此序作于是年三月前。

有拟古诗《别孟御史望之谪桂林　癸酉》。

按：诗见《泾野先生别集》卷5。

四月，何瑭谪开州同知，作拟古诗《送何修撰粹夫谪开州》四首。

按：诗见《泾野先生别集》卷5。

《国榷》卷49"正德八年"条："四月辛酉，翰林修撰何瑭谪开州同知。瑭进讲蹇涩中止，上怒，欲挞之，阁臣救免。"

夏五月，王显之出任陕西按察司佥事，作《送王佥事序》，以正俗、立法、振风勉之。

《泾野先生文集》卷2《送王佥事序》：正德八年夏五月，陕西按察司佥事缺，天子简刑部员外郎王君显之以往。王君，四川泸州人，将行，蜀大夫侍御张君鹏，地官曾君玙诸君子以叙来属。柟曰："……君子驭民，将以正俗也，曲直不允，民无所措，故其俗偷。君子驭吏，将以立法也，明察不及，吏无所惮，故其法蠹。君子驭官，将以振风也，黜陟不道，官无所师，故其风邪。……以公驭民，俗乃正；以敏驭吏，法乃立；以端率官，风乃振。充是道也，相天下将无难，而况于斯乎！……"

夏，作四言古诗《原有长柞　送崔编修子钟也》五章。

《泾野先生别集》卷3，诗前小序云："正德八年夏，子钟奉使于周府，得过其家焉。"

十月二十二日，进讲毕。因患腿疾，加以母病，分别于十一月、十二月二次上疏请求致仕。

《泾野先生文集》卷20《与何开州粹夫书　甲戌二月》：仆于去年十月二十二日进讲毕，是时已患腿疼，不可履。至十一月，得家书，家母病不下榻，兼自料贱疾无终瘳之势，意图速归，乃具本致仕，反惹诸公一大怒耳，其本立案不行。十二月间，再具本养病。至今年二月初二日始准西归。

十一月，作《毅斋解》。

《泾野先生文集》卷36《毅斋解》：毅斋者，刘克柔乾之斋名也。……正德癸酉十一月。

按：刘乾（1468—1536），字克柔，号毅斋，江苏江阴人。弘治十二年（1499）进士，官至南京光禄寺卿。致仕，卒。传见湛若水《泉翁大全集》卷63《刘公墓表》。

冬十一月，作《送唐光禄序》。

《泾野先生文集》卷2《送唐光禄序》：正德癸酉长至，南京光禄少卿唐子仁夫如京进表。仁夫昔为大行人，诸旧与僚者二十有七人送仁夫南还。

按：唐仁夫即唐荣，字仁夫，广西融县人。弘治九年（1496）进士，官至南京光禄寺少卿。

十一月，有拟古诗《送田给事勤甫提学江西》。

《泾野先生别集》卷5，诗云："君本连城玉，光辉照四邻。相从十载前，知子有吾真。"

按：田勤甫即田汝籽（1478—1533），字勤甫，号水南，河南祥符人。弘治十八年（1505）进士，丁忧归。正德三年，授行人，第二年选刑科给事中。正德八年十一月，迁江西提学佥事。正德十四年（1519），升湖广按察副使。传见崔铣《洹词》卷10《按察副使水南田君墓志铭》。

十二月，作《答景伯时别赋 癸酉十二月》。

按：诗见《泾野先生别集》卷1。

作《寿雷先生序》。

《泾野先生文集》卷2《寿雷先生序》：正德八年，给事雷君雯迎其父上蔡先生于京邸，时先生七十有二岁矣，雯同年同郡进士者十有一人，皆致祝焉。

作《绍文堂记》。

《泾野先生文集》卷14《绍文堂记》：绍文堂者何？无锡俞谏议泰之堂扁也。堂何言？"绍文"也，绍前人之文，以示之后耳。……癸酉。

按：俞泰（？—1531），字国昌，号正斋，江苏无锡人。弘治十五年（1502）进士，仕户科给事中，历官山东参政。

有《寿西涯相公三十韵 癸酉》。

按：诗见《泾野先生别集》卷11。

西涯相公即李东阳（1447—1516），字宾之，号西涯，湖南茶陵人。天顺八年（1464）进士，官至少师兼太子太师、吏部尚书、华盖殿大学士。卒赠太师，谥文正。有《怀麓堂集》和《怀麓堂全集》等。

是年，有《送王奉节序》，以廉、忠、恭、孝勉之。

《泾野先生文集》卷2《送王奉节序》：陇西王道源以鸿胪司仪陟尹奉节，谓予有以言奉节也。予曰："……守者廉也，不欺者忠也，称朝廷者恭也，举先人者孝也。廉则民怀之，忠则民信之，恭则民敬之，孝则民顺之，四者尽矣。……所可滋道源者，惟力此四德而不渝耳。即今百姓流离，鸱丑猖獗，蜀中郡邑，十七屠破，岂独民之罪哉？则亦有司者寡廉而鲜诚，忘国与亲耳。……"

按：王道源，名浩，字道源，甘肃陇西人。

是年，有《西征赠言序》。

《泾野先生文集》卷2《西征赠言序》：初，正德己巳，蜀、汉之间，鄢、廖诸寇割据西南，于是赵鐩诸黠僭号横行，兖、豫、徐、扬郡邑弗守。师出分征，经年未夷。辛未，天子选于众，俾今太子少保左都御史彭公济物帅师东伐。未逾年，克遏巨乱，奏绩狼山。比公振旅京师，西寇犹炽，天子仍命公帅师西征。又未逾年，戮廖麻子于剑州，群凶瓦解，巴、蜀底定。

按：《明史·武宗本纪》："（八年）夏四月乙丑，彭泽破贼于剑州。"《国榷》卷49"正德八年"条："七月，蜀盗平。右都御史彭泽乞休，不允。"可知吕柟序作于彭泽平蜀之后。

作《送刘御史远夫谪隆德典史二首》。

按：诗见《泾野先生别集》卷5。

刘远夫即刘大谟（1476—1543），字远夫，号东阜，河南仪封人。正德三年进士，授户部主事。迁监察御史，巡按辽东，被诬下诏狱。正德八年，谪陕西隆德典史。官至左副都御史巡抚四川。传见王崇庆《嘉议大夫都察院左副都御史东阜刘公大谟神道碑》（《国朝献征录》卷62）。

约是年，有《与穆司业伯潜书》，告知王阳明讲学"足得程氏之

意""可与寇子数去聚论"。

《泾野先生文集》卷20《与穆司业伯潜书》：仆每念友朋中如吾子忠信文行不多有也，每欲就子，共成博大之业，以遂平生之志，而世事乖违，聚散无常，徒切怀想，为之于悒，奈何？王伯安讲学亦精，足得程氏之意，可与寇子数去聚论，不可缓视之也。妻父与仆刷印诸书，又希一催，令早寄来。此心之拳拳者，执事素所知也，不具。

按：据《王阳明年谱》，王阳明于正德七年十二月升为南京太仆寺少卿，转官南京。而在正德九年二月，吕柟致仕归乡，由此可知此书约作于是年。

《寿涯翁令母太夫人九十》约作于是年或稍后。

《泾野先生别集》卷6，诗云："太师居黄扉，数言终事母。太师眠白云，母龄方耄九。"

按：《国榷》卷48"正德七年"条："十二月丁卯，少师大学士李东阳致仕。"而吕柟于正德九年二月致仕，可知其诗约作于是年前后。暂系于此。

正德九年甲戌（1514），三十六岁

正月，乾清宫灾，上《应诏陈言以弥灾变疏》，言六事：其一，逐日临朝听政；其二，还处宫寝，预图储贰；其三，郊社禘尝，祗肃钦承；其四，日朝两宫，承颜顺志；其五，遣去义子、番僧、边军，令各宁业；其六，各处镇守中官贪婪，取回别用。疏上不报。

《明史·武宗本纪》：（九年春正月）庚辰，乾清宫灾。

马汝骥《行状》：时乾清宫灾，公应诏陈言，一曰逐日临朝听政；二曰还处宫寝，预图储贰；三曰郊社禘尝，祗肃钦承；四曰日朝两宫，承颜顺志；五曰遣去义子、番僧、边军，令各宁业；六曰各处镇守中官贪婪，取回别用。又累进讲，劝上举直措枉。疏后引疾乞归。

友人崔后渠氏言于京曰："仲木去就，可谓必矣。"

按：吕楠疏文见明万历李桢本《泾野先生文集》卷31。

张原谪贵州新添驿驿丞，作七律《送张给事士元谪新添驿丞》。

按：诗见《泾野先生别集》卷12。

张士元即张原（1474—1524），字士元，号玉坡，陕西三原人。与马理同师事王承裕。正德九年（1514）进士，授吏科给事中，上书言十二事，谪贵州新添驿驿丞。嘉靖元年（1522），复召为兵科给事中。嘉靖三年（1524）七月，以谏大礼受廷杖，卒，年仅五十一。隆庆元年（1567），赠光禄少卿。有《黄花集》《玉坡奏议》传世。传见冯从吾《冯少墟集》卷17《给谏张公》。

作七律《次韵答李序庵见留　甲戌》。

按：诗见《泾野先生别集》卷12。

作五言拟古诗《送刘参政元瑞之云南宪长　甲戌》。

按：诗见《泾野先生别集》卷5。

刘元瑞即刘麟（1474—1561），字元瑞，又字子振，号南坦，江西安仁人。与顾璘、徐祯卿同称"江东三才子"。弘治九年（1496）进士，官至工部尚书，谥清惠。有《刘清惠集》。吕楠《泾野先生文集》卷30有为其父所作的《武略将军南京广洋卫副千户刘公墓碑》。

二月初二，获准致仕归乡。

《泾野先生文集》卷20《与何开州粹夫书　甲戌二月》：仆于去年十月二十二日进讲毕……乃具本致仕，反惹诸公一大怒耳，其本立案不行。十二月间，再具本养病。至今年二月初二日始准西归。

二月十二日夜，何景明、刘文焕前来送别，作五律《二月十二夜何仲默刘德征携壶赠别兼惠以诗次韵答何子》《答刘子》。

按：诗见《泾野先生别集》卷11。

刘德征即刘文焕（1482—1528），字德征，又字子纬，号兰村，河北定州人。正德三年（1508）进士，授兵部主事，官至夔州府知府。传见韩邦奇《苑洛集》卷5《中顺大夫四川夔州府知府刘公德征墓志铭》。

归途中，有《与何开州粹夫书　甲戌二月》及七律《过怀庆寄何开州柏斋　甲戌》。

《泾野先生文集》卷20《与何开州粹夫书》：世俗偷薄，政学不明，百姓无聊，士无趋向，所仰于执事者不浅也！柟卧病终南，日与药饵为友，见执事不知在何时。若或苟且征放，以负明教，自矢亦不敢也。临纸凄楚，泪下沾衣，在途匆匆，不具。

按：诗见《泾野先生别集》卷12。

回高陵后，在县城东门外筑东郭别墅，讲学其中。

冯从吾《泾野吕先生传》：归而卜筑邑东门外，扁曰"东郭别墅"，四方学者日集。都御史虎谷王公荐其学行高古，乞代己任，不报。渭阳公病，先生侍汤药，昼夜衣不解带，履恒无声，如是一年，须鬓为白。

张士隆建河东书院（在今山西运城），撰《河东书院记》。

《泾野先生文集》卷14《河东书院记》：正德甲戌春，御史安阳张子仲修巡盐河东，官吏革愆，商民胥悦，夜读书，昼诲诸河东生，乃从官司之请，作河东书院于上曲。于是诸车人、店人、牙人愿献木石暨力，诸工师愿献能，诸园薮愿献厥植，乃选义士命理。

按：《（雍正）山西通志》卷36《学校》：河东书院在城北五里，正德九年巡盐御史张士隆建，吕柟记。内有书楼，马理记。万历八年，张居正奏毁天下书院，御史李廷观改祀尧、舜、禹，为"三圣庙"，迄今胜概犹存。

张士隆请吕柟定河东书院应祀三晋名贤。吕柟在《答张仲修书》中指出："后世士论弗正，多崇言卑行，贵名贱实。故马融训诂，虽杀李固，犹祀孔庙；尹焞正学，虽贤如朱熹，亦短其致知。"故主张从祀标准应"惟取大节，不论言语"，重行不重言。

马汝骥《行状》：张仲修为御史，筑河东书院成，请定三晋应祀名贤。公既论定其祀，又答以书，为及"上之给命，正多贵言贱行。故马融训诂，虽附势杀贵，犹祀孔庙；尹焞守死善道，如朱熹亦短其致知，以孔、颜之学观之，后儒失之远矣。故今定祀，惟取大义，不论文辞，俾学者知所趋向"。

《泾野先生文集》卷20《答张仲修书》：承命查定三晋名贤，奉祀河东书院。按史志，在古有若解州风后、平阳仓颉，在唐虞有若稷山后稷，在夏有若安邑关龙逢，在商有若夏县巫咸、平陆傅说、首阳伯夷、叔齐，在周有若平遥尹吉甫、介休介之推、晋阳羊舌胖、西河卜商，在汉有若介休郭泰、太原王烈、解州关羽，在晋有若晋阳郭琦，在隋有若龙门王通，在唐有若太原狄仁杰、闻喜裴度，在宋有若平阳孙复、夏县司马光、介休文彦博，在大明有若河津薛瑄。夫自周、汉以来，兹土名贤众矣，然多有瑕垢：智如士会，奔秦而计挠史骈；信如荀息，事君而不明嫡庶；友如邓攸，位高颇媚权贵；忠如霍光，溺妻不正大义。王延之孝，仕于刘聪；柳宗元之文，党于叔文。他若董狐、祁奚、宫之奇、段干木、周续之、周党、王续、韩通、赵鼎辈，虽有懿行，不尽纯粹，皆不得与诸君子并。夫后世士论弗正，多崇言卑行，贵名贱实。故马融训诂，虽杀李固，犹祀孔庙；尹焞正学，虽贤如朱熹，亦短其致知。以孔、颜之学观之，后儒失之远矣。故今定祀，惟取大节，不论言语，俾学者知所趋向。

作《再答张子书》，与张士隆讨论后稷从祀问题，主张后稷应该从祀。

《泾野先生文集》卷20《再答张子书》：后稷之祀，初意如吾兄之意。寻谓"配天之事，出于我朝，则今甚不敢，出于前代，则今已罢祀矣"，若谓有当时配天之嫌，使后世遂绝祀焉，如之何其可也？且思文之诗，乃周家子孙追述之仁，一代之私情也，虽配天不为过。书院之祀，乃晋国乡土仰止之义，万世之公论也，虽释菜不为卑。洪武初，曾以后稷配先农，虽寻罢祀，其初亦不以曾配天而不少变也。今天下乡贤之祀，皆不请于朝，不列于祀典，非如所谓天地山川六宗，历代帝王截然而不敢犯者也，但出于其土，士人私尊之意，义起之礼耳。如皆取其贤之小者，去其贤之大者，以为不敢，则又何以为名教也？又如孔子，天下固祀以天子礼乐，而曲士小儒亦得家祭而屋祝之，人不以为僭也。故后稷，周先也，周灭不祀已非矣。后稷，晋产也，晋之乡人亦禁而不敢祀，何哉？若是，则稷山之庙，武功之祠，皆可毁矣。如礼可从，当自后稷至商叔齐为正位，其余以代而列左右。惟吾兄再与三晋礼士议之。

九月十日，张嘉谟来访，有七律《九月十日张郎中舜卿平蜀回升济宁佥事夜过泾野草堂话兵》。

按：诗见《泾野先生别集》卷12。

张舜卿即张嘉谟（1472—1533），字舜卿，宁夏人。弘治十五年（1502）进士，官至山东按察司佥事。传见许宗鲁《山东按察司佥事张公嘉谟墓志铭》（《国朝献征录》卷95）。

九月二十九日，岳父李崇光卒于南京。有《吊李丈人赋》，并撰墓志铭。

《南京国子监典籍李丈人墓志铭》（见清道光杨浚《续刻吕泾野先生文集》）：丈人讳崇光，字宗显，其先蓝田燕儿凹人，元末兵乱，来居高陵者不归，遂为高陵西吴里人。……丈人自少治经史，为邑学官弟子员。成化甲辰，遭纳粟监生例，受业于太学。正德庚午，授南京国子监典籍。……病疟且痢以卒，在甲戌九月二十九日，年五十六也。

按：李崇光长女即为吕柟之妻。又，康海《对山集》卷 36 有《南京国子监典籍李君墓表》。

诗见《泾野先生别集》卷 1。

因远在高陵，友人寇天叙（字子惇）、史鲁（字宗道）为其料理岳父后事。作七律《挽李丈人寄寇子次韵二首》。

《南京国子监典籍李丈人墓志铭》（见清道光杨浚《续刻吕泾野先生文集》）：时丈人孤处南雍，柟有友曰南京大理寺正榆次寇君子惇、南京刑科给事中蒲州史君宗道与棺殓焉。

按：诗见《泾野先生别集》卷 12。

寇天叙有《祭南京国子监典籍李先生文》及《挽吕太史乃岳李典籍先生并寄吕太史》（见《涂水先生集》卷 5、卷 1）。

为已故高陵知县李珣撰墓志铭。

《泾野先生文集》卷 22《文林郎高陵县知县李君墓志铭》：余尝称吾邑侯李子实有五德焉：思亲老而笃，交友久而不衰，临政勤而详，接下惠而察，处用俭而有度。谓当终绥我高陵也。比吾应命入京未数月，侯乃不甘于部民之言，飘然挂冠即归矣。比吾再病还山，闻侯又不禄矣。……侯讳珣，字子实，世为山西霍州人。……侯生于景泰六年七月十六日，卒于正德八年十月十四日，得年五十有九岁。绵芳将卜正德九年十月日葬侯于霍北清石湾之原。

按：吕柟文中言"比吾再病还山"，即指正德九年二月第二次致仕还乡，故可知该文作于本年十月之前。

据铭，李珣（1455—1513），字子实，山西霍州人。以举人任陕西宝鸡县学教谕，历官凤翔府学教授、高陵知县。

十一月，王九思葬父，为作《南阳府教授封翰林院检讨王先生墓碑》及《祭王先生赋　王敬夫乃翁》。

《泾野先生文集》卷 30《南阳府教授封翰林院检讨王先生墓碑》：

先生讳儒，字文宗，西安鄠县人也。……（九思）比归，季子九峰亦得告在侍，先生方喜甚，此正德壬申事。未几，先生病，明年癸酉十一月十二日寿七十有五卒矣。……甲戌十一月甲申，葬于鄠北六老庵之原。

按：赋见《泾野先生别集》卷1。

冬，撰《少岷山记》。

《泾野先生文集》卷14《少岷山记》：少岷山者，蜀故安乐山也，在合江之西。……甲戌冬。

是年，编成《泾野九咏》，有序。

《泾野先生文集》卷2《泾野九咏序》：予素弗能诗，又不嗜作，年洽三旬，箧靡片稿。自戊辰入仕，抵今甲戌，七阅春秋，告病还山，两协十载尔。乃朋友之索问，事物之感触，道路之阅历，药饵之纷纠，会别之答述，卒然酬作，率拟前体。暇日翻览，闻之不足以感人，习之实足以荒志，追忆无诗，为雅多矣。第抽篇咏思，壮志未渝，而行多不逮，掩卷自悯，谁因谁极！又诸名家赠遗唱和，如珠玉璀璨，弃予弗忍尔，乃萃为一编曰《泾野九咏》，亦可以伤空言之苦，观实际之地也。

有《镇郧楼记》。

《泾野先生文集》卷14《镇郧楼记》：邢台人王君震太守郧阳四年矣，胥吏法，百姓安，盗寝无事。乃正德甲戌春正月，以郧中谯楼先火，乃筑基如阓……夏六月落成。……乃使使二千里取记史氏。

按：王震（1460—1541），字威远，河北邢台人。弘治六年（1493）进士，官至应天府尹。其出守郧阳，在正德五年（1510）。传见归有光《京兆尹王公震传》。

作《赠太师左柱国谥端毅吏部尚书王公祠堂记》及四言古诗

《华望》六章。记中历叙三原王恕之功绩。

《泾野先生文集》卷14《赠太师左柱国谥端毅吏部尚书王公祠堂记》：柟尝习于王太师端毅公矣，岂惟可祀于其乡哉！……祭法曰："法施于民则祀之，以死勤事则祀之，以劳定国则祀之，能御大灾则祀之，能捍大患则祀之。"夫五者有其一，尚致祭而报焉，公兼有而俱懋，一三原之祀不足以为公报也。然则都御史辽阳陈公之举祠西安，同知太原杨君、三原知县麻城郑君之奉修者，其公祠之权舆乎！故柟既具应祀之绩，又系之以诗，使有事春秋者歌讼焉。

按：吕柟记文后附《华望》诗，诗又见《泾野先生别集》卷3《华望　送端毅王太师也正德九年都宪辽阳陈公作祠三原其尹郑君索记并作此歌》）。

王恕，见"弘治六年"条。

作《贺彭公平蜀序》。

《泾野先生文集》卷2《贺彭公平蜀序》：惟八年春，师至于保宁……乃戮廖麻子于剑州仙鹅池，厥党奔窜，分命诸司抚置，蜀乃平。……今年夏，朝廷进公太子太保左都御史，征还。

按：《明史纪事本末》卷46："九年春正月，彭泽率兵讨崇庆剧贼范藻等，平之，四川群盗悉定，加总制军务彭泽为太子太保，左都御史时源为左都督。"《明史·武宗本纪》："（九年春）二月，彭泽、时源讨平四川贼。"《国榷》卷49"正德九年"条："四月，进彭泽太子太保左都御史。"可见，四川之乱完全平定在正德九年春二月。四月，彭泽以平蜀功加太子太保、左都御史，故知吕柟序作于是年。

约是年，为山西潞州（今长治）仇森撰《仇氏同心堂记》。

《泾野先生文集》卷14《仇氏同心堂记》：同心堂，此上党仇氏丈夫会飧之堂也。仇氏世处潞州南雄山东火。自其高祖给事君肇开厥家，至宿州吏目桿、沈藩仪宾森，盖五世矣，家众迄百指未析也，于是考钟而食，家范成。……予言其事，而请记者寺丞李升之堂。

《泾野先生文集》卷24《明诰封亚中大夫宗人府仪宾玉松仇公墓志铭》：玉松讳森，字时茂，仇氏，别号玉松子，潞州雄山镇东火人也。予于正德初病卧泾野时，已闻时茂兄弟同囊三世矣。比八九年间，时茂遣人问《同心堂记》，乃获睹家范之略不爽也。

按：据文可知，仇森问记于"八九年间"，故系于此年。

玉松子仇时茂即仇森（1468—1526），字时茂，号玉松子，山西潞州雄山镇东火人。与从兄仇楫和从弟仇朴（字时淳）、仇栏（字时闲）等人于正德五年（1510）立家范，推行《吕氏乡约》以教民化俗，后与仇朴又建东山书院以教育子弟。传见《泾野先生文集》卷24《明诰封亚中大夫宗人府仪宾玉松仇公墓志铭》。

《赠王扶风汝言序》约作于是年。

《泾野先生文集》卷2《赠王扶风汝言序》：扶风王君汝言，柟戚党也。既受命巡按四川，当是时，方巡大同还。……比汝言至四川，是时鹝寇自湖、陕遍蜀中，而总制大中丞独酣酒赋诗，靡费公帑千万而不恤。……乃列奏总制四罪，而改求识兵体、洞士情者来蜀。于是天子从其奏，而蜀中荡定，其它权要亦自是汰之。京中大夫士曰："真御史也！"寻汝言还，予谓之曰："柟今可以赠言矣，然又有所说也。……"

按：王汝言即王纶。《扶风县志》卷11《人物》："王纶，字汝言。弘治二年举人。知真定县……山西道御史，出巡四川。……瑾衔灵宝许进，命纶往按，饵以异赏。纶力为进昭雪。瑾怒，逮纶将真重典，瑾败乃免。时称'铁胆御史'，声震中外。以洪党报复出守嘉兴，起浙江副使卒。"又，王纶于正德十年（1515）升嘉兴知府。故系于此年。

正德十年乙亥（1515），三十七岁

春，作七律《新构东廓茅舍遇春分雨雪二首　乙亥》。

《泾野先生别集》卷12，诗云：今岁春分喜雪飞，时添寒雨转霏微。万方旱虐愁应减，一筑荒居志岂违。绕舍青椒传暗馥，倚窗红杏兢重辉。杖藜独步东郊外，渭水南山遂所归。

再病还山卜渭阳，卧从旧圃作新庄。栽花便遇春分雨，筑堵仍凭郭外墙。但使白云卧处稳，不妨青草座边长。柴门莫道不迎客，三径亦容袭与羊。

春，作五律《会张御史仲修于陕州公署二首》。

《泾野先生别集》卷12，诗中云："抱病还乡国，骑春见友人。"

四月，有《平西应召序》。

《泾野先生文集》卷2《平西应召序》：少保左都御史皋兰彭公既平哈密，召掌内台，诸卿大夫仕吾陕者咸矢诗歌。方伯王公使使来曰："子固史氏，又兹土之产，而又在兹，宜有言以先信也。"答曰："自柟之病归也，日医不效，外寇且薄境，身忧死亡，又惧父母兄弟之不相保也。今诸难既夷，岂惟柟一身家之获安哉？柟手虽不能执笔，犹能口授书者。……"

按：《明史·武宗本纪》："（九年）夏四月……己丑，彭泽总督甘肃军务，经理哈密。……（十年闰四月）戊寅，召彭泽还。"《国榷》卷49"正德十年"条："（闰四月）召还总督甘肃左都御史彭泽。""（五月），左都御史彭泽入朝，回院。"可知彭泽平哈密一事在正德十年春，闰四月召还，吕柟序当作于此时。

六月，有《送凫塘刘云南序》。

《泾野先生文集》卷2《送凫塘刘云南序》：正德乙亥六月，柟载病适野，遇二农于田，曰："我赋适平，征输有艺，奸暴之厉民者沮，父母乃去，我惧其又渝矣。"问焉，对曰："参政安仁刘公升云南按察使也。"明日，方伯高密李公、少参乐平李公征赠序焉。

按：凫塘即刘麟，正德六年任西安府知府，升陕西参政，九年迁云南按察使。据序，刘麟于是年赴云南任。参见"正德九年"条。

秋，张文锦来访于泾野草堂，有五律《秋日张户部闇夫过访泾野草堂索题　乙亥》。

按：诗见《泾野先生别集》卷11。

张文锦，字闇夫，山东安丘人。弘治十二年（1499）进士，嘉靖元年，以右副都御史巡抚大同，三年，为乱卒所杀，谥忠愍。传见《明史》卷200。

父渭阳公病，侍汤药在侧一年，须发尽白。

马理《墓志铭》：渭阳公病，公侍汤药，夜不解带，履恒无声，历一年，须发尽白。

冯从吾《泾野吕先生传》：渭阳公病，先生侍汤药，昼夜衣不解带，履恒无声，如是一年，须鬓为白。

有五言拟古诗《挽王宪副絅之　乙亥》。

按：诗见《泾野先生别集》卷5。

作七律《答吕道夫次韵》。

按：诗见《泾野先生别集》卷12。

是年，崔铣至高陵来访，适王汝言亦在，三人相与论四川之事。

崔铣《洹词》卷1《赠王嘉兴序》：王嘉兴汝言之为御史也按蜀，值蜀用兵。……越一年，予见御史于吕泾野太史之家。泾野与予论兵皆主严。

按：王汝言，见"正德九年"条。

有《夏县重修大禹庙记》。

《泾野先生文集》卷14《夏县重修大禹庙记》：正德十年，临潼人杨枢子极知夏县，大禹庙圮，枢重建焉，其规弘固于昔者二十也，夏人问记焉。

约是年，有《甲子举人叙齿录叙》。

《泾野先生文集》卷2《甲子举人叙齿录叙》：吾观于乡试举人之叙齿录而有采焉，有兄弟之仁焉，有长幼之序焉，有宾主之礼焉，有朋友之信焉。先王之风，朝廷之化于斯可观也已。夫举人者，举于乡而用之以治天下者也。故惇仁则百姓无怨，惇序则上下有位，惇礼则往来有体，惇信则寡寡和让。是以往，下晏而上安矣。夏县尹杨枢子极举于陕西甲子科，刊是录焉。

按：据吕柟《夏县重修大禹庙记》云，"正德十年，临潼人杨枢子极知夏县"，可知序作于是年或稍后。

正德十一年丙子（1516），三十八岁

夏五月十六日，父渭阳公卒，年六十九。

康海《对山集》卷35《封儒林郎翰林修撰吕公墓碑》：公讳溥，字某，家世高陵人。……公以正德丙子五月丙申卒于家，七月九日葬于县北祖茔。……公生正统戊辰五月十四日，春秋六十又九。

《泾野先生文集》卷20《奉泸州高半山先生书》：柟自违教之后，罪恶日积，祸及先父，乃于十一年五月十六日弃不孝以卒，哀号悲殒。

马汝骥《行状》：丙子五月，渭阳公卒，公哀毁呕血。先母宋权厝城东，至是启圹，失一指，公号天痛苦，乃复得之，遂合葬。时大雨如注，公徒跣擗踊泥中，会葬者皆感泣称孝。既葬，庐于中门之外，旦夕号恸。

按：《泾野先生五经说·礼问》卷2有《渭阳公丧仪》，详记吕父丧葬仪式。

作《与伯循书》《与康对山柬》，请马理为父撰墓志铭，康海撰墓表。

《泾野先生文集》卷20《与伯循书》：复蒙志文见允，无任哀感！不腆之币，乃复拒却，惶愧，惶愧！墓地已从旧兆先父母穴，适当祖穴之南少东，状略可改也。家乘中请封赠先父母事略即行实之详，万望采入。葬期决在七月九日辰时。高作赍赐，得上石为荷，专令周生敬速。不孝寡学，兼以荒迷失措，送终礼仪俱托周、张诸生。

《泾野先生文集》卷20《与康对山柬》：不孝罪恶深重，不自死灭，祸延先父，虽以吾兄良方诚意，竟不能救，乃于五月既望背弃，不孝五内崩裂，为之奈何？窃惟知先父者，莫如吾兄及谿田兄。志文已托谿田兄，而墓上之石敢求诸左右，谅在所矜悯而不拒也！葬期决在七月九日辰时。惟是不孝寡学昧礼，兼以荒迷无措，临期非得吾兄一临指教扶持，枘何以归先人于地下邪？

季夏六月，作《三原县知县程君去思记》。

《泾野先生文集》卷14《三原县知县程君去思记》：君讳启充，字以道，四川嘉定州人，举正德戊辰进士，出知三原。……于是致仕同知张尚文、典膳李道源、义官晁慧、耆民陈钺、梁济、杜宗学辈而刻诸他山之石以告将来。正德丙子季夏。

按：吕柟此记又见《（嘉靖）三原县志》卷14。另，《（嘉靖）三原县志》卷4《宦迹·知县》："程启充，四川嘉定州人。由进士正德四年任。才敏识优，为政得体，崇正辟邪，人咸敬服，升监察御史。"其后任为郑云翔，"由进士正德九年任"。

七月九日，合葬父母于城东。葬后，庐墓侧，陕西镇守太监廖氏馈以金币诸物，拒之。与门人平定李应箕、同邑杨九仪等讲古今丧礼。

马汝骥《行状》：既葬，庐于中门之外，旦夕号恸。时陕西镇守中官廖氏馈以金币诸物，却之。有客托交游以三百金求书，公曰：

"人心如青天白日，不意视如鸟兽。"交游惭而退。

冯从吾《泾野吕先生传》：既葬，庐墓侧，旦夕焚香号泣，门人感之，皆随先生居，乃与平定李应箕、同邑杨九仪辈讲古今丧礼。

有《再柬刘蒲城远夫书》《复厚斋梁阁老书》以及七言杂曲《谒墓诸友见枉》。

按：书见《泾野先生文集》卷20，诗见《泾野先生别集》卷9。

有《重修学古书院记》，指出儒家之"异端"其害远甚于佛老。

《泾野先生文集》卷14《重修学古书院记》：监察御史嘉定程君以道在正德庚、辛间以进士初授三原知县，庶政咸明，尤敦士习。悯学古书院之圮也，躬率富人，申为修广。……讫落成，被上命，迁今巡按陕西监察御史。南厓李君元白观风三原，有赏斯役，乃立石搆楼，以昭休烈，令三原君郑君本恭问记焉。栴以忧三辞，教授申君伟躬恳之，则不获已。……夫古之学不明，异端害之也。夫古之异端犹可辟也，后之异端不可辟也；古之异端犹异类也，后之异端则同读古之书者也。是故怀术者称权，记丑者称博，谄俗者称通，临事含糊淹滞者称处，谈玄者称高，治辞者称文，蹈袭性命之言者称理。斯七称者，岂不皆学于古哉！以成德则不足，以妨政则有余，误天下苍生者，皆此夫也，老佛其细诸。……乙亥。

有《泾阳县修城记》。

《泾野先生文集》卷14《泾阳县修城记》：泾阳，西安壮县……岁久城圮，厅庙单外。乃正德丙子，知县卢龙李君某、县丞衡水李君某协恭营城，主簿滋州祖豆及典史陈玘乃作泾人役……三月而落成。于是县举人刘直、魏弘仁，学生吴愫谒记。

按：吕柟此文末有小注"甲戌冬"，甲戌为正德九年，但文中又云"乃正德丙子，知县卢龙李君某"，丙子即正德十一年，可见文末小注有误。

《首山记》作于是年前后。

《泾野先生文集》卷15《首山记》：首山者，大参王公拱之之别号也。拱之，襄城人。首山，在襄城南三百里。

按：王拱之即王銮，字拱之，河南襄城人。弘治十五年（1502）进士，官至湖广右布政使。吕柟记中称其"大参"，可知作于王銮正德十年升陕西右参政之后。

拟古诗《寿董谕德文玉乃翁颐斋先生》作于是年或稍后。

按：诗见《泾野先生别集》卷6。

董文玉即董玘（1483—1546），字文玉，号中峰，会稽（今浙江绍兴）人。弘治十八年（1505）进士，官至吏部左侍郎兼翰林院学士。卒赠礼部尚书，谥文简。其为左春坊左谕德，在正德十年至十二年间。传见徐阶《通议大夫吏部左侍郎兼翰林院学士中峰先生董公玘墓志铭》（《国朝献征录》卷26）。

正德十二年丁丑（1517），三十九岁

六月，刘玑至高陵祭拜吕柟之父，有杂曲《送近山先生司徒刘公还长安二首　丁丑》。

《泾野先生别集》卷9，诗云："近山夫子悯孤穷，六月提鸡祭我翁。拔泪追随三十里，夜深明月渭河中。"

"海内零丁仅见予，孤坟六月迓尚书。舟移渭水南山近，我马北归谁倚同。"

按：刘玑，见"弘治十二年"条。

有《送南京左副都御史萧公序》

《泾野先生文集》卷2《送南京左副都御史萧公序》：正德十有二年，南京左副都御史阙，公卿会议于廷，太宰奏曰："左副都御史内

江萧翀，西蜀硕儒，进士高第。……迹在陕西，益懋勋忠。"帝若曰："予闻兹卿，刚而寡回，洞详宪体。其敕翀作南京左副都御史，典兹十有三道，襄予一人，用登于大理。往，钦哉！"敕至，长安三司大夫咸曰："方式明公，康济西土，宪车南辕，观听奚依？"乃发使征言。

按：萧翀，字凌汉，四川内江人。成化十七年（1504）进士，授霍邱令，累官至右都御史总制两广。正德十六年（1521）致仕。

有《资善大夫南京户部尚书正谊先生雍公墓志铭》及古诗《维五月　诔大司徒正谊雍公世隆也》六首。

《泾野先生文集》卷22《资善大夫南京户部尚书正谊先生雍公墓志铭》：公讳泰，字世隆，别号正谊庵，陕西咸宁县常宁里人也。……成化己丑进士，明年出知吴县。……甲戌，公年八十……乃十二月二十七日卒。……公卒之明年，宗人及乡大夫始定其弟之子某为嗣。卜丁丑年夏五月十日，葬公韦曲樊川之阳祖茔，附以二孺人。

按：雍泰（1435—1514），字世隆，号正谊，陕西西安人。成化五年（1469）进士，授吴县知县，官至南京户部尚书。卒，谥端惠。

山西蒲州（今永济）知州吕经创建河中书院，有《河中书院题名记》。

《泾野先生文集》卷14《河中书院题名记》：蒲州城东旧有岱山神祠，顽夫常挟神以渔货，男女错杂于路，弗辨也。同知庆阳吕君道夫出行见之，曰："是尚为有岱神哉！夫岱，东岳也；蒲，西河也。非其主，岂神？故虽渎不能神。"乃谋诸知州石首王君用章，改建河中书院，选籍蒲生学于厥中，二君遂告诸晋大夫，咸嘉许焉。未讫岁，而诸学生已骎骎然可科第者数十人也。二君曰："宜先立题名石以作之。"遂使使问记。

按：《中国书院辞典》"山西省·河东书院"条："在山西永济。原名河中书院。明正德十二年知州吕经建于蒲州（今永济）城东原上。……乾隆二十四年（1759）河东兵备道乔光烈命蒲州知府周景柱、永济县令张淑木在蒲州城内重建书院，更名河东书院。"

作《运城人攀留杨运判记》。

《泾野先生文集》卷14《运城人攀留杨运判记》：杨运判者，兰阳杨君彦夫士魁也。初，彦夫与予同年举进士，有志行，同年友皆重其为人。既授户部主事，益肆力于政。濒升正郎，乃以他事累，谪判河东运司。居河东四年，人皆以为屈，彦夫益修其职。未几，又改判大名府，河东人如失所依。有进士王一中者，受知彦夫最深，乃言运城人之意，具状托泾野魏进士弘仁以问记。状曰："彦夫之判运司也……又开五经馆以延生徒，生徒种种成器，多取科第，丙子举人十四人，丁丑进士一人，皆其徒也，方来者尚未艾。"然则攀留彦夫者，岂独运城民哉！……是事在正德丁卯之春，予闻而记之。

按：据记，杨运判即杨士魁，与吕柟同为正德三年（1508）进士。记中又曰"丙子举人十四人，丁丑进士一人"，但文末却云"是事在正德丁卯之春"，丁卯乃正德二年（1507），可见《文集》有误，"丁卯之春"当为"丁丑"之误。

是年，吕潜生。

按：吕潜（1517—1578），字时见，号槐轩，陕西泾阳人。嘉靖二十五年（1546）举人，卒业国子监。后以荐授国子监学正。万历元年（1573），升工部司务。卒。吕柟在关中最著名弟子之一，也是继吕柟、马理、南大吉等人之后能接续关中讲学之风的关学学者。冯从吾称其"凡一言一动，率以泾野为法"。曾与友人泾阳郭郌（蒙泉，1518—1605）讲学谷口洞中，从学者甚众，时人认为"得泾野之传者槐轩也"（见《关学编》卷4）。任国子学正时，施行往日吕柟为祭酒时所定《学约》，使得国子监学风得以改观。传见冯从吾《关学编》卷4、黄宗羲《明儒学案》卷8、《（乾隆）泾阳县志》卷7等。

正德十三年戊寅（1518），四十岁

在东郭别墅讲学，四方从学者日众，又筑东林书屋。

冯从吾《泾野吕先生传》：既禫，释服，复讲学于别墅，远方从者弥众。别墅不能容，又筑东林书屋居焉。

按：禫是除去丧服时举行的祭礼，在丧后第二十七个月举行。由"既禫，释服"可知吕柟此次讲学东郭别墅在是年八月之后。

旧病复发，不能出户者数日。

《泾野先生文集》卷20《答寇涂水书》：服阕后，旧病再作，不能出户者数日矣。比得吾执事家人寄来手翰并白䌷，荷感何已！

七月二十二日，王云凤卒，撰《明金都御史前国子监祭酒虎谷先生王公墓志铭》。

《泾野先生文集》卷24《明金都御史前国子监祭酒虎谷先生王公墓志铭》：己未冬，朝觐。……阅月，乃升陕西按察司佥事，奉敕提督学校。……至则教人先德行，后文艺，锄习恶，拔信善，崇正学，毁淫祠，学政肃清，三秦风动，豪杰之士莫不兴起。先生教人读书，自《小学》、《近思录》始，次及各经史，语学者以圣贤之道，曰："立志以坚趋向之方，主敬以养清明之气，读书以究事物之理，慎行以致践履之实。勿妄意高远，惑于日用之常；勿过为诡习，出乎人情之外。"故以五要肃士心，以九容饬士身，以十有一行正士教，以九戒敦士礼，立四科以待众士，以二十一过禁士惩，立十政以收士。辛酉，升副使，奉敕整饬洮河、岷州边备。……甲子，考绩。……乃复改提学关中，士子相贺曰："王先生复来，后学得依归矣。"于是士子益自策励，甚至有骈肩接踵，向往于道，骎骎乎复周、汉之旧者矣。……先生讳云凤，字应韶，居山西和顺之虎谷，因号焉。父讳佐，南京户部尚书。母马氏，诰封淑人，感奇梦生先生于成化乙酉七月二十五日戌时，卒于正德十二年七月二十二日亥时。

冬，何景明至高陵来访。

何景明《大复集》卷22《冬夜过仲木》："汉殿词臣第，秦川处士家。过逢遥慰藉，文翰转光华。夜兴山阴雪，春情渭北华。江湖望霄汉，相对一长嗟。"

按：何景明于是年五月出任陕西提学副使。《国榷》卷50"正德十三年"条："五月壬戌，吏部员外郎何景明为陕西提学副使。"康海《对山集》卷28《何仲默集序》："十三年，仲默以提学来关中，数能以公事过予。……十六年秋，仲默既卒。"

是年，有《答虎谷先生书》。

《泾野先生文集》卷20《答虎谷先生书》：柟自甲戌年归田，即侍先父病，不出门者一年有余。比丁忧来，不与乎士俗交游之会者又二年有余。荒惑颓顿，不读书者盖四年也。……柟年今已四十，自揣去"立"且难也，然则吾师何以教我？

是年，有《奉泸州高半山先生书》。

《泾野先生文集》卷20《奉泸州高半山先生书》：柟自违教之后，罪恶日积，祸及先父，乃于十一年五月十六日弃不孝以卒，哀号悲陨。忽且大祥，奈何，奈何？

按：文中云"忽且大祥"（即吕父去世两周年祭礼），可知此书写于是年。

为少时之师高俦作《高氏族谱序》。

《泾野先生文集》卷2《高氏族谱序》：《高氏族谱》，吾师半山先生之所编也。昔者先生之在高陵也，柟受《尚书》于其侧。……既其别也，今十有五年，屡得手书，命叙族谱，其意谆谆乎犹前日焉，时先生年已七十矣。

按：序文称"时先生已七十"，又据吕柟为高傅所作墓志铭："先生生某年月日，距卒正德辛巳年五月日，寿七十有三岁"，正德辛巳即正德十六年（1521），可知此序约作于是年。

为四川剑州知州李璧撰《新修剑州名宦乡贤祠记》。

《泾野先生文集》卷14《新修剑州名宦乡贤祠记》：李白夫守剑州四年，拓城以据险，衰民以实州，开市以籍商，严赋以饷边，籍兵以御暴。则既增剑门之险矣，疑其非本也，乃复禁婚姻之渎，申丧祭之典，断质剂之弊，息鬻证之讼，罢诬盗之奸。又疑其非示久远也，乃复崇孔明之祭，新兼山之祠，建忠义之庙。遂旁搜碑志，采摭群传，得仕于剑者之名宦五人焉……乃请诸御史卢君师邵立祠以祀焉，师邵曰："可共祠祀之，名宦东室，乡贤西室。"白夫遂走使问记。

按：李璧（1473—1525），字白夫，号琢斋，广西武缘（今武鸣）人。弘治八年（1495）举人，先后任浙江兰溪、仁和县教谕。正德十年（1515），升四川剑州（今剑阁）知州。正德十六年（1521），升云南临安府同知。嘉靖四年（1525），任南京户部员外郎，在赴南京途中病逝。著有《剑门新志》《名儒录》《皇明乐谱》和《剑阁集》等。

高陵县学教谕李应奎受提学副使表彰，作《贺李掌教受奖序》与《再贺李掌教序》。

《泾野先生文集》卷2《贺李掌教受奖序》：李子文辉署学政之八年，善教丕著。提学副使海宁祝公既奖于前，临海秦公复移县以申劝，且曰："律己惟严，教人以礼，规矩丕变于夙昔，造诣益精于晚年。"于是邑侯瞿君汝扬征言发之。予曰："柟尝习于李子矣，晋平定人也。年二十举于乡大夫，试礼部不第，曰：'亲老无以养，吾不可一日俟进士举也。'遂以乙科得署教高陵。……礼教既宣，休风丕振。推其志，盖欲尽还周、汉之俗。……其弟应箕，近从予游，年少而笃志慕古，盖非常之士也，予尝以薛河汾勉之，兹且侍李子以共学。然则李子之进，其有穷乎？"

按：据《（嘉靖）高陵县志》卷4载，李子文辉即李应奎，字文辉，山西平定人。以举人任高陵教谕，勤于训诲而甘于淡泊。其弟李应箕，子李念、李愈皆师从吕柟。又，《泾野先生文集》卷2有《赠李巩昌教授序》，是李应奎升任巩昌府（在今甘肃陇西）教授时所作，约在正德十四年。

是年，郭郛生。

按：郭郛（1518—1605），字惟藩，号蒙泉，陕西泾阳人。嘉靖三十七年（1558）举人，累试礼部不第。嘉靖四十四年（1565），授河南获嘉学谕。隆庆四年（1570），升国子监助教。后升户部主事。万历八年（1580），出任马湖知府。致仕归，家居读书讲学二十余年。明代后期著名关学学者。曾与同乡吕潜读书讲学谷口洞中，其学以程朱为宗，主敬为要。著有《语略》《仰郑堂集》等，今佚。传见《关学编》卷4、黄宗羲《明儒学案》卷8、《（乾隆）泾阳县志》卷7、《（雍正）陕西通志》卷63等。

正德十四年己卯（1519），四十一岁

二月，康海至高陵来访，适遇何景明在吕柟处。

《泾野先生别集》卷5《己卯三月诣汤泉再至武功同对山康子夜坐二首》，其二云："二月君访我，泾村无酒杯。"

康海《对山集》卷6《与仲木夜坐二首》云："我前抵华原，访子云槐舍。偶值何仲默，清谈忘晨夜。"

三月，至武功访康海。

《泾野先生别集》卷5《己卯三月诣汤泉再至武功同对山康子夜坐二首》，其一："纠纠十年病，飞飞忆汤池。再渡武功水，重和对山诗。"

其二："二月君访我，泾村无酒杯。古道挑新荠，长杨坐绿苔。我来三月里，春尊次第开。"

按：《泾野先生别集》卷9《和对山雨后小酌四首　己卯》《同康子至汤池池破屋敝诸病杂沓难浴有作》《三月还泾野和康子暖泉值雨之作二首》，卷11《读浒西壁上李东冈朱凌溪诗次韵》《浒西夜坐同诸君子作》《重宴浒东同对山作二首》《观浒西牡丹》《浒西夜坐同诸君子作》《听雨有怀元瑞太守》《重宴浒东同对山作》《答对山别予蓥屋之作》，卷12《重宴浒东二首》《杏林铺忆浒西庄》等诗皆作于此时。

至周至，欲游终南山之楼观台、仙游寺、赤松龄等地，因当日大雨，未成行。

《泾野先生文集》卷3《五子游山集序》：去年，予从对山康子洗病于眉之汤泉，因欲眺楼观、览仙游、憩赤松岭，以毕终南之胜也，然是时天大雨，蓥屋无官，不能借马，故其兴索然，至今怏怏焉。

回高陵后，有《与秋季醇康德一德清以忠四子书》，称康海"一半生知，言出暗合古人，人如麒麟凤凰，遭逢非偶，莫作等闲看过也"。

《泾野先生文集》卷24《与秋季醇康德一德清以忠四子书》：河西联榻之爱，令人怀感何限！兼之清海高唱，锡我百朋，铭之不忘，犹壬申之岁也。所望诸兄有怀日久率乡之俊秀，各执一经请难对山先生耳。盖此公一半生知，言出暗合古人；人如麒麟凤凰，遭逢非偶，莫作等闲看过也。惟诸兄数不在左右，故先生亦自肆而不屑世务矣。

按：康德一即康淳，字德一，康海堂弟。嘉靖时贡生。

康德清即康河（1490—1544），字德清，号漳川居士，康海堂弟。嘉靖二年（1523）进士，授户部广西司主事，官至江西赣州知府。著有《漳川集》。

四月十八日，行人孟阳因谏武宗南巡而被杖死，年仅三十四。撰《行人泽州孟子乾墓志铭》及古诗《大坡哀行人泽州孟子乾也》，赞曰："人谁不死，死而不朽者，孟子乾也。爱身何薄，爱国何厚。于生无羞，于死无负。天地必尔知，日月必尔祐。"

　　《泾野先生文集》卷34《行人泽州孟子乾墓志铭》：正德己卯春三月，圣驾自榆林回，且复南巡，科道张云、李素等伏阙有言，未用。行人孟阳率其僚十九人上疏谏，圣主震怒，系之锦衣狱，杖之。四月十六日，复杖之午门前。十八日，阳卒。……子乾之殁也，仅三十四岁，惜哉！……子乾号素谿，登正德甲戌唐皋榜进士，封修职郎。

　　按：诗见《泾野先生别集》卷3。

　　孟阳（1486—1519），字子乾，号素谿，山西泽州人。正德九年（1514）进士，授行人。是年，上疏谏武宗南巡，被杖死，时年三十四。嘉靖时，赠监察御史。传见马汝骥《行人司行人赠山东道御史孟公阳墓铭》（《国朝献征录》卷81）。

　　四月，韩邦奇之父韩绍宗卒，撰墓志铭、祭文及四言古诗《己卯谏莲峰韩先生裕后也》。

　　《泾野先生文集》卷23《福建按察司副使封中宪大夫莲峰先生韩公墓志铭》：公姓韩氏，讳绍宗，字裕后，号莲峰，同州朝邑之南阳洪人也。……公生于景泰壬申闰九月十八日，卒于正德己卯四月二十日，寿六十有八岁。……维正德己卯秋七月吉日己酉，有韩氏窆于南阳洪之西原。

　　按：祭文见《泾野先生文集》卷35《祭莲峰韩先生文》，诗见《泾野先生别集》卷2。

　　六七月间，有诗《赠康德清》。

　　《泾野先生别集》卷12，诗云："康氏弟兄君少年，往时晤语即超然。寻常一别七年外，倏忽重逢三月前。"

七月二十二日，为韩邦靖所编《（正德）朝邑县志》作序。

吕柟《朝邑县志后序》：右《朝邑志》七篇，工部员外五泉韩汝庆之所编也，纪录质实而文采焕炳可诵。其传《人物》，说高翔、程济及烈女刘氏事，宛乎若睹其人，真足以廉顽而立懦，不可谓无笔力也。而《杂记》一篇，又多政事利害所关，以示后之为朝邑者何惑焉。其余五篇，事虽不异他志，而纪例亦自殊，称为简确之编信矣。然则陵川王君纯甫知是邑而刻此编，人虽曰不良于政，则吾不信也。正德己卯秋七月二十二日，赐进士及第翰林院修撰儒林郎同修国史经筵讲官高陵吕柟书。（见《（正德）朝邑县志》）

按：今《泾野先生文集》各版本未收此序。

秋八月，有《（山西）乡试录前序　代人作》《（山西）乡试录后序》《陕西乡试录前序》《陕西乡试录后序》。在《陕西乡试录后序》中，指出儒之"异端"，其害大于佛老。

《泾野先生文集》卷2《乡试录前序代人作》：正德十四年，天下当大比之期，某不才，应聘而来某处谬典试事。事既竣，且录以行，某当序诸首。窃闻之：取士有则，闻见相符而已矣；为士有体，言行相符而已矣。

《泾野先生文集》卷2《乡试录后序》：正德己卯，山西乡试既成，某以职事，例当有言于未简，以告二三子。窃惟自周而后，称长治久安者，惟汉为然。夫其取士也，虽有诸科，究在明当时之务耳。

《泾野先生文集》卷2《陕西乡试录前序》：正德十四年，当天下乡试之期，某及某官某人谬应陕西考试官，试事既成且录矣，某当叙诸首。……然昔之作者既如此其极也，后死者则固此地之人耳，乃或读其书，不能昭其道，当其用，不能酬其学，此其故何耶？究在随俗而崇言，追流而忘义耳。……夫士也，明经而行之以辅世，详此二者而已。

《泾野先生文集》卷2《陕西乡试录后序》：正德十四年秋八月二

十日，陕西乡试事告毕，某当序诸末简，以申告诸君子。……夫孔子之道，非有异说奇行，即斟酌二帝三王之道，以为人伦日用之常耳。然自汉以来，文、景时治术不一，天下称治。武帝用董仲舒策，表章六经，而海内不免虚耗。虽历唐、宋诸代，亦多不似文、景时，岂董子策不可终用耶？过在学者多习孔子，而实则异端耳。故孔子之经一也，隽不疑用之以断伪，公孙弘用之以饰奸，吴佑用之以明仁，扬雄用之以贡谀，则岂非学者之罪哉！故论异端于汉、宋，黄老为小，训诂为大；论异端于晋、宋、齐、梁、陈、隋、唐，佛为轻，诗赋为重。譬之入室，旁门既开，路寝斯废耳。……士之趋利名者，犹或沿袭故闻，如前数代之异端者不能尽免。于是有知荣身而不知荣君，知安家而不知安国，知附上而不知附下，知避害而不知避污。

有《己卯举人叙齿录后序》。

《泾野先生文集》卷2《己卯举人叙齿录后序》：此吾乡己卯科举人叙齿录也。是录也，有让道焉。其始之也，有争道焉。争者各欲摅其材，让者各欲存其德。材摅则名显，德存则实尊，名实也者，君子之所以辅政而裨治者也，可不务乎？如其所争不以材也，则竞势射利之害生焉；如其所让不以德也，则媚世诡俗之害生焉。诸君子倘审于斯，则他日名曜日月，实加金石，以为周、汉来乡邦之先正光者，皆在是矣。

冬十一月，为康海所撰《（正德）武功县志》作序，并有《复对山书》，指出对志书中的一些疑惑之处。

清乾隆刻本《（正德）武功县志》：是《志》也，撰之者，吾友康子德涵；刻之者，邑侯西蜀冯玉仲。则斯政教也，为有归矣！正德己卯冬十一月甲寅泾野吕柟书。

《泾野先生文集》卷20《复对山书》：贵邑志，巨籍也，而冯尹以叙托我，甚愧！奉读高作，足开茅塞，汉班、马纪事多类此，近所未见也。记漆水一事，在贵邑东门外流者，目为鬺之漆，出晁氏注，而郑渔仲所说自富平入渭者，本《禹贡》、《寰宇记》及地志而言。盖此水乃自宜君、耀州、同官界来，经朝邑而入渭，在泾水及富平之北，故渔仲云尔。由是言之，关中有两漆、沮矣。不然，则《诗》"自土漆沮"云者，即《禹贡》漆、沮，以在宜君、耀州之界，而当豳北，作诗者因记地而识此乎？则漆自当从豳北而东流，从渭于泾水之下也，故泾之属渭在高陵，漆、沮从渭在朝邑，《经》曰"又东会于泾，又东过漆、沮"也。然漆、沮且自达何矣？若然，则"率西水浒"注云"漆、沮之侧"者，亦误。盖"率西水浒"自有他水，何必云漆、沮也？云漆、沮，则漆、沮又出岐山之西，直东而行，不得自武功之东而南流入渭，又何"率西"云乎？宫亭宅墓俱在地里，恐非一类。又其下及地里志文多有志似批注者，兼诗文并禄，更碍观耳。诸皆愚弟之疑，惟吾兄裁之！序文甚粗恶，尤望痛加改教后，亲笔隶书之耳。

按：是序又见《泾野先生文集》卷2。

冬，南充知县毛鸑自凤翔来高陵，为母问墓铭。

清道光杨浚《续刻吕泾野先生文集》卷7《南充知县毛君墓志铭》：己卯之冬，南充衰绖自凤翔来泾野，为其母贞节王氏索墓铭，时予弟梓病，百医未效，南充即制方药与疗数日，有小验，曰："待鸑襄葬事，便东南起此弟也。"遗数方去。

十二月五日，弟吕梓卒，年仅三十八。

《泾野先生文集》卷23《吕仲桥圹志》：此吾弟仲桥梓之圹也。仲桥戆直不回，有外祖家风，格至剖决，予虽读书不逮，故予往来京师，家事胥赖焉，乃今彷徨无依。呜呼，痛哉！子男留，聘文氏。女三：京，字生员王廷举；菊，字郎中高公之孙承祖；袱，幼。日抚临焉，皆未成立。呜呼，痛哉！先季弟仲止二十一岁殁。仲桥生成化壬寅正月十九日，殁正德己卯十二月五日，亦才三十八。……予仅两弟，又亡。

是年，华州知州桑溥（字汝公）重修州学，有《重修华州学宫文庙记》。

《泾野先生文集》卷14《重修华州学宫文庙记》：正德戊寅，濮阳桑子汝公某来守华州，每谒夫子庙，曰庙旧；退登明伦堂，曰学舍隘而且圮重，非所以尊道而毓贤也。己卯之春，裒有材木，兴土重修。

按：《泾野先生文集》卷14又有《华州疏水渠记》，亦为桑溥所作。

是年，解州知州朱璟重修州儒学，有《解州重修文庙学宫记》。

《泾野先生文集》卷15《解州重修文庙学宫记》：解州夫子庙暨学宫久圮，京人朱君璟知解州，先事重修正殿，改究琉璃，砻石为栏干环站台。又于明伦堂后购地，欲作讲堂、馔室，而明德、至善、知止三斋以及仓库亦皆一新。学正洛南张思诚遣学生吕鸣凤、谭谦来泾野问记。

《（雍正）山西通志》卷36《学校》：解州儒学在州治东。……正德六年知州李文敏增葺，韩文记。十四年知州朱璟再修，吕柟记。

是年，陕西副使吕和重修汉中南郑县学，作《重修南郑县儒学宫庙记》，指出"繁仪不若重言，重言莫如体道，体道莫如信经"。

《泾野先生文集》卷14《重修南郑县儒学宫庙记》：夫政有统纪，由教者新；教有规模，尊师者隆；师有胚胎，育徒者切。故君子不知几，不足与有行也；不知本，不足与有用也。……然繁仪不若重言，重言莫如体道，体道莫如信经。……今天下一统，建学薄于四海，然时葺而岁新之，则在守土之良吏耳。夫俗之隆污，贤才之多寡，政之兴废，咸决于是。夫南郑，固汉汉中地。今汉中为陕西省郡，南郑则郡附，郭邑、郡邑各一学，而夫子庙、尊经阁则共之。……正德戊己之间，四明介斋吕公和、江东硕儒、陕西宪副，既驻节于关西，即行道于下车，悯兹庠之尤废，以兴复为己任。

《陕西通志》卷27《学校》：南郑县学……正德十四年副使吕和重修，吕柟有记。

作《寿判薄崔先生序》。

《泾野先生文集》卷2《寿判薄崔先生序》：吾县翟大夫曰："清莅县且周岁，大夫士或多接，惟崔先生非饮射不接，又无异言，偶留饮，不久坐，便起身行。……清凤夜思奉朝廷德意，以不忝厥职，惟在崇老而尊贤，史氏谅不惜贺言。"是日，县僚、学师俱来，李子曰："夫劝幼莫如敦老，变俗莫如尚贤。天下之政一也，王道明则贵德，不明则贱士。自奎署教事，八年于兹矣，若先生者，岂惟其年罕见，厥德亦人所难能也。此不贺，奎何以表诸士？"

按：翟大夫即翟清，字汝扬，河北大名人。正德十三年（1518）由举人任高陵知县，嘉靖元年（1522）改迁蓝田知县（见《（嘉靖）高陵县志》卷4）。

正德十五年庚辰（1520），四十二岁

春，何景明与王九思、张潜、康海、段炅同游周至之终南山，有《五子游山集序》。

《泾野先生文集》卷3《五子游山集序》：去年，予从对山康子洗病于眉之汤泉。……今春，大复何子按士至此，而王渼陂、张西豀、康对山、段河滨亦同游焉，京人王明叔者，且尹盩厔，以为兹山主。于是奇岩秀峰，哲迹咸造，有诗有歌，有赋有记，南山之灵亦浩乎畅矣。明叔将板焉，而亦知予往怀之未遂也，乃以序问予。呜呼！予四十年之想，三百里之行，不能一偿，而诸公乃于不约之顷获共赏焉，将山灵之薄予，亦人所不能尽如其意者，乃天乎！夫兹山有明叔主，而诸公咸集，则又不可纯谓之天也。

按：段河滨即段炅，字德光，号河滨，甘肃兰州人。弘治十八年（1505）进士。正德五年（1510），由翰林院检讨谪徐州判官。

王明叔，名旸，号东谷子，河南河内人。正德九年（1514）进士，正德十五年（1520）由昆山改知周至。

约是年春，访马理于三原，共读陈献章之诗。

按：《谿田文集》卷11《春夜病中同泾野对酌读白沙诗二首》。

马理于是年辞官还乡，乔世宁《丘隅集》卷14《马谿田先生墓碑》："庚辰，又送母归。"而吕柟于第二年即正德十六年冬重新被起用赴京，故二人相聚当在是年或明年春。

有七言杂曲《题李白夫远游卷子　庚辰》。

按：诗见《泾野先生别集》卷9。

作五律《寿质庵韩老先生》。

按：诗见《泾野先生别集》卷11。

质庵即韩文，见"正德七年"条。

是年，马理讲学于三原武安王祠。

乔世宁《丘隅集》卷14《马谿田先生墓碑》："庚辰，又送母归。"

薛应旂《谿田马公墓志铭》："受廷杖，驾亦遂止。未几，送母刘太淑人还乡，乃设教于武安王祠。"

是年，富平杨爵从学于韩邦奇。

《杨忠介集》附录卷4李桢《斛山先生墓表》："年二十八岁，闻朝邑汝节韩先生讲性理学，躬絜米，往拜其门。韩先生睨先生貌行，行壮也，欲却束脩礼，父莲峰老人谓曰：'意若非凡人。'数日，叩其学，诧曰：'纵宿学老儒莫是过，吾几失人矣。'既审言语践履，诤诤多古人节，叹曰'畏友也。'同门传习者皆自以为不及。"

按：杨爵，见"弘治六年"条。

正德十六年辛巳（1521），四十三岁

春，南充知县凤翔毛鹭卒，作《南充知县毛君墓志铭》。

清道光杨浚《续刻吕泾野先生文集》：己卯之冬，南充衰经自凤翔来泾野，为其母贞节王氏索墓铭。……既葬母，明日遂病胁下痛，越四十日卒倚庐中，时庚辰二月辛未也。……今年辛巳二月丙申，其家将葬南充于栖林凹先茔之次，其婿周居丰持邵解元晋夫状索铭。……君讳鹭，字孕灵，别号吴冈。上世兴平人，七世祖德仁移居凤翔朝阳里。……南充以凤翔学生中正德丁卯举人，受绵州学正，四年升南充知县。……生成化甲午十二月乙酉，春秋四十有七。

五月十八日，闻世宗即位，作《五月十八日雨中同刘司训宋太学送郑司训访王太学留饮闻今上登极讯　辛巳》。

按：诗见《泾野先生别集》卷11。

五月，少时师高俦卒，有《明奉政大夫云南武定府同知龙湾先生高公墓志铭》。

《泾野先生文集》卷22《明奉政大夫云南武定府同知龙湾先生高公墓志铭》：吾师龙湾先生乃止此耶！……昔者枏秀才时与先生约，一日仕，必谒先生于泸。岂期虽仕而在官未久，病卧南山，前后十二年，夙志未偿，而先生乃有此耶！……先生讳俦，字宗伊，龙湾其别号也，又号钝庵，中弘治己酉乡举。其先江西清江县人。……先生生某年月日，距卒正德辛巳年五月日，寿七十有三岁。

校正荀悦《汉纪》（30卷），并作《〈汉纪〉校正序》。

《泾野先生文集》卷3《〈汉纪〉校正序》：曩予在史馆，数问荀氏书，获《申鉴》，未获《汉纪》。今陕西提学何子仲默获之于侍读徐子子容，子容获之于吴下家人。予从何子借观，何子乃移县尹瞿汝

扬板行，而以校正畀予。

按：现存吕柟校正并序及何景明题序、翟清刊行的《汉纪》本，吕序标明"正德十六年"。

六月，陕西提学副使何景明因病辞官归乡，赶至临潼相送，不遇，作《之临潼送何大复不遇留诗寄之》。

按：诗见《泾野先生别集》卷11。

康海《对山集》卷33《送大复先生还信阳序》："大复先生居关中四年矣，今年夏六月以疾求去。"何景明于是年六月因病辞官，一个月后卒于家。

七月十二日，葬弟吕梓，有《吕仲桥圹志》。

《泾野先生文集》卷23《吕仲桥圹志》：此吾弟仲桥梓之圹也。……仲桥生成化壬寅正月十九日，殁正德己卯十二月五日，亦才三十八。……葬在正德辛巳七月十二日，圹在吾父墓南东二穴。

冬，有《重修昭慧院记》和《重修天王寺记》，对佛与今日之佛徒进行对比，批评后者所为。

《泾野先生文集》卷15《重修昭慧院记》：昭慧院之建，未详时代，在高陵城东三里，俗以其在泾阳、渭阳、咸阳之北也，又曰三阳寺。然经岁既久，垣圮瓦脱，鼠穴佛股，雀巢伽蓝之耳。正德庚、辛间，住僧满愍率寺旁居民银奈、银孟常、陈景阳诸人，各捐赀物，召匠重修。佛殿僧房，次第改新，周垣百堵，坚高倍昔。工讫砻石矣，乃介银生世华以问记。……愍曰："登觉岸者，不以兴替渝念；游菩提者，所知奉佛而已。今兹众生，沉欲海而不悔，焚忿坑而不濯，投利阱而不怨，坠名渊而不悟，死酣壤而不醒，鹜迷途而不返，落荣网而不飞。甘此七难，不登诸大，可乎？"泾野子曰："惟兹七难，正作佛徒。夫佛，西方之贤哲也，幻妄人生，赘疣有为，阴浊世界，见病山河大地。此其学，虽非阴阳之正、仁义之中，然灭心以忘世，绝尘以逃生，指相以如来，则岂今日为之徒者可扪其墙哉？惟夫杖远公之锡，而三藐不闻；著达摩之衣，而一归未解；诵白马之经，而百诈丛生；昼祇园而夜花市，身比丘而心跖术。佛如有灵，亦忘慈悲之心而加丘山之谴矣，况吾孔氏之徒者哉！"

《泾野先生文集》卷15《重修天王寺记》：正德庚、辛间，僧海杰赤足化缘，重修天王寺成。……诸附寺居人请记。……吕柟曰："佛岂恶人哉？为其徒者之罪耳。吾何以不言乎？夫佛以寂灭治心，虽非精一之中，其视世之干没于利欲者远矣；佛以慈悲为教，虽非仁义之正，其视世之残贼相加、妒忌相形者远矣。但佛贪生而恶死，儒有视死如归之处；佛以山河为赘疣，色相为滞碍，而吾儒所用力者，正使山河安而色相顺也。乃其徒小，不达其初，遂至捐人伦、别亲戚，或燃指焚顶以为玄施，或兴斋治醮以为广度，甚至毒风俗、昏教化，皆其徒之所为。佛如有灵，实弗忍也。吾可以不言乎？"

按：现存《重修昭慧院碑记》，前题"赐进士及第翰林院修撰儒林郎经筵讲官同修国史邑人泾野吕柟撰"，后题"正德十六年冬十二月吉日立石"。

剑州知州李璧寄《剑阁集》来，为之作序。

《泾野先生文集》卷3《剑阁集序》：予病卧东林，杨生九仪者问王公设险以守国。……语毕，而白夫寄《剑阁集》来，有图有迹，有铭有诗，乃叹剑阁之险闻天下、称古今者，不虚也。……白夫名璧，集中亦有言。

按：李璧，见"正德十三年"条。

李璧之子李得舆、李得友来学于高陵，是年南归剑州，临行，作《小学训序》，指出"《小学》之教不行，则治身无法，治天下无具"。

《泾野先生文集》卷3《小学训序》：广西李得友年十四，其父剑州太守白夫遣随其兄得舆来学于泾野。夫十四，年至少也，广西且勿论，即剑州至泾野，亦至远也。予嘉其笃志，美其气清而质厚，惧其蒙养或未正也，于是取《小学》诸书分类训之今，日诵习焉。其篇曰扫洒，曰应对，曰视听，曰手仪，曰足仪，曰衣服，曰饮食，曰礼训，曰乐训，曰射训，曰御训，曰书训，曰数训，凡十三篇。然礼、乐训未卒，而太守迁临安，二子南归，将会其父于剑州也。呜呼！得友于尔已训九篇矣，其四篇未厘者，可类推也。夫《小学》之教不行，则治身无法，治天下无具，得友其勿忘乎此哉！

按：李璧于是年升云南临安府同知（见"正德十三年"条），而序中亦言"然礼、乐训未卒，而太守迁临安，二子南归，将会其父于剑州也"，吕柟于明年春正月即北上入京，故知此序作于是年。

为李氏二子作字说，有《李得舆兄弟字说》。

《泾野先生文集》卷35《李得舆兄弟字说》：广西李得舆冠时，字曰子式；其弟得友未冠，将字曰子益。盖皆出于父师之意、大宾之命也。泾野子曰："得舆而知'子式'之意乎？夫子告子张曰：'在舆则见其倚于衡。'衡即式也，斯盖言敬也。子张于忠信笃敬或不足，故夫子云尔。子能式乎是，而免子张之失，则可以得舆矣。《易》曰：'君子得舆，民所载也。'友以三益为得，三损为失。得友将非'主忠信，无友不如己者'乎！虽然，多闻不如友谅，友谅不如友直，故夫子论三益，以友直为首。子益其得直友乎！"

有《答李白夫书》《复李白夫书》。

《泾野先生文集》卷20《答李白夫书》：人再来，得审尊侯康吉暨荣迁临安大郡，何任欣慰！然尚恨当路者未尽知执事耳，岂道广久而后显邪？二子在敝邑，甚愧不能馆谷。……兹附《剑阁集序》并二子《字说》，仍希通示教也。

《泾野先生文集》卷20《复李白夫书》：仆北接胡壤，而执事南处越外，不意仆之虚名误动执事，乃遣二子数千里外来学泾野，此其为师者必大有所增益，庶不枉此意之诚恳，此路之勤渠也。然仆范之无本，而教之无法，于得舆之放心未能一收，而得友之童志未能尽启，岂不深负于执事哉！……再嘱二子，到家可防闲，勿再令远出求师，只守庭训，自当大成就。大抵年未老成，学未卓立，远出，鲜不被小人诱也，虽有强者之师且不免，若如前谕宽柔当竟，何如邪？

有七律《赠王大参拱之考绩　辛巳》。

按：王拱之，见"正德十一年"条。

刘秉鉴重建元城书院（在今河北大名元城县），高陵知县翟清问记，作《新建元城书院记》。

《泾野先生文集》卷15《新建元城书院记》：元城，大名属县，宋忠定公刘器之先生之故里也。先生，司马温公之高弟子，今其史传、语录，天下固已家传人诵矣。江西刘子遵教秉鉴以金宪兵备于此，谓大名乃先生首善之地，而诸士子高山景行，以为天下先者，尤其所切也。于是尽毁阘郡淫祠，建书院于府治之西，曰"元城书院"，本先生也。吾邑侯翟汝扬清者，大名高士也，来谓予曰："近得乡大夫书云元城书院落成久矣，未有记，托诸太史，以示我大名诸士子于久远云。"……是役也，始于正德已卯之夏，终于辛巳之春云。

冬，诏起原官翰林院修撰。

马理《墓志铭》：今上登极，起用，明年改元嘉靖。

冯从吾《泾野吕先生传》：世庙即位，诏起原官。时朝鲜国奏称："状元吕柟、主事马理为中国人才第一，朝廷宜加厚遇。仍乞颁赐其文，使本国为式。"其为外国敬慕如此。

至华州，拜访张潜（号东谷）。话别后，闻长子吕田得血疾，即驰还高陵，归后有《与张东谷用昭大参书》。

《泾野先生文集》卷20《与张东谷用昭大参书》：宦邸话别后，即得儿子田血疾之讯，旦日不暇奉告而驰还矣，孤负盛设，罪万罪万！他日或从对山子赴此燕也，田疾今少差，北行当在蚤春。西溪草堂兴致殊常，古来名人数数有此，则吾东谷夫子岂偶然邪！甚美甚美！《宋史》欲借一阅，即烦杨太守差二力扛送高陵，北行日即奉还，不识可否邪？试一谋之。

按：吕柟书中云"北行当在蚤春"，即指明年春启程赴京之事，可知此书作于是年。

张东谷用昭即张潜，参见"正德五年"条。张潜于正德九年罢归后，定居华州（见王九思《渼陂集》卷13《张安人东氏墓志铭》）。

为张潜西溪草堂撰记。

《泾野先生文集》卷15《西溪草堂记》：西溪草堂，东谷张子用昭之别墅也，以在华城西南七里南面，曰西溪。

有《答樊季明书》。

《泾野先生文集》卷20《答樊季明书》：领手翰佳贶，殊感！北行多在蚤春，若或取道山西，决至凤冈，一求教也。盛价所说近日相诟事，仆虽不详所以，大抵其责在吾执事。

按：书中云"北行多在蚤春"，可知此书作于是年。

约是年，请王九思为已故祖父吕鉴撰墓碑文。

按：王九思所撰碑文见《渼陂集》卷11《明故处士吕公墓碑》。据文可知吕柟祖父卒于弘治十一年闰十一月，葬"逾二纪""表墓之碑有阙，载德之辞未述"，于是吕柟请王九思撰碑文。又，一纪为十二年。

嘉靖元年壬午（1522），四十四岁

撰五律《雨中闻嘉靖改元诏书作二首》。

《泾野先生别集》卷11，诗云："圣主今登极，风云合会同。泰山知社稷，四海问英雄。周勃自难闲，宋昌原秉公。微臣何以报，万载疏千通。"

"湖上赤龙起，天边采凤鸣。解悬麻下日，扶杖老争听。暑月难时雨，寒岩合有生。财狼无复问，当道已清平。"

去冬今春，康海两至高陵来访。有诗《留对山》与《和对山泾阳道中之作》。

《泾野先生别集》卷11《留对山》：潇洒康夫子，骑年两过兹。去冬留白雪，新岁复清辞。

有《题东谷卷　为王明叔旸作　壬午》。
按：诗见《泾野先生别集》卷5。

韩邦靖升山西左参议，有《与韩少参五泉书》。

《泾野先生文集》卷20《与韩少参五泉书》：得手教，乃知执事且未行，何以迟迟至此也？此去山西甚迩，到彼定省太夫人甚便，家事附令弟亦宜，闻又欲请沙苑回当家，此何说也？仆数日间亦欲北行，所教之言，感激不尽，但过望于我矣，愧汗。

按：韩邦奇《苑洛集》卷8《韩邦靖传》："辛巳，三十四，奉诏起用。嘉靖壬午，三十五，擢山西布政司左参议。"又，吕柟书中云"仆数日间亦欲北行"。可知韩邦靖赴山西参议任在嘉靖元年，吕柟写此信时二人都尚未赴任。

韩邦靖，见"弘治十四年"条。

正月，启程赴京。二月初，至华阴，韩邦靖自朝邑追送于华阴西岳庙。

《泾野先生别集》卷12七律《在华阴与汝庆吟闲刘远甫至足成篇》：孟春之日起东行，二月初头犹此城。知是华山相缱绻，故教韩庆与相迎。

《泾野先生文集》卷24《副宪贾会期墓志铭》：嘉靖元年，予病起入京，会期已宪副陕西，遇于保定。

《泾野先生文集》卷35《祭五泉韩少参文》：栴于元年入京，五泉追话于西岳庙中，当其志，虽天下可澄清也。

按：西岳庙，位于华阴县城东。

作七言杂曲《北上两过东谷张子宅观梅　壬午》。

按：诗见《泾野先生别集》卷9。

东谷张子即张潜，参见上年条。

二月中旬，至河南孟津。有诗《宿孟津》。

《泾野先生别集》卷12，诗中云："二月中旬到大河。"

至河南怀庆，访何瑭于南上村。有五言古诗《访何子柏斋南上村》。

《泾野先生别集》卷6，诗云："春从关西起，言访南上村。村有何氏屋，萧然在乾坤。"

按：据张卤《南京右都御史何文定公瑭传》（《国朝献征录》卷64），何瑭于嘉靖元年起为山西提学副使，以父忧不就，次年再起浙江提学。

至河北保定，遇同年进士贾运，时贾运出任陕西按察副使。

《泾野先生文集》卷24《副宪贾会期墓志铭》：束鹿贾会期与予同戊辰进士，予始未能知也。……嘉靖元年，予病起入京，会期已宪副陕西，遇于保定，敏而直，俭而度，又不善敛。

按：贾运（1472—1524），字会期，号静斋，河北束鹿（今辛集市）人，正德三年进士。嘉靖元年出为陕西按察副使，次年，被劾罢官。嘉靖三年卒。吕柟有《副宪贾会期墓志铭》。

至河北定州，知州倪玘（字公在）出其所撰《定州志》，有序。

《泾野先生文集》卷1《定州志序》：予山居时，倪公在丞嘉善，尝撰《嘉善志》寄我。……比过定州，公在又撰《定州志》示我，夫定州之志，则又进乎《嘉善》矣。疆域之思危，建置之思廉，祀典之思敬，田赋之思忧，官师之思畏，人物之思长，选举之思质，杂志之思文，《易》曰"君子以言有物而行有恒"。夫言之无物，皆其行之不恒者也。夫定州之志岂独可以观倪子有物之言哉！

按：由序文"予山居时……比过定州"可知，倪玑以所撰《定州志》示吕柟是在其入京经过定州时。又，《（道光）定州志·原修姓氏》："嘉靖壬午重修：定州知州倪玑（雁门人，进士）。"

三月二日，到京，租僧房而居。有《复周江陵克述书》《与对山书》《与田宪副勤甫书》《与景伯时书》《复秦西涧书》等。

《泾野先生文集》卷20《复周江陵克述书》：仆于三月二日到京复职，家眷俱未携，以舍弟梓殁，老母不欲遽离弟妻，则不忍独携妻子行耳。冬春间，谋欲迎取。

《泾野先生文集》卷20《与对山书》：别来忽已数月矣，然追忆南山、渭水之游日，未尝不入梦寐也，数闻关中麦豆好收，益动人乡思耳，奈何？赁居僧房，交与甚少，凡有过差，其谁规正？吾兄不可以在家不知，弃而不教也。

《泾野先生文集》卷20《与田宪副勤甫书》：自癸酉冬别，今且十年矣。……仆于三月二日到京，碌碌馆下，无益职业，犹畴昔耳。兼以久居山林，疏迂成癖，而往时盍簪之契，俱散处四方，孤与怅惘，莫可晤适，则又未尝不念泾干渭浒也。

《泾野先生文集》卷20《与景伯时书》：去岁在山，闻太夫人捐弃荣养，不知吾兄哀痛悲号何似！……三月初到京，碌碌尸素，犹往日也，且同年皆去，而形影孤单，又有终南之想。若吾兄服阕入馆，犹可以解此郁郁也。

《泾野先生文集》卷20《复秦西涧书》：入馆以来，碌碌尸素，甚愧。有教言，望不惜。闻毁淫祠，此举却须斟酌，大抵所急者，除贪暴，安穷独为好耳，徐可以厘风俗而新之也。

《泾野先生文集》卷20《复寇子惇书》：今岁三月，偶来京师，复职馆下，碌碌尸素，岂如明教？然以山林成癖之人而迁思无补，日未尝不思泾干渭浒，不知何以教处也？执事德立道行，不愧往日会晤之志，此大丈夫得志，富贵不淫者也，今其可多得者哉！万惟无自足，于圣学岂曰遥远乎？

复官翰林院修撰，纂修《武宗实录》，进讲《虞书》。

马汝骥《行状》：明年改元嘉靖，复馆职，纂修武庙《实录》。进讲《虞书》，适值仁祖淳皇后忌辰，公口奏存褾服之礼，罢酒饭之赐。

五月十五日，有七律《五月望夜于李司马东冈宅月下留酌》。

《泾野先生别集》卷12，诗云："明公计识十年前，曾向泾河索草玄。……自愧离家过百日，几能沉醉若为仙。"

按：李司马东冈即李昆（1471—1532），字承裕，号东冈，山东高密人。弘治三年（1490）进士，授刑部主事，曾官陕西按察司佥事、提学副使，官至兵部左侍郎。传见毛纪《嘉议大夫兵部左侍郎东冈李公昆碑铭》（《国朝献征录》卷40）。

冬十月，有《别周东阿序》及诗《送别山阴周天保之东阿五首》，言治理东阿之法。

《泾野先生文集》卷3《别周东阿序》：山阴周天保之孟兄检讨天兆，予同僚于翰林。仲兄郎中天成，予同年于戊辰科。今年予自泾野来馆，而天保已举辛巳进士，未选也，暇尝得数会焉，故天保每以兄事我，而讲学之切，谈政之急，又非他漫相交游者比。……冬十月，天保果授东阿令，且行，而以山东之盗为忧。……是故为东阿策者，其上履廉，其次迪公，其次节用，其次息科求，其次杜请谒，其次信法令。如是而后，徐论其攻杀击刺之方可也。天保不见汉龚遂之治渤海乎？天保而知此焉，东阿民可卖刀剑而买牛犊矣。……予遂喜而赋《东阿》五篇。

　　按：诗见《泾野先生别集》卷6。

是年，有《重修洙泗讲坛记》。

　　《泾野先生文集》卷15《重修洙泗讲坛记》：洙泗讲坛在孔林东一里，乃夫子与其徒三千讲道之地也。自夫子殁，子贡辈筑场之后，人专事孔林，此地鞠为茂草二千余年。至元戊寅，宣尉东野潜偕孔激尝修复焉。……嘉靖改元，巡按山东李御史献暨吾副使山东孟参议洋乃重修而增治之，未落成。吕参政经继完其事，使使问记。修撰高陵吕柟曰："……今夫夫子之道犹大路也，途亦可通，巷亦可通，有能为方驾之轨者亦可通；夫子之道犹大海也，罂亦可取，瓶亦可取，有能为万石之瓠者亦可取。是故以容教子桑则可，以容教子张则不可；以言教子骞则可，以言教子我则不可。何者？主静非不善也，施于陆氏之门，益其禅也；务博非不善也，施于王氏之门，丰其蔀也。故夫子所讲之道鲜矣，故佛氏或得而议我也，故老氏或得而笑我也，故治日常少乱日常多也。然则洙泗讲坛之修，将斯道可由是而明乎！将夫子之灵其真在于斯乎！"

有《重修束鹿县护城堤记》。

　　《泾野先生文集》卷15《重修束鹿县护城堤记》：束鹿，保定隶邑也，滹沱河自雁门来，经灵寿、平山、晋州、深州，于直沽入海。……正德己卯秋，大水，晋涅盘口决，滹沱泛滥于束鹿。……辛巳秋，患愈棘，城内水或寻丈高，穷民逃入邻邑，富者编筏而寝食焉。县令临颍谷钟英障不能止，乃告诸巡抚都御史江西周公公仪及郡守阳武王君德辉。德辉时病卧床，闻之揽衣起，谒周公，而先往。……已而德辉又告周公曰："不一劳，不永佚。如复旧堤，斯束鹿千岁之利也。"……工始正月，至四月而告考。……柟近过保定，遇宪副贾会期，言德辉之救束鹿，略亦若此。……德辉名光，同予戊辰年进士。周公名季凤，毛澄榜进士。

按：记云"梆近过保定，遇宪副贾会期"，可知此记作于是年。

是年，有五律《寿砺庵毛先生阁下》。

《泾野先生别集》卷11，诗中云："此岁周初度，逢尧才改元。"

按：砺庵即毛珵（1452—1533），字贞甫，号砺庵，江苏吴县人。成化二十三年（1487）进士，授南京工科给事中，官至礼部尚书。传见文徵明《嘉议大夫都察院右副都御史毛公珵行状》（《国朝献征录》卷61）。

是年，同年四十二人聚会于学坊沈氏，有《同年三会序》与五言拟古诗《同年会限韵得覃字》。

《泾野先生文集》卷3《同年三会序》：予戊辰同年三百五十人，其始未之能会也。辛未，初会于石碑胡氏，与会者二百余人，而予在告，未之能从也。丙子，再会于学坊沈氏，与会者八九十人，而予在告，未之能从也。今岁壬午，嘉靖改元，复于沈氏为第三会，与者止四十二人，而予病起，获与执爵之末矣。然会皆有诗，诗必有序。……今兹三会，周太仆酿买手卷四十二，欲人各藏一卷焉，欲卷各具一人诗焉，而以其序命之梆。

按：诗见《泾野先生别集》卷6。

是年，陕西提学副使唐龙在三原建嵯峨精舍（嵯峨书院），延马理主讲其中。

唐龙《渔石集》卷1《偶然记》：嘉靖元年壬午，授陕西按察司提学副使。

唐龙《渔石集》卷1《嵯峨精舍记》：三原马子伯循诵先生之法，希圣贤之轨，典刑所昭，风声斯被。其诸弟子员振衣承响，喁喁以从，其集如云，其立如林。马子敝庐不葺，环堵萧然，而弟子多至，无所栖止，是故来远而居弗宁也，教勤而习弗专也。佥事周子宗化行县而知之，忾然而恻，乃议构精舍以尊其教。前令王成章曰："此实下吏治缺也。西有浮屠氏之宫，丛秽伏奸，大戾世典，诚易置之，岂惟正之用昌，即邪亦于是乎黜矣，而况民俗罔不厘乎！"宗化曰："善。"乃亟命毁之，易地以为基，徙材以为宇，命之曰嵯峨精舍。

按：唐龙（1477—1546），字虞佐，号渔石，浙江兰溪人。正德三年（1508）进士，官至太子少保刑部尚书，卒谥文襄。著有《渔石集》《易经大旨》等。唐龙于嘉靖元年至六年任陕西提学副使。其提学陕西时，曾修葺西安正学书院，讲学其中，并编纂《正学书院志》。传见《明史》卷202。

唐龙是年出任陕西提学副使，王成章（正德二年举人）于正德十五年（1520）至嘉靖元年（1522）任三原知县。故可知嵯峨精舍（又称嵯峨书院）建于嘉靖元年。清道光中，邑人马鸣鉴、温之朴重新修葺，后废。

嘉靖二年癸未（1523），四十五岁

春二月，为会试同考官，主考官为蒋冕、石瑶。时当政者杨廷和不喜王阳明之学，故会试策问有焚书禁学之议，力辨之。

马汝骥《行状》：癸未，充会试同考试官，取士二十余人，皆名士。

冯从吾《泾野吕先生传》：癸未，分校礼闱，取李舜臣辈，悉名士。时阳明先生讲学东南，当路某深嫉之，主试者以道学发策，有焚书禁学之议，先生力辨而扶救之，得不行。场中一士子对策，欲将今宗陆辨朱者诛其人，火其书，极肆诋毁，甚合问目意，且经书、论、表俱可。同事者欲取之，先生曰："观此人今日迎合主司，他日必迎合权势。"同事者深以为然，遂置之。

按：癸未会试策问，有阴诋王阳明之意，阳明门人徐珊不答而出，欧阳德、王臣、魏良弼等发明师说，进士及第，钱德洪落第。《王阳明全集》卷35《阳明年谱》"嘉靖二年"条云："南宫策士以心学为问，阴以辟先生。门人徐珊读策问，叹曰：'吾恶能昧吾知，以幸时好耶！'不答而出，闻者难之，曰：'尹彦明后一人也。'同门欧阳德、王臣、魏良弼等直发师旨不讳，亦在取列，识者以为进退有命。德洪下第归，深恨时事之乖。"

蒋冕《湘皋集》卷18《会试录序》载，主考官为蒋冕、石瑶，副考官为吕柟等。同书卷27有《会试策问》一文。

得阅欧阳南野试卷，赞其弘博醇实，欲置上等，因主考官反对而不果。

《泾野先生文集》卷11《赠欧阳南野考绩序》：昔予校文癸未会试，尝见欧阳南野子试卷矣，叹其弘博醇实，当冠《易》房也。然欧阳子学于阳明王子，其为文策，多本师说。当是时，主考者方病其师说也。予谓其本房曰："是岂可以此而后斯人哉？"其本房执诤，终不获前。一时遇阅其卷者，皆惜之。及欧阳子为司成，遂以其师说良知者日讲授诸生，益扩充而广大之，诚能仰师孟子并其良能者。

《欧阳德集》卷17《泾野吕先生考绩序》：忆予会试礼部，今国子司业西玄马公得予试卷，谋于先生。先生谓："是子盖有志于学者，宜置上第。"竟以对策未徇主司意，格不果然。先生所以期予者，意已独至。

按：据《明清进士题名碑录索引》，欧阳德是年进士及第二甲第十一名。

欧阳德（1496—1554），字崇一，号南野，江西泰和人。王阳明弟子。嘉靖二年进士，官至礼部尚书，谥文庄。今有点校本《欧阳德集》。传见聂豹《双江聂先生文集》卷6《南野欧阳公墓志铭》，徐阶《世经堂集》卷19《欧阳公神道碑铭》。

除欧阳德之外，《泾野先生文集》卷7《赠刘体乾考绩序》的刘体乾，名钦顺，湖北石首人；卷8《赠何嘉兴序》的何祉，字德徵，江西进贤人，都是当年吕柟所取之士。

《赠刘体乾考绩序》曰："石首人刘体乾为江阴二年，并前馆城华亭之俸，考其绩于吏部。……泾野子曰：是举癸未进士名钦顺者刘体乾邪？……方体乾之会试也，予适得其卷，未知为谁氏也。然其念民之无衣，至言图不可绘蓝缕之状；悯民之无食，至言耳不可闻呻吟之声。予抚卷叹曰：'此其人下必能泽民，上必能致君者乎！'遂持以告于主考先生。主考先生阅，三试皆相类，以为有古风，必非常士也，即列置上等。"

《赠何嘉兴序》曰："进贤何君德徵守兵科越三年矣，升为嘉兴太守。……昔者，予之同考癸未会试也，获子之卷，私料其必忠信正直、忧国爱民之士也。"

五月，上疏请讲圣学，谓："学贵于力行而知要，故慎独克己，上对天心，亲贤远谗，下通民志，天下中兴。太平之业，实在于此。"疏入不报。

马汝骥《行状》：癸未，充会试同考试官，取士二十余人，皆名士。尝上疏请温寻圣学，曰："学贵知要而力行，故慎独克己，上对天心，亲贤远谗，下通民志。伏望圣上寻温体验。"

冯从吾《泾野吕先生传》：癸未……念新天子即位，上疏请讲圣学，略曰："学贵于力行而知要，故慎独克己，上对天心，亲贤远谗，下通民志，天下中兴。太平之业，实在于此。"不报。在史馆，与邹东廓友善。

夏，长子吕田娶南和知县刘璋第五女。

《泾野先生文集》卷28《明奉训大夫霸州知州北桥刘君墓志铭》：君姓刘氏，讳璋，字尚德，别号北桥，延安中部县原村人，诰封中宪大夫彰德知府前义门巡检讳景者之子，都察院左佥都御史讳聪之弟，前刑部郎中仕之父也。仕主事刑部时，予任翰林修撰，君知南和县。未几，自南和入京来，得数会晤于宣武门东，义气辄相许可。予子今举人田适无室，问君第五女，君即与妻之。越数年，今南京右通政绥州马子汝骥方以翰林编修出为国子监司业，亡其室，问君第六女，君亦与妻之。……乃己丑得致仕还乡，修建祠屋，敦崇时祭，治圃桥山之麓，游息其中。

按：康海《对山集》卷34有《奉训大夫霸州知州刘君墓碑》。据吕柟与康海所作之文，刘璋（1470—1537），字尚德，号北桥，陕西延安中部县（今黄陵县）人。正德五年（1510）举人，十五年（1520）任南和知县。嘉靖二年（1523）授文林郎，四年（1525）升霸州知州，八年（1529）致仕。

《泾野先生文集》卷3《赠马道亨序》云："今年夏，予方为儿子田结亲于刘南和。"而嘉靖三年夏五月初吕柟即因上疏而下狱，故可知他为其子结亲当在嘉靖二年时。

《泾野先生别集》卷1《双鹰赋》曰："客有为刘侯尚德绘乔木双鹰图者，泾野子见而赋之曰……"即为刘璋所作。

秋八月，作五言拟古诗《赠见素先生林司寇五首》《次见素林公留别韵因以答之二首》。

《泾野先生别集》卷6，诗中云："兹岁秋气早，八月木叶飞。""去岁公来京，九辞将满期。今岁公去朝，三疏不盈时。"

按：卷12有七律《经筵秉烛次见素林公韵二首》当作于去年或今年。

见素林公即林俊（1452—1527），字待用，号见素，晚号云庄，福建莆田人。成化十四年（1478）进士，官至刑部尚书。卒赠少保，谥贞肃。著有《见素集》。据《见素集》附录上《编年纪略》载，林俊于嘉靖元年起工部尚书，改刑部，屡上书请归，于是年即嘉靖二年七月获准致仕，八月启程。

有拟古诗《送宗伯毛三江南还　癸未》。

按：诗见《泾野先生别集》卷6。

毛三江即毛澄（1461—1523），字宪清，号白斋、三江，江苏昆山人。弘治六年（1493）进士第一，授修撰，官至礼部尚书。是年请病归，未至家而卒。著有《毛文简公集》。

作七言杂曲《庆成宴归次穆玄庵韵　癸未》。

按：诗见《泾野先生别集》卷9。

罗钦顺赴南京吏部尚书任，作五律《送罗整庵之南冢宰任　癸未》。

按：诗见《泾野先生别集》卷11。

罗钦顺（1465—1547），字允升，号整庵，江西泰和人。弘治六年（1493）进士，官至吏部尚书，谥文庄。著有《困知记》《整庵存稿》等。传见《明史》卷282。

有《赠沈文灿考绩序　癸未》。

《泾野先生文集》卷3《赠沈文灿考绩序　癸未》：侍御沈子文灿，既考三年之绩，其僚高子廷威及许子伯城问赠言。

有《送傅君云南佥宪序　癸未》。

《泾野先生文集》卷3《送傅君云南佥宪序　癸未》：华容傅君原质尚文以甲戌进士补大理评事。未几，以谏谪官。又未几，以忧去。今天子临御之初，登用忠直，故原质还廷评未久而有云南佥宪之命，于是陈君廷宪诸君子问言于予以赠之。

有《送刘南部尹序　癸未》。

《泾野先生文集》卷3《送刘南部尹序　癸未》：鸿胪司仪邠州刘君大业既有南部之命。吾乡缙绅王中舍诸君，谓予有以告大业。……自吾之入朝也，今且已一年矣。

大兴县令张舜举重修县衙，问记，作《重修大兴县治记》。

《泾野先生文集》卷15《重修大兴县治记》：武功人张邦献舜举

为大兴二年，庶政积举，百废就理，愧县宇之久颓，思重修焉。……
既落成，邦献以图问记。……役始嘉靖元年秋八月，终二年春三月。

有《与对山书》，告知与湛甘泉、穆玄庵交往情况。

《泾野先生文集》卷20《与对山书》：令侄世安至，得手教，甚
感激！兼知老嫂已葬，令郎已入学，甚慰也！承问近日交游，甚幸！
甚幸！然弟性质迟钝犹昔，诸名公处皆少亲就，而诸名公以弟德薄，
亦莫我肯顾也，独湛先生以座主之旧，穆伯潜以比邻之新，时或往来
耳，此外乡曲及衙门之公会例举者，则皆不能免也。有所闻，幸赐教
言，他人谁肯及之？又近日髭白志惰，于宦情甚懒，恐来冬不免求一
差西归，以续终南之游也。

按：吕柟信中言“兼知老嫂已葬”，据康海《对山集》卷37《亡
妻安人尚氏墓志铭》，康海之妻安氏葬于嘉靖二年四月，可知此书作
于是年。

有《赠马道亨序》。

《泾野先生文集》卷3《赠马道亨序》：中部马君道亨隆举弘治甲
子乡试，是榜予同学有二人焉，无弗言道亨之才，然予未之能会也。
今年夏，予方为儿子田结亲于刘南和，而道亨适待选在部，又南和之
高弟子，且戚党也，得会于杯酌间焉。然道亨动止言笑，无少苟且，
毫发不合义，虽群言辩，众人讲，弗是也。……未几，果得节推
大同。

有五言拟古诗《送王金华太守寿夫》。

《泾野先生别集》卷6，诗云：“昔岁试泾阳，双龆垂耳长。倏今
四十五，星星四鬓明。……竭来课铨部，名绩迈巩黄。”

按：王寿夫即王九峰（1479—1526），字寿夫，号白阁山人，王
九思之弟，陕西鄠县人。正德三年（1508）进士，授河南道试监察
御史，官至山西副使。著有《白阁集》。传见王九思《渼陂集》卷14

《明故中宪大夫山西等处提刑按察司副使白阁山人王寿夫墓志铭》。

约是年，为少时友文宗颜作《送文黎城司训序》。

《泾野先生文集》卷3《送文黎城司训序》：予亲家文君宗颜，今岁当乡大夫所贡士，而予春中适赴史馆，未携家累，乃得与偕行，又同邸居一年。……未几，宗颜授黎城司训，伯修不忘前会也，乃同咸阳张御史文之来贺，而宗颜终会无一语，问而后对之。伯修曰："此古人也。黎城之行，吾辈不有赠言，何以表贤善而愧奔竞乎？"……夫宗颜自垂髫与予同塾师，童子同升邑学，壮之日，仲兄克己又与予弟梓同姻戚，而予今且同邸一年。故宗颜，予知且信之，夫子云"行己有耻"者，此其人也。

按：据吕楠序云"春中适赴史馆""又同邸居一年"，可知此序约作于是年。

《直隶潼关卫重修学宫文宣庙记》约作于是年或明年。

《泾野先生文集》卷16《直隶潼关卫重修学宫文宣庙记》：潼关卫学属陕西，而卫则直隶兵部，盖陕西之东境，河南、山西之西塞也。学宫在卫之右，宣庙在学宫之左，皆南面，岁久圮坏漏敝，于是卫指挥使孙君懋勋承宣重葺理焉。……工始嘉靖壬午三月，落成于癸未冬十月，于是士气倍增，文风丕振。教授曹君琏，训导郭君隆，学士王蕃、谢宪诸人谋石颂公，乃以太学生吴锦至京问记，以彰懋勋于不朽。

按：清道光杨浚《续刻吕泾野先生文集》中有《潼关卫指挥使孙公墓志铭》，即为卫指挥使孙承宣（字懋勋）祖父孙廉（字介夫，号清轩）所作。

作七言杂曲《约庵中丞见邀池边晚酌三首》。

按：诗见《泾野先生别集》卷10。

约庵即周金（1473—1546），字子庚，号约庵，江苏常州武进人。

正德三年（1508）进士，授工科给事中，官至南京户部尚书，卒赠太子太保，谥襄敏。传见《明史》卷201。周金于嘉靖元年由太仆寺少卿迁都察院右佥都御史，巡抚延绥。吕柟称其"中丞"（明时巡抚的别称），可见其诗约作于是年前后。

是年，南大吉知绍兴府，与其弟南逢吉一同师事王阳明。

张骥《关学宗传》卷21《南元真先生》："（南逢吉）奉母焦大宜人之官所，得与瑞泉先生同师事阳明王子。"

嘉靖三年甲申（1524），四十六岁

正月，有《恭人郑母胡氏七十寿序》。

《泾野先生文集》卷3《恭人郑母胡氏七十寿序》：诰封恭人胡氏，鸿胪少卿顺天郑君公佩之母，今嘉靖三年，寿七十岁。正月十一日，其初度辰也，公佩将祝眉寿，其僚魏华甫、宋伯清诸公皆宴中孝友之张仲也。……于是华甫曰："境之同年友曰吕太史仲木者，其人之言能使寿考难老，境往问之。"

春二月，作《送石斋杨阁老致仕归蜀》。

《国榷》卷53：（嘉靖三年）二月丙午，少师兼太子太师吏部尚书华盖殿大学士杨廷和致仕。

按：诗见《泾野先生别集》卷12。

石斋即杨廷和（1459—1529），字介夫，号石斋，四川新都人。成化十四年（1478）进士，官至吏部尚书华盖殿大学士。因议"大礼"忤旨，致仕。

同年进士贾运卒，有《副宪贾会期墓志铭》。

《泾野先生文集》卷24《副宪贾会期墓志铭》：束鹿贾会期与予同戊辰进士，予始未能知也。……嘉靖元年，予病起入京，会期已宪副陕西，遇于保定，敏而直，俭而度，又不善敛。既入京，其二子衢、冲已考冠束鹿，来应顺天举，谒予，果有器识。明年，会期不偶于巡按，劾会期在庆盐票事，会值大觐，遂罢会期。予叹曰："世岂有绝情酒色，笃志古人，行而又贪耶？不可信。"然会期自以志不明，抱郁而殁，在嘉靖三年正月三十日，年才五十三。……会期讳运，号静斋，其先洛人，更始时徙汾州，或曰长沙太傅之后。洪武初，六世祖戴奔束鹿西三十里，居柳树中，今遂名柳树村贾氏云。……筮是年三月二日葬祖茔右。

五月十二日，献陵忌辰，经筵面奏："君臣不宜华服。"

郑晓《今言》卷4：经筵面奏，近世无闻。惟嘉靖甲申夏，吕修撰柟言五月十二日，献陵忌辰，是日讲筵，君臣不宜华服。

夏五月，上《奉修省自劾罢黜疏》，自劾不职者十三事，语涉大礼，下锦衣卫狱。不久，谪为山西平阳府解州（今运城）判官。

薛应旂《泾野先生传》：嘉靖甲申夏五月，上疏自劾不职者，凡十有三事，当路者谓此皆大臣宰相之职，不宜引为己责，谪判解州。

《国榷》卷53"世宗嘉靖三年"条：四月庚申，翰林编修邹守益议大礼云：望陛下屈己从善，不吝改过。上怒，下镇抚司。谪广德州判官。五月乙丑，翰林修撰吕柟以修省自劾不职，语涉大礼，下镇抚司。谪解州判官。

《明史》卷17《世宗本纪》：（嘉靖三年）夏四月癸丑，追尊兴献帝为本生皇考恭穆献皇帝，大赦。辛酉，编修邹守益请罢兴献帝称考立庙，下锦衣卫狱。五月乙丑，蒋冕致仕。修撰吕柟言大礼未正，下锦衣卫狱。

按：吕柟奏疏原文见明万历李桢本《泾野先生文集》卷31。

邹东廓因上疏议大礼亦在四月下狱，不久，谪为安徽广德州判官。

五月十六日,父忌日,于狱中作五律《五月十六日》。

《泾野先生别集》卷 11,诗云:"此日家君逝,愚儿缧绁中。一杯难夕奠,双泪寄晨风。对食不能强,论心赖所同。尔生无瘗处,报主有孤忠。"

在狱中与邹东廓相与唱和讲学。有五言拟古诗《狱中次东郭杖后憩桑林韵 甲申》《谢诸公馈食狱中》《廖鸣吾寄骞林茶至狱》《次东郭端午韵》《别诗》,七律《与东郭宿阳春堂起饭》《同东郭读皋陶祠壁闲诗次韵》《与东郭评杜少陵诗作》《杖回同东郭观桑椹》《次东郭韵》《气楼》。

宋仪望《华阳馆文集》卷 11《东廓行状》:明年甲申,先生复上疏,忤旨,下诏狱。是时修撰吕君柟继疏入,下狱。先生与吕君日讲学不辍,有《狱里双况集》。寻谪广德州判官。

《邹守益集》卷 18《跋夏东洲南归录》:嘉靖甲申夏,予与泾野吕仲木以议礼下狱,狱中有所唱和。

按:诗见《泾野先生别集》卷 6、卷 12。《别诗》中有"缧绁二旬余"。

廖鸣吾,名道南,湖北蒲圻人。正德十六年(1521)进士,选庶吉士,官至翰林侍讲学士。

作五律《次供状见鹤韵》。

《泾野先生别集》卷 11,诗云:"铁门呼仓卒,抚院寂烦嚣。械手难书状,裙躬听吏招。守经惭旧学,投劾负清朝。双鹤白如雪,犹然洗羽毛。"

有七言杂曲《梦读王改斋文字 改斋名思字宜学泰和人》。

《泾野先生别集》卷 9,诗云:"午夜狱中梦见君,登楼展卷诵玄文。依稀似在春场里,点检晴窗到白云。"

按:王改斋即王思(1481—1524),字宜学,号改斋,江西吉安泰和人。正德六年（1511）进士，授编修。正德九年（1514），应诏上疏，谪潮州三河驿丞，从王阳明游。嘉靖初，诏复原官。嘉靖三年七月，因哭谏大礼，受廷杖，卒。著有《改斋集》。传见邹守益《改斋王君墓志铭》（《邹守益集》卷21）。

有七言绝句《酬素庵太史》《狱中酬谿田诸君六绝句》等。

按：诗见《泾野先生别集》卷9。

同年进士按察副使熊相遣使至京问《蓟州志序》，有《答熊宪副书》，辞其礼币一半。是年，为熊相所纂修的《蓟州志》作序。

《泾野先生文集》卷20《答熊宪副书》：所修《蓟志》，得凡例，足占其文周而谨，意正而远，有补名教不浅，盖良志也。然又必得全籍一观，乃敢肆然叙耳。其州所具礼币太过，欲多辞之，恐违吾执事之雅；欲尽受之，又心所不安。今以其半返璧使者，令州中或为恤穷之用亦可。盖仆自作文以来，未尝受此厚礼，惟往年朱士光年兄索文加厚，然亦不至是耳。盖吾辈举动必须有义方可，斗胆请教，如何？

《泾野先生文集》卷3《刊蓟州志序》：予读熊子尚弼所编《蓟州志》，因以知政教之有序也。……尚弼名相，江西瑞州人，与予同戊辰进士，以宪副兵备蓟州。……蓟州守俞君召梓布。

按：骆兆平《天一阁藏明代地方志考录》云："《蓟州志》十八卷，明嘉靖三年熊相纂修。……存四卷。卷首吕柟序、王应鹏序、熊相序、成化十四年汪溥旧志序，卷一至三地理志，卷四国赋志。明嘉靖刻本。"

作七言杂曲《送赵侍御得祐南行　甲申》。

《泾野先生别集》卷9，诗云："江汉今年餐骨肉，海洋白日报千戈。绣衣持斧南邦重，根究财狼肯放过。"

按：赵得祐，字元吉，号吉庵，云南永平人。嘉靖二年（1523）进士，授监察御史，巡按应天，官至陕西行太仆寺卿。传见《陕西行太仆寺卿赵得祐传》(《国朝献征录》卷104)。

有七律《题白岩乔公寿卷》。

按：诗见《泾野先生别集》卷12。

白岩乔公即乔宇（1464—1531），字希大，号白岩，山西乐平（今昔阳）人。成化二十年（1484）进士，授礼部主事，官至吏部尚书。嘉靖三年，因“大礼议”抗疏夺官，致仕。隆庆元年，赠少傅，谥庄简。乔宇与和顺王云凤、太原王琼并称“河东三凤”，又称“晋中三杰”。著有《乔庄简公集》。传见陈璘《光禄大夫柱国少保兼太子太保吏部尚书白岩乔公宇行状》(《国朝献征录》卷25)、刘龙《乔少保墓表》(见《(雍正)山西通志》卷198)、《明史》卷194。

作《杨节妇赵氏墓志铭》。

《泾野先生文集》卷24《杨节妇赵氏墓志铭》：节妇，都人也，姓赵氏，讳叔宝，年十六嫁为太学生都人杨生镛之妻。生殁时，节妇年才三十一，侧室生一子源，未几亦殁。乃零丁孤苦，操如冰霜，至老死，故都人称节妇云。……节妇生天顺甲申九月十八日，卒嘉靖三年二月二十日，得年六十一。蔡宪副及阎进士既为棺敛，将以某月日合葬顺天昌平泽陂太学生圹，宪副又为状偕阎进士索铭。

王阳明弟子陆澄归吴兴，作《浩斋之什序》。

《泾野先生文集》卷3《浩斋之什序》：浩斋者，归安陆先生之别号，刑部主事原静之父翁也。先生名璩，字一翔。……今原静师事阳明王子，阳明王子讲周、程之学，而求明且行乎孟氏之道。原静固其高弟子也，而家庭之身训又若此。斯归也，日侍父师，潜心斯义，既不可疑，亦不可惧，自躬而家，措之乡党，徐以理其国，则原静之所以荣其亲者，不啻主事、安人；而寿其亲者，不啻八九十百岁也。

按：陆澄，字原静，又字清伯，浙江湖州吴兴人。王阳明弟子。正德十二年（1517）进士，授刑部主事。嘉靖时，因议大礼而罢归，后悔前议之非，上疏自讼，诏复原官。后嘉靖帝见其前疏，恶其反复，遂斥不用。黄宗羲辩之曰："先生初锢于世论，已而理明障落，其视前议犹粪土也。……先生已经论列，知非改过，使人皆仰，岂不知嫌疑之当避哉？亦自信其心而已。"（《明儒学案》卷14《浙中王门学案四》）王阳明谓："曰仁（徐爱）殁，吾道益孤，致望原静者不浅。"

约是年，为景旸《前溪集》作序，提出文"必本诸行、达诸政而后成"，批评"绘章句以为丽，博引譬以为富，辞虽多而无味，言滋巧而不根"。

《泾野先生文集》卷6《前溪文集序》：窃谓文不徒然也，必本诸行，达诸政而后成。……予年友前溪景子伯时者，上元人……其酬答著述，率出新得，漫兴偶作，亦蹈前工，文趋秦、汉而不诡，诗奔晋、唐而有余。若乃绘章句以为丽，博引譬以为富，辞虽多而无味，言滋巧而不根，以吾景子视之，几何不为异端哉！顾宪副英玉者，景氏之门人，衮辑其稿，以类相从，凡数十卷。英玉之兄方伯公华玉出以示予，命简存之。然言多有关义，不可弃，略黜十一，犹迈寻常。扬州人火氏诚者，景子之厚人也，深感其行于既往，欲传其文于方来。予故略言，景氏之文有本如是，观者能因言测求，亦可以得景子之为人矣。

按：景旸卒于是年（见"正德四年"条），暂系于此。

六月，临行解州前，为马汝骥撰《马氏祠堂记》，发明祭礼之义，指出"君子行礼，在信不在物；君子事先，在孝不在奢"。

《泾野先生文集》卷16《马氏祠堂记》：马氏祠堂者，万泉教谕绥州烟山所建也，祠在延嘉山北栀子峰下。……烟山先生之子太史汝骥与予同僚于翰林，予谪判解州且行，太史曰："兹祠堂者，家君建在正德辛未七月，未记也。"吕柟曰："……然君子行礼，在信不在物。君子事先，在孝不在奢。……"

按：马汝骥有《送吕泾野谪解州二首》（《西玄集》卷1）。

马汝骥（1493—1543），字仲房，号西玄，陕西绥德人。正德十二年（1517）进士，选庶吉士，与舒芬等谏武宗南巡而受廷杖，出为泽州知州。嘉靖初，召还，授编修，与修《武宗实录》，升修撰，官至礼部右侍郎，卒赠礼部尚书，谥文简。著有《西玄集》。传见《明史》卷179、王维桢《赠礼部尚书谥文简侍郎西玄先生马公汝骥行状》（《国朝献征录》卷35）。

六月，启程赴解州，作五律《发京城》。

《泾野先生别集》卷11，诗云："思君君信否，双泪过城隅。远道今朝别，深恩何日酬。尧舜名应并，乾坤责正悠。此行焉敢懈，夙夜报新州。"

按：《泾野先生别集》卷12《沁水阻雨》有"需泥六月出京国，计日七旬未解州"句。

至河北故城，有诗《故城驿下》，怀少年时之师马中锡。

《泾野先生别集》卷12，诗云："故城夫子马东田，义气昂霄此托廛。三十年前蒙进拔，罪中经过欲潸然。"

按：马东田即马中锡，见"弘治三年"条。

至河北南和，与亲家南和知县刘璋相聚，有诗《南和学宫宴回二首》《赠刘尹北桥亲家》。

按：诗见《泾野先生别集》卷9。

刘北桥即刘璋，参见"嘉靖二年"条。

七月，过山西潞州，仇森（字时茂）邀至其家雄山镇东火村。有《赠雄山乡约诸人 有序》《过仇氏有序堂赠时茂宾相》。

《泾野先生文集》卷24《明诰封亚中大夫宗人府仪宾玉松仇公墓志铭》：玉松讳森，字时茂，仇氏，别号玉松子，潞州雄山镇东火人也。……嘉靖三年七月，予自史馆谪判解州，过潞，时茂邀予至东火，遍观祠屋及有序、师俭诸堂，义学、乡约诸所，贞女、烈妇四氏祠，接见同会老幼二百余人。已而宴予于礼宾堂，诸弟侄子孙皆侍。

《泾野先生文集》卷5《送仇时闲北还序》：嘉靖三年七月，予自史馆谪解，过潞州，玉松子仇时茂邀予至其里雄山镇，获见家范、乡约之美。是日，宴予礼宾堂。石岩处士时闲以医官致仕，乌帽角带，与其诸兄列坐其旁。

《泾野先生别集》卷6《赠雄山乡约诸人有序》：谪解，过仇氏雄山庄，见其与村民举行乡约，尊奉高皇帝教民辞，皆有成效。男知尚义，虽幼稚女子，以贞烈死者前后五、七人。其丈夫子二百余谒予于会所，皆礼度闲雅，虽胶庠中气态恐或逊焉。乃深喜若见尧民于今日，然后知皇祖之训近民，而乡约之美乃至于此。诗与诸善人勖。

按：诗见《泾野先生别集》卷9。

仇栏（字时闲）相送四百余里至沁水县而返，有《赠别仇时闲》等诗。

《泾野先生文集》卷5《送仇时闲北还序》：嘉靖三年七月，予自史馆谪解，过潞州，玉松子仇时茂邀予至其里雄山镇。……明日，予西行，时闲束布带，系麻履，引三仆以送予。山经太行极巅，水涉漳、沁二河，马行松橡之杪，仆探云雾之窟，或躐石徒步数里，或买浆共憩前村，崎岖万状，饥渴经时。予固以为坦途，而时闲或殒泣焉，则劝之曰："子闭户不入城市者数年矣，乃为我劳勚至此，即请归乎！"时闲曰："栏非以劳役泣，泣先生际圣明之世，而乃行路难也。"遂相随至沁水县，路且平，力请时闲东返，计程盖四百余里，乃作三诗以别，自是日怀时闲而未见者三年矣。

《泾野先生别集》卷9《赠别仇时闲》：我行太行巅，云雾不辨路。下临千丈崖，悬石不可度。仰窥见晴天，俯瞰见落雨。马踏岩松梢，仆践石杨树。……水陆之险艰，两月皆甚睹。雄山仇时闲，常年闭石户。匹马从予游，飘然不知惧。有时怜逐臣，双泪落如许。子未万里行，遽知此辛楚。他时遇坦途，愿无忘兹旧。

按：仇栏，字时闲，号石岩处士，以郡医官致仕隐居，专治儒书，从学于吕柟。

至山西沁水县，有诗《沁水阻雨》。

《泾野先生别集》卷12，诗中云："需泥六月出京国，计日七旬未解州。"

八月，途经曲沃，与曲沃知县李暹（字时昭）谒晋恭世子祠，有题诗。

《泾野先生文集》卷28《明诰封宜人南京工部郎中李时昭配孟氏墓志铭》：昔予自翰林谪判解州，道经曲沃，李子时昭为曲沃令，在县有治绩，士民咸悦。时昭邀予谒恭世子祠，请留题。于是杯酒谈笑洽日，皆阜俗爱民语，乃阴重时昭之为人，未之或忘。

《泾野先生文集》卷12《赠李君升任山西少参序》：南工部营缮正郎昭庵李君时昭近以陵庙功成，进陟山西参议，其僚周司厅及四司大夫来问赠言。泾野子曰："……昔者嘉靖甲申之秋，予自翰林谪判解州，路过曲沃，君是时方为曲沃二年矣。……"时昭名暹，直隶滑县之世族，起家乡进士之高第。

按：晋恭世子，即春秋晋献公世子申生。

八月，至解州。

《泾野先生文集》卷34《解州乡贤祠传有序》：嘉靖三年八月，予至解。

《泾野先生文集》卷16《别解梁书院记》：予于嘉靖三年八月抵任，九月即谋斯举于前守林南江。

在解州，有诗《与冯永禄回南和》。

《泾野先生别集》卷9，诗云："刘侯托尔送吾西，历遍千山与万泥。好报平安俱到解，条山对面雾云低。"

按：《泾野先生别集》卷10《赠马丞永禄》作于十五年后，诗中云："吾初谪解尔陪行，数岁今过十五更。"

至解州之次日，知州林元叙邀饮于潩溇亭，有《饮潩溇亭子诗有序》。

《泾野先生文集》卷3《饮潩溇亭子诗有序》：泾野子至解之明日，南江子酌之所修潩溇亭中，曰："斯亭建自有宋，后守积废圮置墙阴。东亦有观澜亭，废为垲砌没矣。今叙与子，清秋细雨，举杯谈学于此也，耳闻斯声，目睹斯形，恍若见先正，不亦快乎！"……泾野子曰："枏不敏，请为之诗。……"

按：林元叙（？—1525），字典卿，号南江，浙江台州临海人。与其弟林元伦，同为王阳明门人。见《（民国）台州府志》卷105《人物传》。

《黄绾集》卷11有《送林典卿序》，作于林元叙赴解州任前。

诗见《泾野先生别集》卷9《同王滽水饮南江子潩溇亭》。

王光祖、丘孟学、张师孔、张良辅、林干等人来从学。

《泾野先生文集》卷18《明诚精舍记》：明诚精舍者，太学生解人王克孝光祖之所建也。初嘉靖三年秋，予自翰林谪判解州，克孝同诸士子从予游于水玉堂。……及予建解梁书院，克孝则同丘孟学日夜侍予于礼和堂。

《泾野先生文集》卷4《挽南江子诗序》：予之谪解也，南江子即遣子干师事予，因以相共语论。

《泾野先生文集》卷4《于蒲阪别良辅序》：予初谪解，他人多恶其为时所弃而不问。乃良辅年少长于我，交旧契于前，独奋然师我于见山精舍，此其志已加于人数倍矣，尚可用责云乎？

《泾野先生文集》卷4《别张师孔序》：予初谪解，师孔辄负笈从游，每有所论，便相似，当其飘然处，果出尘不凡也。

与知州林元叙、弟子丘孟学同游桃花洞，有诗《九日同南江子及丘孟学游桃花洞五首》《桃花洞口次南江子韵》。

按：诗见《泾野先生别集》卷9、卷12。

九月，创建解梁书院。

《泾野先生文集》卷16《别解梁书院记》：泾野子自解梁书院且行，谓王雪岩子中暨丘孟学、王克孝曰："三君子稔知书院之所起矣。予于嘉靖三年八月抵任，九月即谋斯举于前守林南江。当是时，止创乡贤祠一所，中祀州及五县名哲，工未完而南江逝矣。于后即祀之，前立礼和堂，延子中及宸文质、张师孔主教童蒙，兼率乡约善民，一时风行。……乃于礼和堂前建仰山堂，其前四斋相向，一曰读律谙，二曰课农树，三曰正婚祭，四曰均市渠，遂取乡约耆民所长者，分处四斋之中。……后堂三斋，曰礼乐，曰射御，曰书数者，则居蒙士，然皆于子中典焉。其礼和堂后有格物、诚意、正心、修身四斋，则居学中生员愿来者二三十辈，而孟学统之。其西则构养正馆，盖以予方与孟学、克孝同寝处礼和堂，乃以是为子中所居，以授童蒙，盖谿田马子近至之所处也。其东因构乡约所焉。于是扁仪门为'礼义相先之地'，扁先门为'解梁书院'。……"

按：解梁书院，在解州城北广慈寺旧址。

九月，与弟子丘孟学游王官谷，有《游王官谷记》及诗《游王官谷十咏》《王官谷之聚仙堂次宋御史韵与孟学》。

《泾野先生文集》卷15《游王官谷记》：王官谷者，唐司空表圣隐居之地，今少参许君德征重修而增饰之。往时诸友多言其胜，泾野子至解之再月，偕丘孟学往游焉。

按：王官谷在山西永济县之中条山麓，是唐代诗人司空图隐居之地。

诗分别见《泾野先生别集》卷9、卷12。

冬十月，校刻东汉刘熙《释名》（八卷）成，有序。

《泾野先生文集》卷3《重刊释名序》：汉徵士北海刘熙著《释名》二十七篇，盖《尔雅》之绪也。……是书南宋时刻于临安，寻毁不传。今侍御谷泉储公邦抡得之于中丞石冈蔡公，乃托枬校正，付绛州守程君鸿刊布焉，其意邈乎！但《尔雅》先诂言训亲而后动植，近取诸身，斯远取诸物也。《释名》以天地山水为先，则濒乎玩物矣！故魏张揖采《苍雅》作《广雅》，辞类虽衍，尤为存《尔雅》之旧乎！

按：明嘉靖翻宋本《释名》中吕枬序文末署："嘉靖三年冬十月乙卯高陵吕枬序"。同书储良材序文末云："嘉靖甲申冬十二月既望谷泉储良材邦抡甫撰"。

解州吕鸣韶、吕鸣夏从学于解梁书院。

清道光杨浚本《续刻吕泾野先生文集》卷7《富平教谕涞滨吕君墓志铭》：及予自修撰谪解州，君方致政家居，养高林泉，不至州府，虽饮射请宿，亦不多与，然而解州士论乡评皆归高焉，乃君且遣二子鸣韶、鸣夏师事予于解梁书院。

解州生杨泽从学于解梁书院。

清道光杨浚本《续刻吕泾野先生文集》卷7《荆府审理正杨君墓志铭》：君讳信，字秉实，姓杨氏，山西解州辛化里人也。……生男子一人，即泽，端正信恪，有远志，尝从予游于解梁书院。

按：《荆府审理正杨君墓志铭》即为杨泽之父杨信所作。据铭，杨信卒于嘉靖十三年二月，是年吕枬再过解州时，杨泽问铭。

长子吕田由陕西至解州。

《泾野先生文集》卷20《与杨叔用书》：前承差过辱寄声，兹者又辱差吏远到解州，兼之手书厚贶，知感不尽！……解州地僻事简，堂尊亦颇相谅好处，有暇补葺旧学耳。小儿田新从陕西至解，然老母尚在家未到，此月若不至，当遣田又归也。

有《改东林诸生访予解州之作六首》《宴南江子宅回》《陪南江子试解州士二首》等诗。

按：诗见《泾野先生别集》卷9。

寄书朴庵殿下，答谢馈赠。

《泾野先生文集》卷20《复朴庵殿下书》：某关西鄙人，仰殿下好善忘势之风久矣。比谪居解州，拘于官守，未修参拜，以遂凤怀，方怅怅也。误蒙以先王遗芳及书帕珍馐贶至山州。

有《复邃翁书》，答谢杨一清之馈赠。

《泾野先生文集》卷20《复邃翁书》：久闻出将西北，中外倚赖，某戴罪解州，未敢遽问，即蒙手书教药，真如父师，兼以书绢之贶，登受愧感！

有《复襄垣殿下书》，答谢所赠。

《泾野先生文集》卷20《复襄垣殿下书》：某素无乐道忘势之实，而执事好贤忘势之风，则固久闻而倾仰之矣。即者翰教谕奖太过，感激不尽，乃又贶之佳币，悚反奚胜，岂敢受！

复书唐龙，并附《易经大旨序》和所著《尚书说要》。在《易经大旨序》中，发明"举业与德业为一"之旨。

《泾野先生文集》卷20《复渔石唐虞佐书》：某数年来辱吾执事之教且爱者，不啻河深而丘重，乃蒙差学官赍手书厚贶，远问解州，穷孤之中，何胜欣幸！感刻感刻！且又托以《大旨》后语，此书皆穷理尽性之言，固不可以举业类观。……蒙问及《书》经破义，往为举业时诸生私录，原有《说要》一册，但不及改誊，谨将原本封附。

《泾野先生文集》卷4《易经大旨序》：《易大旨》，唐渔石子之所著也。夫世有二学：一曰性命学，二曰举子业学。为举子业学者，或背经而荡于辞；为性命学者，或浚经而沦于空。之二者，于治道皆损焉。夫举子业与性命岂有二乎哉？……若知性命与举子业为一，则干禄念轻，救世意重，周之德行、道艺由此其选也，汉之贤良、孝廉由此其出也。

应知州林元叙之请，作《五峰先生林君墓碑》。

《泾野先生文集》卷31《五峰先生林君墓碑》：君讳理，字士辉，号五峰，学者称为五峰先生，台之临海人也。……晚以岁贡授建宁府学训导，敬以律身，信以率人，登进醇谨，优加劝率，而又周贫拯困，士风一变。……既还归临海，杜门不出，谢绝人事。去年七月十二日终于正寝，生于景泰元年正月六日，享年六十有七。……生男子四人：元叙，元秩，元显，元伦。……元叙因与柟交与解州请，故得为之辞。

为弟子林幹与林皋作字说。

《泾野先生文集》卷35《林幹字说》：泾野子于临海林幹字曰幼培，皋字曰幼毓，谓之曰："幹乎！尔知此干高插云日，远参霄汉乎？惟在善培其根尔。皋乎！尔知此林茂密包山川，深幽通泽谷，惟在能毓其本尔。是故冬也者，天之斯昼也；璞也者，璧之斯美也。是故根不善培，则干之蠹蠹乎达天也难；本不能毓，则林之绵绵蟠地也难。是故君子集义以培其根，存仁以毓其本。"

按：林幹与林皋，为知州林元叙之子。

有《董氏祠堂记》。

《泾野先生文集》卷15《董氏祠堂记》：东楼董公癸未春命长子邦治据礼作祠，在正寝东偏，南面。……公于是遂恳请记之以诏来。

董祠落成在今甲申年夏五月。

按：东楼董公即董琦（1472—1546），字天粹，号东楼，山东阳信县大董家庄（今大董村）人。弘治十八年（1505）进士，历官山西高平县令、户部主事、员外郎、陕西按察司佥事、山西按察司佥事、河南布政使司右参议。

有《东楼书院记》。

《泾野先生文集》卷16《东楼书院记》：少参董先生天粹作书院于其阳信城之东郭。……公佥宪山西，分巡河东，而栵适谪判解州，得习闻公政，其他缕之不能尽数，即锄强横诟奸恶，均徭役，皆可谓邦之司直，而民之父母矣。

按：记云"公佥宪山西，分巡河东，而栵适谪判解州"，故知吕栵记约作于是年。

有《甃修河东运司城记》。

《泾野先生文集》卷15《甃修河东运司城记》：嘉靖三年秋大水，河东运司城几圮，侍御巡盐雷石先生卢公尧文甚恻焉，乃欲甄甃以图久远，然以瓜期且届，姑甃东面以俟后哲。落成，运城人知州谢君誉、太学生张升等曰："嗟乎！斯运城人子孙千岁之利也，不可不记公之德。……凡两月告考，屹为重镇。"……公讳焕，河南光山人，辛巳进士，以翰林庶吉士改今官。

山西黎城知县杨良臣徙县学于文庙东，有记。

《（雍正）山西通志》卷35《学校》：黎城县儒学在县治南门左。……嘉靖甲申，知县杨良臣徙学于庙东偏，吕栵记。东曰新斋，西时习斋，文行忠信之号，皆背而设。

撰《直隶潼关卫重修学宫文宣庙记》。

《泾野先生文集》卷16《直隶潼关卫重修学宫文宣庙记》：学宫

在卫之右，宣庙在学宫之左，皆南面，岁久圮坏漏敝，于是卫指挥使孙君懋勋承宣重葺理焉。……工始嘉靖壬午三月，落成于癸未冬十月。于是士气倍增，文风丕振。教授曹君琏，训导郭君隆，学士王蕃、谢宪诸人谋石颂公，乃以太学生吴锦至京问记，以彰懋勋于不朽。

按：清沈清崖《陕西通志》卷27《学校》："潼关县学，嘉靖三年指挥孙承宣修，高陵吕柟记。"

猗氏县重修县学，撰《猗氏县重修学宫文庙记》。

《泾野先生文集》卷16《猗氏县重修学宫文庙记》：猗氏训导冀君九经暨诸生来解曰："猗氏尹长安王君子推下车谒先圣庙，至学宫，见在敝漏，即召匠议资，规措重修。……"泾野子曰："……子推，予同考癸未之进士也。予虽未得为本房，乃子推曰：'是固一日坐堂上试我者也，义不可薄，俗不可随。'及予且谪判官，而子推犹以长者事予，则子推所志远矣。……"

是年，解州王举才（字难之）与兄举直、举善（字扬之）来学于解梁书院。

《泾野先生文集》卷11《李孺人七十寿序》：昔者予之判解梁也，举才羁丱，与其兄举直、举善从予学，当时已闻李孺人之贤矣。

是年，南大吉修葺稽山书院，建明德堂、尊经阁，延王阳明及其门人讲学其中。

按：《（乾隆）绍兴府志》卷43《人物志》曰："文成振绝学于一时，四方云集，庖廪相继，皆大吉左右之。"

嘉靖四年乙酉（1525），四十七岁

四月十三日，解州知州林元叙卒于官邸，次子林皋在侧。作《挽南江子诗序》，并寄书其长子林幹，告知其父之卒与后事料理情况。

《泾野先生文集》卷4《挽南江子诗序》：南江子林君典卿既殁于解州官邸，邦之士民朝夕哭临七日，酿牲致奠，如失父母。既而曰："此省吾邦人之财，节吾邦人之力，教吾邦人之礼者也，乃今死且还临海乎！"又有相向而哭者。于是能词者作诔言，能兴比者作诗怨……其门人巩镒、侯畛装潢为卷，请序焉。

《泾野先生文集》卷20《与林幼培幹》：呜呼，伤哉！敬讣幼培贤契：乃尊南江先生于四月十三日酉时，病不起矣。先病中时，令尊不欲报家知，恐惊幼培阖家大小。病革，又欲报，则已晚矣。临终时，衣衾棺殓皆吾与令弟及侯珍、巩镒、张师道辈亲看视之，停当牢实，可免虑。欲候幼培来解，念道路阻修，且令尊临终时亦云江湖逖远，勿来也。故今棘棘收拾行李，且央管州印者起拨盘费，又巡盐初大人已准状从厚矣，目下便差的当吏役护送回家，不待幼培也。望将以此告三位令叔先生，不及再作书也，有后柬。

林元叙卒后，摄行州事，首恤穷民，减轻解州丁役；劝农桑、兴水利、筑堤护盐池；选民间俊秀子弟入解梁书院学习《小学》之仪，令耆德于每月朔望讲读《会典》诸礼；在解州推行蓝田吕氏《乡约》、朱子《家礼》；表彰孝子、义士、节妇等，教民化俗。

马理《墓志铭》：至解，值解守殁，公视篆，为理后事甚悉。乃首恤穷民，以赎刑帛絮及米肉给之，又审丁徭重于他邑，力白当路均之。于时解及四方髦士从游者众，乃即废寺建解梁书院，祀往开来于中。又令诸父老讲行太祖皇帝教文及蓝田吕氏《乡约》、《文公家礼》。又以小学之道养蒙于中。有孝子、义士、节妇，咸遵奉诏旨，题表其门。复求子夏之后，训诸学宫。建温公之祠而校序其集。筑堤以护盐池，疏渠以兴水利，桑麻以导蚕绩。于是士民各安其业，有古新民之遗风焉。

马汝骥《行状》：至解，首恤无告及诸贫困，以赎刑木棉、米、肉给之。见解之丁差倍蓰他邑，乃恳告当路，会议分派概省，解民获苏。于时解人及四方多士从游者，乃即废寺建解梁书院，祀往开来。复选民间俊秀子弟，俾习《小学》之节，歌《豳风》之诗。又令诸耆德俊民朔望讲读《会典》诸礼，及行蓝田吕氏《乡约》，凡冠、婚、丧、祭，俾皆尊闻行知。察诸孝子、义士、节妇，咸遵奉诏旨，题表其门。复求子夏之后，令其入学。建温公之祀，而考序其集。筑堤以护盐池，疏渠以兴水利，桑麻以导蚕绩。于是士民率由，风俗丕变，属县以观感而化。

有《复应素庵书》，告之林元叙去世及后事料理情况。

《泾野先生文集》卷20《复应素庵书》：到解，与南江子林典卿相处甚厚，暇中又得一讲学叙怀，足可遣日。乃此兄于二月初旬感寒，一病不起，至四月十三日作古矣。当时亦有一二良医，药皆不效，真可伤也！衣衾棺殓，皆生与其门下二三士及乃侄亲视之停当，可无虑。欲使乃郎林幹来迎，江湖道远，且南江子临终亦云勿来也。今已与收拾盘费，当差州中的当人吏五七辈护送。幹若欲迎数程，可日查问驿递行也。

夏，解州连日雷雨，冲毁各地渠堰多处，致书巡按御史初杲，告之今日急务以先修缺口为第一，待秋暮再将渠堰加高加固，并感谢初杲派杨医为子吕田看病。有《复内滨书》与《又复内滨书》。

《泾野先生文集》卷21《复内滨书》：连日雷雨果迅烈，至坍塌墙堰，而勤吾执事省德咎躬之心，则岂非此地方所赖哉！闻今夜禁墙以西诸堰亦多冲损，其功甚大，非三五日程、一二州县人可办者，又不能不动执事之劳虑也！往日石堰之说，若沈先生至，可悉告，以永图矣。志书迟三二日再誊一册，前薰统返璧二卷。暑中蒙皆挥洒，感刻无任！匆遽，不尽。

《泾野先生文集》卷21《又复内滨书》：辱差人送至杨医及录刻佳贶，感荷不尽！……诸渠堰坍塌，诚为可虑！然今日急务，惟先修缺口为第一，其它高筑墙堰，可徐图之，盖料此后水势必杀，若决口塞迟，则尽诸河渠之水皆入盐池，盐将三二年不能成，纵筑高诸堰，亦必至秋暮矣。若是，则五月初旬为不捞盐之说者，亦可怪也。不识如何？小儿疾，杨医言亦渐好，但田自觉尚弱耳。

按：据《潜江县志》载，初杲，字启昭，号内滨，湖北潜江人。正德十六年（1521）进士，授四川道监察御史，会议大礼，引经抗说，受廷杖。寻转河南佥事，官至云南参政。初杲于嘉靖四年、五年间巡按河东。其弟初旦，字启东，号次滨，嘉靖四年（1525）举人，官四川大竹知县，曾至南京从学于吕柟。

纂修《解州志》成，有序。指出《解州志》之作，是为了"举古以化今"，而非"工文而务博"。

《泾野先生文集》卷4《解州志序》：予至解数月，秋官程君万里率解士夫同州守林君典卿来曰："《解志》，教谕吕孟坚虽尝采辑，然尚未备且严也，兹惟泾野子托焉。"未几，巡盐雷石卢公亦曰："判官可辍民事，以具一方文献。"柟乃使解之二三子分门纂录，或访诸岩谷，质诸耆宿，征诸史志，稿且半。今年春，内滨初公巡盐继至，亦若雷石子之命也，且下檄同知张君敬之，令以州之无疑官资为工食费，《解志》因赖以就。……斯《志》之作，岂为工文而务博，实欲举古以化今。然风之自，则在仕乎其地者以续皋陶、稷、益之政；俗之成，则在生乎其地者以求风后、龙逄、巫咸、傅说之学也。《志》凡二十二篇。

按：《（民国）解县志》："解州旧志历修姓氏：明嘉靖四年，林元叙，临海人，知州；吕柟，高陵人，判官。"今有明嘉靖四年吕柟纂修、清康熙四年乔庭桂重修《（康熙）解州志》。

作《答内滨书》，告之巡按御史初杲《解州志》完成及各地渠堰决口处理情况。

《泾野先生文集》卷21《答内滨书》：志书编完，奉览正。本州于五龙堰决口塞完，用多半日工耳。黄牛堰可保无事，但青龙堰决口二处，各长三四丈，虾蟆堰决口二处，亦长二三丈，尚未塞耳。青龙堰在临晋、解州之间，虾蟆堰在临晋县故市之东，其西虞乡、王官诸水皆东趋者也。青龙决口，即日本州差官领夫筑塞，限明日而完。

作《南庄李公七十寿序》。

《泾野先生文集》卷4《南庄李公七十寿序》：曲沃举人张颐静吉来解州问于予，曰："颐妇翁少保大宗伯南庄先生李公，颐自少随侍读书，尝携入京居数年，名虽舅甥，恩若父子。即今乙酉正月一日为公初度辰，颐无以寿公，敬索吾子一言转上公，祝千岁。"

有《复玉溪子书》，并附往年在高陵时所作《周易说翼》。

《泾野先生文集》卷20《复玉溪子书》：蒙手教，兼赐《府志》一部、《恒言》二十本，感刻何限！然林典卿书方到，而典卿逝矣。……卧病泾野时，诸生讲经，原有私录，然未有发，方欲质正是非，乃有来命，则益不敢匿其丑矣。今止有《易说翼》在，先奉上，请痛加教示回赐，幸甚！其余散在诸生者，候收回，陆续内上。

按：文中所言《恒言》即《谕俗恒言》，吕柟所著，嘉靖四年（1525）刻，平阳府知府王溱（号玉溪）序。嘉靖二十六年（1547）重刻，汝南王家士序。今存重刻本。

秋八月，山西乡试，取士六十五人，代作《山西乡试录前序》及《乡试录后序》。在前序中，告诫士子要言行合一："国家取人以言，而用人以行，则言行非两物也，故言亦行也，行亦言也。"在后序中，亦强调言行一致，特别是入仕之后，更要行之无改其言。

《泾野先生文集》卷4《山西乡试录前序》：嘉靖四年秋八月，山西乡试，士千三百有奇，遵制取六十五人，刻其文二十篇。某及教谕某某，训导某某，谬膺试事，则不得不一言以告二三子也。夫国家取人以言，而用人以行，则言行非两物也，故言亦行也，行亦言也。……尔二三子者，说经能穷德政之妙，说史能达治乱之源，说乎时务能知利病之所有。或发扬万物，何仁也；或辩定取予，何廉也；或条政筹边，何智也；或忧国恤民，何忠也；或鄙伪轻诈，何允也。有司者既信尔二三子之言，而登取之矣，二三子行其无负尔言哉！

《泾野先生文集》卷4《乡试录后序》：嘉靖乙酉八月，山西乡试录成，某从试事后，得申告诸君子曰：……某尝遍观尔文矣，论仁惟恐不如舜，论忠惟恐不如周公，论圣惟恐不如孔子。有司者既已心悦口诵、目击把玩之矣，所望于诸君子者，其行之无改乎！……夫士之且仕也，其言仁智忠圣若是切矣；及其既仕也，人曰"汝尧汝舜"，则耻报不肯当；人曰"汝周汝孔"，则推避不欲居。甚至依违利害，模糊是非，终其身老于位，无毫发禅世而止以富贵毕，人犹以老成归之，则何以异间者之言乎？故耻报者，本末尝实也；推避者，本末尝有也。今观诸君子之言，某安敢谓其不实有哉！然而兹往则不可不思勉也。

秋八月，长子吕田中举。有《自河东书院回解州迟儿田秋举信》《至解明日得田秋举信九月二日也》《又叠前韵寄儿》。

马理《墓志铭》：生男子二，即田，乙酉科举人；畇，蒙荫为国子生。

《（嘉靖）高陵县志》卷7：吕田，字幼耕，泾野子之子。乙酉科。

按：诗见《泾野先生别集》卷11。又，李开先《泾野吕亚卿传》载："长子田，由举人任汝宁府通判，娶桑，继刘、张。"

秋，有《复应元忠书》，告之林元叙之枢将返归临海，并附为应元忠祖父所撰之墓表。

《泾野先生文集》卷20《复应元忠书》：迩者林典卿作古事已奏讣，想达左右。兹輤车且行，某同周学正及典卿二门生巩镒、侯畛及三四吏，共乃侄林诰二家人，检整行李盘费，俱各秤数封识，裳裹入箱停当，其外又有某手封红字。若其棺殓事，则前已与二生亲看的确，无虑也，幸告乃弟三先生及林幹秀才宽心。其行迟者，以各县盘费到后耳。向受命，奉撰尊祖翁墓表，草草脱稿附上，万惟斧正，勿设嫌，幸甚！……秋深，亦欲西归。天各一方，请教无期，临纸怅怅。

按：应元忠即应良（1480—1549），字元忠，一作原忠，号南洲，浙江台州仙居人。王阳明弟子。正德六年（1511）进士，授翰林院编修。嘉靖八年（1529），升山东按察司副使。嘉靖十二年（1533），升广西右参政。官至广东右布政使。著有《孝经正误》《海道经》《闻善录》《阐微录》《南洲集》，今佚。传见邹守益《应方伯良墓志》（参见李青云《浙中王门学者应良论考》，载《贵州师范大学学报》2015 年第 4 期）。

吕柟为应元忠之祖所撰墓表见《泾野先生文集》卷 31《明处士应公暨配贞节陈氏墓碑》。

秋，有《复乔冢宰先生书》，盼早日完成王云凤的神道碑。

《泾野先生文集》卷 20《复乔冢宰先生书》：到解后，病冗纠缠，未获省候起居，方怀企仰，忽蒙手教下及，愧感无任。仇时茂曾言执事哭吾虎谷先生高诗，但渠偶误，未之见贻耳，甚怀想也。若虎谷先生志铭，不足以尽弟子追慕之情，且人微言轻，亦不足以为虎谷先生之重。若吾执事所撰神道碑出，世方知有虎谷先生，而虎谷先生亦含笑地下，此固吾弟子者日夜拳拳所属望者也。万惟早成，幸甚！秋暑方剧，伏乞为道保顾，不宣。

按：仇森（时茂）于是年至解州访吕柟，此书即作于仇氏来访之后。

乔冢宰即乔宇，见"嘉靖三年"条。

冬十月十六日，校刻《义勇武安王集》（六卷）成，并序。

《泾野先生文集》卷 4《义勇武安王集序》：王集，元季巴郡胡琦已尝编刻，名《关王事迹》。国朝解郡守相继者又增刻二三次。然今板本模糊，文字缺谬，则已不可传远。间方理《解志》并厘王之世传，窃欲校刻此集，未能也。乃潜江初公巡按是地，爰有是命，又惧耗赀损民，非王所欲，即以其香火余金充工食费。于是柟遂得申次其文，裁删其冗，采补其缺，或考诸蜀记，或质诸本史，或访诸《当阳志》，或问诸常平里，而王集成，凡六卷。

按：明隆庆元年刻本《重编义勇武安王集》收有吕柟序文，文末署："嘉靖四年冬十月既望，后学高陵吕柟撰"。

据《北京图书馆古籍珍本丛刊》所收《义勇武安王集》两种刻本可知此书在元、明时期的刊刻情况：元至元元年（1335），胡琦编刻《关王事迹》五卷；明弘治七年（1494）重刻，姜洪记；嘉靖四年（1525），吕柟重新进行编订，名为《义勇武安王集》（六卷），刻于山西解州，并序；嘉靖四十三年（1564），顾问（时为贵州按察司副使）在吕柟解州本的基础上重加编刻为八卷，徐学谟序；隆庆元年（1567），吕文南在吕柟解州本基础上又加以增订，名为《重编义勇武安王集》。

有《与崔司成后渠书》。因校刊司马光《司马文正公集略》需要，致书崔铣，向其借《传家集》，并询问张士隆入葬之事。

《泾野先生文集》卷21《与崔司成后渠书》：仆今在河东书院校刊《温公传家集》且半，但此本当时吏抄字多差讹，而蒲、解十二州皆无畜此书者，仰求原本一校便返，十一月中刊完，当多增数部也，亦仁义之举，幸勿讶勿拒也。有收得《姓苑》一书乞并赐。西渠不知葬否？

十二月，于河东书院校刊《司马文正公集略》（三十二卷）成，有序。

《司马文正公集略序》（嘉靖四年吕柟刊本）：《司马先生传家集》，柟在史馆得之于侍读安阳崔子钟，以简裹重大，取其要，急属吏抄出，曰《集略》，凡三十二卷。未及对读，崔子迁南大司成，柟谪判解州。今年秋，潜江初公见《集略》而爱之，曰："温公致君泽民之道，尽在于是，不可以莫之传也，且解夏乃其故里，尤宜急行。"于是命柟校刊于河东书院。然是书既经吏手，字多讹漏，遍访蒲、解，皆无畜本，特以意见校正，付梓人氏。末复得是书于沁水李司徒及运城张学士家，欲全刊之，业已垂半，乃以类补附，亦少完矣。……嘉靖四年十二月乙酉，赐进士及第平阳府解州判官后学高陵吕柟谨序。

按：此书为司马光《传家集》的节略本。吕柟序文又见《泾野先生文集》卷4。

为巡按御史初杲所撰《初氏家乘》作序。

《泾野先生文集》卷4《初氏家乘序》：柟谪解之明年，内滨初子巡按河东，得数谒侍焉。……一日，出其《家乘》以观，语及先世积行，而族属单寡，或至殒涕。……他日，柟校略《温公集》于河东书院，初子曰："……繄子能一序之，使吾日思先贻，以酬诸清时乎！"序成，而先生以其日廪之余，命匠刻之。

是年，潞州仇森至解州来访。临别，有《解梁赠别诗序》

《泾野先生文集》卷24《明诰封亚中大夫宗人府仪宾玉松仇公墓志铭》：嘉靖三年七月，予自史馆谪判解州，过潞，时茂邀予至东火。……越明年，时茂访予于解州，留数日，联榻于运城王生之书馆而别。

《泾野先生文集》卷4《解梁赠别诗序》：玉松子仇时茂首皤皤然，白策骊马，从青衣，自雄山问言解州，予迓之曰："子非天上降邪？闻子违潞州有日矣，奚久而后至此？"曰："森去岁仲冬访赵隐士复蒙于苍溪，又归也。今年正月八日，又违潞，访寇涂水都宪于榆次，不遇，遇其父封公，犹吾子所言乎都宪者焉。乃遂入乐平山访白岩公，白岩公适之平定，俟十日而后获见，遂赠我以二诗。西来洪洞谒司徒公，司徒公用白岩公韵作四章以赠森，其子韩三进士所书也。

遂过绛州谒司马公，乃先饮森于其戚党，醉终日，次日方饮于其家，醉终日，是时其子陶正郎已戍边行矣，故访子意甚速而行甚迟。然崇宁宫桃李之谶，则森终身所未遇也。"

为仇森编校《乡约集成》（十四篇），并序。

《泾野先生文集》卷4《乡约集成序》：予往年谪解时，过潞州东火村，见仇时茂率乡人举行蓝田吕氏乡约，甚爱之。至解州，选州之良民善众百余人，仿行于解梁书院，而请宸、王二上舍主之。方恨其无定规也，而时茂以其所行《乡约条件》一书见寄，且请校编。于是遂并旧所抄略，于《会典》中诸礼参附之，而第其篇次，节其繁冗，以附仇氏，凡十四篇。若修身齐家之旨，化民成俗之道，则先提学周秋斋先生序之篇端矣。

《泾野先生文集》卷24《明诰封亚中大夫宗人府仪宾玉松仇公墓志铭》：越明年，时茂访予于解州，留数日，联榻于运城王生之书馆而别。归遂重订《乡约集成》，请删改序题。

是年，弟子张诗至解州来访，同游王官谷。

《泾野先生文集》卷35《明昆仑处士张子言墓志铭》（万历李桢本）：嘉靖甲申，予谪判解州，子言约问予于解，有诗曰："他时定访王官谷，流水桃花石径深。"越年，而子言果至，相与游谷，其景也，符其诗不爽。予笑谓曰："子身未入谷之前，而诗如入谷之后，何耶？"是时任丘袁伯昭方为陵川令，季和与其兄仲南方家食，闻子言至，皆走迎留馆数月而后离晋。

有《平阳府重修文庙学宫记》。

《泾野先生文集》卷16《平阳府重修文庙学宫记》：窃闻之，饰群神之祠不若修夫子之庙，修夫子之庙不若诵夫子之言，诵夫子之言不若遵夫子之行，遵夫子之行不若承夫子之意。夫平阳之文庙学宫修自弘治辛酉，考于正德丙寅者，太守西平张公良弼也。磨碑于山，文言于石，竖于嘉靖乙酉者，太守开州王公公济也。夫自丙寅至乙酉，几二十年矣。乃西平作而不碑，开州碑而不作，其亦庶几承夫子之意者乎。……西平名文佐，成化甲辰进士，协力以作者，则同知平滦许公庄、通判辽阳王公铎。开州名溱，正德辛未进士。

巡按御史初杲重建夏县司马光祠堂，作《重建温国文正公司马先生祠堂记》。

《泾野先生文集》卷16《重建温国文正公司马先生祠堂记》：夫夏，乃宋司马温国文正公故里也，墓在城北鸣条岗高堠里。高宗南渡，子孙尽室迁浙之山阴、蜀之叙州矣。元大德间，张式始祠公于夏学之左。延祐间，李荣祖作塑像焉，岁时有司致祭。然规制隘陋，岁久屋敝，致使先生像貌皆被雨淋漓。巡盐潜江初公按部至夏，愤然兴怀……遂改建祠于县治东北。……且落成，公谓梉宜有记，而夏县单尹文彪实受委理，又恳问焉。

按：初杲巡盐在嘉靖四年，故系于此。

约是年，山西临晋知县丁守中改修县儒学，有《临晋县改修儒学记》。

《泾野先生文集》卷16《临晋县改修儒学记》：庆阳丁君大本守中以乡进士来宰临晋，政余，进诸生率勉淬励。以儒学庙庑、堂斋、官廨颓圮，且规模隘隘，恐不足以作士气，乃谋诸察案、师生、乡士大夫，改作焉。……时巡按莱阳王公、潜江初公相继贤之，乃发赎罪金若干两以助其费。……诸学生咸感德，欲识不忘，持状问记于梉。

嘉靖五年丙戌（1526），四十八岁

在山西。春，作《父子同觐诗序》。

《泾野先生文集》卷4《父子同觐诗序》：嘉靖五年春，当大觐之期，山西方伯都人东渠李公领晋之府州县官入觐，其子乐昌知县伯和錞亦随山东方伯某公入觐，于时方伯南湖闵公及诸缙绅咸荣焉。

春正月，刻《周子抄释》（二卷，附录一卷）于解梁书院并序。序中称"周子精义具载此书，盖入孔颜之门户也"。

清李锡龄惜阴轩丛书本《宋四子抄释·周子抄释序》：柟自幼诵濂溪周子一二言，即中心爱之如睹其人。若当清风明月下诵之，更无他文字可好，第恨未多见其书耳。既举后，得全书刻本于宁州吕道甫氏，又恨编次失序，雅俗不伦。暇尝第其先后，因演其义于各章之下，分为内、外二篇。既谪解，而巡按潜江初公亦甚好焉，遂命刻之解梁书院。於戏！周子精义具载此书，盖入孔颜之门户也。虽微演亦可通，但始学之士因其演，味其言，即其意，思其人，则必不以文字焉视斯书矣。嘉靖五年春正月，后学高陵吕柟序。

按：此序又见《泾野先生文集》卷4，题为《周子演序》。嘉靖十一年（1532），吕柟门人程爵又重刻《周子抄释》于休宁由溪。

三月，刻《张子抄释》（六卷）于解梁书院并序。序中称张载之书，"出于精思力行之后"，其论"仁孝、神化、政教、礼乐，自孔孟后未有能如是切者也"。

清李锡龄惜阴轩丛书本《宋四子抄释·张子抄释序》：横渠张子书甚多，今其存者止《二铭》、《正蒙》、《理窟》、《语录》及《文集》，而《文集》又未完，止得二卷于三原马伯循氏。然诸书皆言简意实，出于精思力行之后。至论仁孝、神化、政教、礼乐，自孔孟后未有能如是切者也。顾其书散见漫行，涣无统纪，而一义重出亦容有之。暇尝粹抄成帙，注释数言，略发大旨，以便初学者之观省。谪解之第三年，巡按潜江初公恐四方无是本也，命刻诸解梁书院以广布云。嘉靖五年三月辛丑，后学高陵吕柟序。

按：此序又见《泾野先生文集》卷4，题为《横渠张子抄释序》。据吕柟序可知，当时因未见《横渠易说》，故刻于解梁书院的《张子抄释》中没有抄录是书（参见《泾野先生文集》卷11《刻横渠先生易说序》)。嘉靖八年（1529），葛涧重刻《张子抄释》于江都。

三月，刻《二程子抄释》（十卷）于解梁书院并序，序中称二程"言行多发孔孟之蕴"。

清李锡龄惜阴轩丛书本《宋四子抄释·二程子抄释序》：二程子明斯道于宋室盛时，其言行多发孔孟之蕴，人若有良心未死者，读之未尝不忘寝食也。柟年十七八时，尝梦明道及吕东莱立泾野草堂之上，而柟升阶质疑聆其语论，虽梦中亦豁然以为东莱远不及也。以后动静起居，时复思见。但愧恨未学，实未有所得耳。既举后，得全书于安阳崔子钟氏。每讽诵之，益不能释手。但解说《六经》《四书》之语，与门弟子问答行事之言，统为一书，则浩大繁博，初学观览不无难焉。暇尝抄出心所好者，集为八卷凡二十九篇，稍释其下，以备遗亡，而于诗、文亦抄出数篇，以为外卷。巡按潜江初公见之，命刻诸解梁书院，而以其赎罪金纸作工食费，则斯《抄释》其是也。柟何敢隐其非也，柟又何敢以掩哉。始学之士，倘因是而求二夫子之志，以遡孔孟之道，则亦其有小补乎。其传是书之门人姓氏名地亦叙列诸后。嘉靖五年三月辛丑，后学高陵吕柟序。

按：此序又见《泾野先生文集》卷4。后来吕柟门人程爵、邓浩分别于嘉靖十年（辛卯，1531）、嘉靖十五年（丙申，1536）又重刊《二程子抄释》。

关于《二程子抄释》的卷数，《四库全书总目提要》云："《二程子抄释》十卷，明吕柟编，前有自序，称初得《二程全书》于崔铣，以其中解说《六经》《四书》之语与门弟子问答行事之言统为一书，浩大繁博，初学难于观览，因钞出心所好者，集为八卷凡二十九篇，而卷首所列程子门人姓氏，后有嘉靖辛卯柟门人休宁程爵重刊跋，乃称泾野先生抄释程氏书凡十卷。此本为嘉靖丙申柟门人邓浩所刊，卷数与爵跋相合。岂柟作序时，其书尚止八卷，或后有所增益分析，而序文则未改欤？"

《提要》认为吕柟作序时，此书还只有八卷，后来又有所增益或进行了拆分而成为十卷，但序文又忘记修改卷数。事实上，情况并非如此。据吕柟序云："暇尝抄出心所好者，集为八卷凡二十九篇，稍释其下，以备遗亡，而于诗、文亦抄出数篇，以为外卷。"可见，吕柟当时将诗、文编为外卷，并不在正文八卷之内。而清代惜阴轩丛书本《二程子抄释》的卷九为文，卷十为诗（四库全书本亦同），并于卷九之首标注"外篇"字样，正与吕柟序文所言相同。故《提要》的推测有误。

春三月，撰《稷山县志序》。

《泾野先生文集》卷4《稷山县志序》：此志为秦王府长史梁君弘济所编，综核物理而稽具人贤，则亦密矣。其子进士格将入梓以传，乃献诸巡按御史潜江初公。初公曰："凡文美则爱，爱则传。此志虽美，能无不尽然者乎？可视诸吕泾野君正。"遂两谒予曰："此不独潜江子之命，亦格继先大人之志，而思昭敝邑者也。"按志，自建置以下凡十四篇，析类明而记事实，密不啻云尔。且此邑去后稷所产之地甚迩，[而后稷始稼穑于此]，邑因是名，周人所由有也，而志不具，岂非缺典乎？乃梁君能编于数百载之下，而进士又欲梓于登科之后，斯其意亦美矣，其文不必一一论矣，志也不亦可永乎！

按：此序又见清同治四年《稷山县志》"旧序"中，文末署"嘉靖丙戌春三月"。

三月，初杲巡盐河东期满，将离开山西，会于海光楼，有《海光楼别序》。

《泾野先生文集》卷4《海光楼别序》：丙戌春暮，寔惟首夏，内滨初公巡盐且满。于是，百愚马公来自蒲、解，谷泉储公来自猗氏会饯焉。内滨子将宴之海光楼，三公皆命判亦来。……初会于河东察院之后室，再会于运学之明伦堂，其三会则在海光楼。

按：谷泉储公即储良材，字邦抡，号谷泉，湖北襄阳人，时为巡按御史。

百愚马公即马录，字君卿，号百愚，河南信阳人。正德三年（1508）进士，初授固安知县，后征为御史。嘉靖五年（1526），巡按山西。嘉靖六年九月，戍广西南丹卫，卒于戍所。传见《明史》卷206。

四月初五，与初杲、储谷泉、王实斋同游龙门，有《游龙门记》。中途，道过辛村，谒卜子祠。

《泾野先生文集》卷16《游龙门记》：龙门在秦、晋之间，万山之会，禹治水极力之地，形胜甲于海内，久怀游览而未获。内滨子曰："天下之美，不努力一至，惰违不可补。"他日，谷泉子西巡，亦犹是兴也。乃四月之初，实斋王子以随谷泉子之清戎也，先自安邑至河津，以俟二公。明日，谷泉子自万泉至。又明日，予自解州猗氏至。又明日，内滨子自运城至。是日雨甚，内滨子陟降悬坡，跋涉泥潦不倦也。既且集，二公曰："如来日霁，天贶佳期矣。"来日者，月五日也，果霁。于是实斋王子先往龙门，予继往，以同俟二公。道过辛村，谒卜子祠，召其云裔抚问焉，有题诗。……既归，夜梦犹在此山之上。明日以告二公，二公曰："子可作《龙门风雨游记》，以发精一执中之妙。"遂分题为四韵一诗，并谒大禹庙及谷泉子龙门怀古者，则又次其韵，共八章云。

夏四月，撰《刻王官谷集序》。

《泾野先生文集》卷4《刻王官谷集序》：王官谷在中条山北麓之内，为临晋县地。往者秦败晋师于此，而是地以衰。及司空表圣避朱梁之逆，构亭隐居，而宋元以来，名卿硕儒数寻其胜而歌咏其事，则是地益重。然则山谷之盛衰隐显，亦系于人乎！巡按潜江初公按部至是，以壁间古诗文多阐表圣之幽也，乃命临晋尹丁君仲本裒集梓行，则是地以一表圣又显于天下后世不殁也。然则人之计意于穷达，遗辱于乡土者，独不可念乎！

按：据序可知，《王官谷集》为潜江初杲巡按山西时，命临晋知县丁守中收集王官谷石壁间宋金元明各朝题咏以刻行。今有嘉靖二十七年张舜臣刻本，集中吕柟序文之末署"嘉靖五年夏四月泾野吕柟题"。

五月，立解州乡贤祠，祀解州及所属五县乡贤三十九人，有《解州乡贤祠传 有序》。

《泾野先生文集》卷34《解州乡贤祠传 有序》：嘉靖三年八月，予至解，知州临海林君元叙曰："今年正月间，州治北广慈寺僧犯法，时已议决毁寺。今且数月矣，屋敞墙颓，木瓦就废，欲移建州治之西，以祀乡贤。"予曰："懿举也，然不如即其寺做祠便。"……祠垂成，而林君殁矣。予不忍忘斯举也，乃述其事因，为诸贤作传焉。……凡三十九人。自风后至关羽为正位，余列左右。其相成之者，同知招远张君恭云。次年五月立。

按：明解州隶属平阳府，下辖五县，即安邑、夏县、闻喜、平陆、芮城。

山西按察副使王光重建河津薛文清公祠堂，撰《重建薛文清公祠堂记》。

《泾野先生文集》卷16《重建薛文清公祠堂记》：文清公薛先生祠，在其县河津南街东面。粤自弘治九年之夏，给事有奏礼科杨廉，礼部具题，勒下省邑，鼎建祠宇，兼赐名额，崇儒重道，日照月临尔。乃草创之初，规制隘陋，久且倾颓。嘉靖五年三月，山西按察副使王公阳武光按部河津，奋然兴怀，欲于本道赃罚米石，量除百金为增修具。……于是王公委平阳同知许君琦、狷氏知县张翼董其事。乃买民地僧院，增拓厥基，建庙五楹，廊庑重门，鸟革翚飞。谓柟尝从储、初二公至河津谒先生也，请记其事。

撰《河东乡贤祠记》及《夫子像殿记》。

《泾野先生文集》卷16《河东乡贤祠记》：监察御史初公巡按山

西且期年，一日登河东书院之书楼，见三晋诸乡贤木主扃闭其上，而积岁释菜不修，且师士子瞻仰展拜亦难，甚悯焉。他日，至运司儒学，见乡贤祠一所空设，而中无一主，曰："此不可安祀书楼上之贤以示诸士子邪？"又曰："河东运司非一府一州邑可比，则生乎其地之贤，凡有事斯土者，不可漠然视也。"于是取前巡按御史安阳张仲修所查定诸贤而增损之，乃命运司增饰室宇，创置龛案，遂立主叙位，撰文安祀，且定春秋常行之仪。……祀自风后、仓颉，凡八十四位，其文并诗列诸后。

《泾野先生文集》卷16《夫子像殿记》：河东书院，前巡按御史安阳张仲修所建，而夫子遗像石刻乃立于退思堂后四教亭下，适当人往来必由之地，至其下者每不能常恭。盖礼主于恭，恭数则慢生；心主于敬，敬数则衰起。今巡按潜江初公曰："书院诸布设皆善，独夫子像在当路，甚不可耳。"流观其中，见九峰山北峙，而书楼岿岿然在前，曰："是非安祀夫子所邪？"乃命运司移夫子石像于九峰山之南麓。既定，乃起殿三楹。……公至河东之年，尝选学中俊士四十余人肄业书院。比秋，已举三人。今年又选少且敏者十余人亦肄书院，且谓之曰："尔诸生知遵夫子之道乎？夫进学以修德为先，素行一亏，其余不足观已；大本既失，所学亦奚以为？诸生若外矫饰而内奸回，口诗书而心市井，或骋血气而凌傲师长，或挟仇雠而倾挤朋侪，或家居而伦理弗惇，或外游而行检不饰，皆得罪于夫子者也。致知虽以力行为重，而进道尤以笃志为本。志苟不笃，虽日置夫子于当路，祗成衰慢耳。今兹殿之成，盖不独尊安夫子之像，亦以使尔诸士子知所以敬夫子者，在实不在文，在信不在貌也。"

按：前序称"监察御史初公巡按山西且期年"，后序又言"公至河东之年，尝选学中俊士四十余人肄业书院，比秋，已举三人。今年又选少且敏者十余人亦肄书院"，可知二序皆作于是年，即初杲巡按山西的第二年。

有《复内滨子书》与《又复内滨子书》，讨论河东运司儒学乡贤祠所祀乡贤。

《泾野先生文集》卷21《复内滨子书》：近冒风，卧床数日未起，昨午方少瘳。委定河西乡贤，恐稽迟明事，乃考订得百有一十六人，自风后至尹吉甫，当为正位，其余列左右。其下注圈者，意未决，备尊裁。大抵多依《山西通志》及《平阳志》耳。大烹以享圣贤，此非有道者之事乎！祭文亦草草撰讫。

《泾野先生文集》卷21《又复内滨子书》：河东先哲之订，昨亦病其太多，承教。除有圈者去之外，如郤缺、樊深、阎元明、裴侠、荆可、赵绰、柳俭、裴寂、裴敬彝、薛大鼎、裴遵庆、卢操、狄青、柳开、文彦博、邵云、王廷筠、刘祖谦、李复亨、陈规、李献甫、贾邦宪、李新、李干、卫述，同昨有圈者，共去四十三人，则自风后至叔齐为正位矣。幸再斟处之！

初杲重修河东东察院，有《重茸河东东察院记》。

《泾野先生文集》卷16《重茸河东东察院记》：河东东察院既久敝，前巡盐光山庐公尧文且行，属今巡盐潜江初公充拓鼎建。初公至既数月，命运司营缮，乃移居于东察院。东察院者，则巡按及清戎诸公所至以居者也。是时，信阳百愚马公君卿方巡按于是，襄阳谷泉储公邦抡方清戎于是，皆且至河东。然谷泉子知东察院亦敝甚，乃寓书初公曰："闻君修察院，不知客所居者亦尝念及乎？"于是初公登堂则治官事，退居则命舆皂增饰茸理。

有《新甃运城西南面及广郭门记》。

《泾野先生文集》卷16《新甃运城西南面及广郭门记》：河东盐运使司城，国课于办，宝藏于兴，四方商贾于萃，而城多卤咸，易于雕圮。往年巡按卢公尧文已甃东面，留三面以俟来者。去年，潜江初公巡按继至，运大夫皆请缵前绩。……遂自九月兴作，以石甃基，续以瓴甋，月城亦充拓改甃，可转车马，至十月而告考。……栴叹曰："……栴尝数谒侍公，论治，即人情而不私；论学，据天理而不浮；

论文，明道义而不险。故驭商有式，督盐有法，治官有体，爱民有实。是以诸役之兴，人乐从而无怨也。公指日大巡一方，且宰治天下矣，宜必充是以行而不渝乎！"公闻之曰："吕判官望予亦深哉！"

按：初杲巡盐山西在嘉靖四、五年间，而记云"去年，潜江初公巡按继至"，及"公闻之曰"，可知此记作于是年初杲巡盐期满离开山西之前。

撰《内滨纪进册子序》，指出道德与功业"其究一也"，而以道德为本。

《泾野先生文集》卷4《内滨纪进册子序》：客有为内滨子图其履历者，以纪进也。……吕子曰："今兹之图，多主功勋，孔孟之言，多主道德，然其究一也，而道德尤邃。然则斯图也，其尚未识内滨子之志乎！"

巡按御史李东（号两峰）道出山西来访，有《于河东书院别两峰李子巡按四川诗序》。

《泾野先生文集》卷4《于河东书院别两峰李子巡按四川诗序》：两峰李子震卿奉命巡蜀，道出山西，牌缴解州。盖自离京时，即有意于唔楠也。乃先至运城，会其僚山西巡按内滨初公，酒。既而两峰子即欲之解，内滨子曰："是不可舍我而遽别，吾为子速吕泾野来。"楠既至，内滨子宴两峰子于海光亭，而以楠为介。两峰子宴内滨子于观德堂，而以楠为僎。……两峰之初至也，先遗一诗，会内滨于察院有五诗，海光亭燕有三诗，观德堂燕楠有三诗，至书院之会，遂共有七诗，凡十有七篇也。……于是楠序诸卷端，录其诗于左，赠两峰子行。

按：两峰李子即李东，字震卿，陕西蓝田人。正德十二年（1517）进士，官至江北巡抚。

秋七月，于解州校刻《文潞公集》（四十卷）并序。

嘉靖五年高陵吕氏刊本《刊文潞公集略序》：《潞国忠烈公文宽夫集》凡四十卷，盖其少子维申讨求追辑以成帙，而叶尚书少蕴所为序行者也。今版本不传久矣。沁水李司徒公叔渊家有抄本，字多差讹也。他日，巡按山西潜江初公启昭命枏校刊《司马文正公集》。李公曰："《文潞公集》亦不可以莫之传也。"乃以其本付解州，枏得而校正其十七八焉，初公遂命平阳守王子公济刊木以行。嗟乎！公之集诚不可以莫之传也。枏尝谓文行无二道，知行惟一理。其知真者，其行至；其行高者，其文实。……嘉靖五年秋七月，赐进士及第平阳府解州判官前翰林院修撰经筵讲官高陵吕枏序。

按：此序又见《泾野先生文集》卷4。嘉靖本与万历李桢本《泾野先生文集》皆作："《潞国忠烈公文宽夫集》，凡二十卷。"与今存嘉靖五年高陵吕氏刊本四十卷之数不符，可知文集所记有误。

重刊《四书集注》《汉文选》《唐文粹》《宋文鉴》《纪事本末》等，以便北方学者，并撰《重刊四书集注序》《刻四书集注后序》《重刊汉文选序》《刻汉文选后序》《重刊唐文粹序》《刻唐文粹后序》《重刊宋文鉴序》《刻纪事本末后序》，述刊刻之原因及读书之要点。

《泾野先生文集》卷4《重刊四书集注序》：《四书集注》，海内家传人诵，官以是举其政者也，士以是行其学者也。顾其板本多出南建书坊，天下之士自蒙稚以上，皆仰鬻于书客，山、陕、河南得之尤难，予甚悯焉。夫是书即孔、曾、思、孟之精蕴，发尧、舜、禹、汤之遗旨，其切于民，不啻布帛可衣，菽粟可食也。衣食不继，饥寒切体，是书少有不存，令人丧心失身，以致祸于家国天下，不但己也，予甚惧焉。暇日乃命字人小书入梓，虽不能遍及多方，可以补缺助乏，使学者有所资取云。

《泾野先生文集》卷4《刻四书集注后序》：右《四书集注》一篇，予既序诸端矣，刻且完，恐学者汗漫无所事事也，乃又以其私所自得者语之。曰：夫读《大学》，知格致之方，即至善可得。读《中庸》，知慎独之处，即至诚可几。能因事察理，熟则《论语》之一贯可入；能随事致用，久则《孟子》之四端可充。四方学者，倘有取于斯焉，求诸心，体诸身，见诸政，以辅国家之盛，则斯编不徒刻矣。

《泾野先生文集》卷4《重刊汉文选序》：自《六经》、《四书》后，关切学者无如汉文。汉文而又选之，其精也已然，类多董、贾之英发，马、杨之筹思，于政体民俗，显如指掌，以其去古未远，犹有三代之遗意焉。昔汉河间献王好先秦古文，今俱已传布世间，然自是之外，则汉文义其亚乎！且国家治隆文盛之时，而是书不广，亦为缺典。暇日命工入梓，使四方学者因是以求《六经》之盛，或可得也。

《泾野先生文集》卷4《刻汉文选后序》：《汉文选》之刻，类多长篇大论，取其成章可诵而已。然就《汉书》观之，如申公顾力行何？如汲长孺论礼乐仁义之类，虽寂寥数言，予尝以为又汉文之尤粹者也。事汉文者，倘因今编，又进求之于上，则其所以治身辅世者，岂独汉人物而已哉！

《泾野先生文集》卷4《重刊唐文粹序》：吴兴姚铉即唐人文字中选其高者、美者为《唐文粹》，虽不及《汉文》质确，然具一代之精华，列二三百年之物，实则固不可以莫之传也。且韩愈、李翱辈之文，元结、杜甫辈之诗，亦非苟作。自宋以来，文士韵客率多习仿而不能，则固不可以莫之传也。是书旧有南建书坊板本，脱落殊甚，兹特绣梓广布，使学者于是考得失、察纯驳，以上求乎古之文，则未必无小补云。

《泾野先生文集》卷4《刻唐文粹后序》：《唐文粹》既刻完，然而辞赋、诗歌固睥睨数代而高出之矣，第于修己治人之方，犹恐或缓。惟韩退之文字明理致用，辟邪翊正，说者或以为《六经》羽翼。学者若先从事乎此，次以治诸家之言，可一览而毕也。

《泾野先生文集》卷4《重刊宋文鉴序》：《宋文鉴》为宋名儒吕伯恭等编集，简质虽不如汉，华藻虽不如唐，然其间如周、程、张、邵之书，韩、范、富、马之疏，皆据经明道，即事切理，纯粹精确，又非汉唐人之所能及也。顾其板本多在南雍不广，兹特命工刻之。观者取其所长，弃其所短，于修身治民之用，无往不可。若乃因周、程之精义，以绎孔、孟之坠绪，则又系系人之志力如何耳。

《泾野先生文集》卷4《刻纪事本末后序》：宋程正叔曰："读史不徒要记事迹，须要识其治乱安危、兴废存亡之理。"又曰："每读史到一半，便掩卷思量，料其成败，然后却看，有不合处，又更精思其间多有幸而成，不幸而败。"夫程子此言，或为编年及纪传而言。若纪事本末，一展卷便得其理与其成败，则又不待掩卷思识与料而后得也。不待掩卷思识与料而即得，乃学者犹或不免记诵以资口耳，而于身世无益。则斯刻也，予又惴惴焉惧矣。

按：从吕柟对汉唐宋诸书的评论中可以看到他的"实学"精神，如认为《四书集注》"其切于民，不啻布帛可衣，菽粟可食也"；《宋文鉴》"皆据经明道，即事切理，纯粹精确，又非汉唐人之所能及也"；认为《汉文选》"自《六经》、《四书》后，关切学者无如汉文"；至于《唐文粹》，则是因其"具一代之精华，列二三百年之物"，中间亦有一二人物之诗文能明理致用，固不可不传，但在修己治人方面却远不如汉；对于《纪事本末》则担心"学者犹或不免记诵以资口耳，而于身世无益"。

作为理学家来说，吕柟对汉儒却非常重视，其原因在于汉儒虽于义理之精深不如宋儒，但多躬行君子。

七月三日，与初杲、储谷泉、刘虞川等人谒禹庙、观底柱，为储谷泉送行。有《观底柱记》及《底柱秋饯谷泉序》。

《泾野先生文集》卷16《观底柱记》：底柱在平陆县东五十里，大河自蒲津西来，至是微折而南，是柱正当转曲之间。……今年三月内滨初公、谷泉储公及柟约往观之，期至秋初，盖谷泉子之行吉也。乃七月三日至平陆，同刘虞川四人缘河北岸崎岖而东，至其下登拜禹庙……五年七月五日记。

《泾野先生文集》卷4《底柱秋饯谷泉序》：谷泉储公清戎山西三

年矣，将出境，内滨初公及刘虞川柱史，偕柟醼饯于平陆底柱峰。是时，侯方山宪副亦在行。……于是诗兴俱起，赓和联韵，七日而后发。

七月四日，自底柱返回至刘虞川书屋，以咏底柱及虞川书屋之诗为方山侯廷言饯行，撰《底柱秋饯方山序》。

《泾野先生文集》卷4《底柱秋饯方山序》：丙戌七月之初，内滨初公及刘虞川柱史偕柟饯谷泉储公还，而方山侯公廷言亦将赴湖广宪副之任，于是同饯之底柱。是日，方山微疾，遇雨，半途而返。柟随三公之底柱，得睹河山之胜，禹绩之大。……明日还，至茅津，饮虞川书屋，方山子乃细问其状，详求其奇，怅然叹曰："吾亦游底柱矣。"……乃以其咏诗并得之虞川书屋者书之卷，饯方山子行。

七月，底柱之游后，又与初㝠、刘虞川同游傅岩（传说为商朝傅说版筑之处）。有《游傅岩记》《谒傅岩祠诗有序》，及诗《过傅岩庙有作》《题傅岩庙次内滨韵》《于傅岩庙内次韵》《自傅岩回过虞芮庙次韵》。

《十四游记·游傅岩记》：傅岩在平陆县东二十里，里曰商贤，有水曰圣人涧，为说版筑之所。柟为童子时，读其书，慨慕其人，思欲一至其地而未能。既举后，乃又授官史局，亦未克遂。去年内滨初公按部平陆，尝至其下，有诗一绝，虽尝和之，犹恨未亲睹也。今年七月，送谷泉储公南还。已而随内滨子北谒岩祠，展拜既毕，登眺岗陵，顾瞻原隰，见群山四围，大河东绕，郁郁苍苍，浑浑灏灏。内滨子曰：……是时，同行者虞川刘子及柟皆以为然，遂又各为诗一章，以发说之幽微。内滨子乃命平陆知县王绅葺其祠坊，刻其诗于右。

按：《泾野先生文集》卷4有《谒傅岩祠诗有序》与本篇《游傅岩记》内容相同，只是标题不同，后人有疑《文集》失收此游记，误。

七月，送初杲于安邑，谒夏朝末年忠臣关龙逢之墓，撰《题夏大夫关龙逢墓有序》。

《泾野先生文集》卷4《题夏大夫关龙逢墓有序》：夏大夫关龙逢谏桀而死，其墓在安邑东北三里，有双丘，皆传为龙逢冢云。巡按山西初公且满期，过安邑，谒至其下。是时参政故城李公公遇、金宪藁城王公廷言皆从焉，有饯席。工人为关云长单刀会，历叙云长之祖，至于龙逢，忠义一脉，英烈如生。公叹曰："天地间之正气，亘万古而不磨，虽荒陇宿草之野，伶人贱工之微，犹或见之。"乃为诗一章，以吊龙逢而风后人，栴闻而和之。公命安邑余尹昇勒诸石，葺其祠屋，鼎建其坊于前，曰"夏大夫关龙逢墓"云。

八月中秋前后，送初杲至平陆。八月末，邓竹轩来访，有《古虞话别序》。九月初，初杲离开平陆，撰《古虞秋意诗序》及诗《送内滨子四首》。

《泾野先生文集》卷4《古虞秋意诗序》：内滨初公巡盐既满，行次平陆，以俟南厓沈公。时沈公阻水稽程，公乃与虞川刘子及栴游览风物，立题赓联以待焉。……公至平陆，在中秋前后，月色正好。……七月之初，送谷泉储公同至三门，有底柱作。八月之末，送竹轩邓公至店头，有连城作。……夫公与虞川同僚，栴谪在属吏，乃公破体统，重道义，与观山川之胜，探圣贤之迹，咏景物之幽，发乾坤之秀。故公之归也，囊无长物，惟图书十数箧，栴所书轴卷、碑板数百指及日所赓和诗数千首。然则观公之德者，惟于此焉求之，可知其所遒矣。公去平陆已三日，留使守书，则凡前所赠言于公者，亦皆类此，固非有所阿而云也。

《泾野先生文集》卷4《古虞话别序》：内滨初公巡盐既满，栴送之平陆，以待南厓沈公之至。乃竹轩邓公方有三边查盘之差，行次陕州，遣使来讯。内滨子发吏走邀，竹轩子即星言巾车，辰过黄河，共止行台。内滨子开宴竹坞，吕子陪酌。……是宴片饷得诗七首。明日，虞川刘柱史亦至，栴宴诸河东精舍，得四首。又明日，内滨子送之金鸡堡，得诗六首。乃取卷书之，以赠竹轩子。

按：诗见《泾野先生别集》卷7，其中言"八月九月初"。

平陆县重修儒学，有《重修平陆县儒学记》。

《泾野先生文集》卷16《重修平陆县儒学记》：平陆县儒学在城东南隅仁和坊街东，宋祥符二年，县令麻吉建。国朝洪武间，开设学校，知县孔守道就其地复建焉，然仅当南城之下，而庙无明伦堂。弘治、正德间，始开南城一堵为文庙门。今殿、庑、堂、斋多就倾圮。巡盐潜江初公以本院行县赎罪金若干两，命知县王绅重修之。……既落成，而初公去河东已五日矣，教官李善等率诸子问记于予。……初公名杲，字启昭，嘉靖辛巳进士，授四川道监察御史，巡盐在嘉靖四、五年间。

修《阳武县志》成并序。

《泾野先生文集》卷4《阳武县志序》：阳武县志，县尹京人范子所索以刊者也。予初得旧志于实斋王先生，编次颇无伦序，而芜辞蔓事十居七八。实斋命予删定，乃得六篇，共二卷。然阳武，古名县，而贤士哲人代多有之。独恨予未至其地，遍访其故，则录十一于千百者，不可谓无也。有君子见，倘肯补其缺漏，正其讹谬，以不失古史之意，则固所愿云。

按：《阳武县志》，《天一阁书目》著录，七卷，刊本，明嘉靖五年吕柟修并序。《中国地方志综录》（增订本）著录三卷，嘉靖五年刊本。

骆兆平《天一阁藏明代地方志考录》云："《阳武县志》三卷，明嘉靖五年吕柟纂修。阳武县今与原武县合并为原阳县。吕序：'《阳武县志》，县伊京人范子箕所索刊者也。初，予得旧志于实斋王先生，编次颇无伦序，而芜辞蔓事十居七八。实斋命予删定，乃得七篇，共三卷。'卷首弘治六年张天瑞旧志序、嘉靖五年吕柟序，卷一地理、建置、祠祀，卷二田赋、官师，卷三人物。卷末范箕跋。明嘉靖六年刻本。国内仅见此帙。"

可见，《天一阁书目》著录作七卷，当是七篇之误。又，吕柟序文称"六篇共二卷"，而刊本之序文却作"乃得七篇，共三卷"。然刊本虽分为三卷，但内容却只有地理、建置、祠祀、田赋、官师、人物六种，不知何故。

十月，刑部郎中刘仕（字以学）恤刑山西，至解州来访，有《丹心常在图序》。

《泾野先生文集》卷4《丹心常在图序》：刑曹刘君以学以恤刑至山西，次至省台，时丙戌十月矣，台院诸葵已枯。以学宿十日，而葵复荣，红白碧紫，烂熳堦砌。夫葵荣于夏，谢于秋，至冬而复生，丹心重倾，则其以钦恤为念，思报圣明者章矣。故蓬庵世子闻而为之图，予览图，题曰"丹心常在"云。

按：吕柟与刘仕为亲家。刘仕即霸州知州刘璋（见"嘉靖二年"条）之长子，正德十六年（1521）进士，其妹嫁与吕柟长子吕田。

十月，与蒲州知州华原楚、谢应宪、史宗道、刘贯道、刘以学同游雷首山（又名首阳山，商末伯夷、叔齐采薇之处），谒伯夷、叔齐祠墓。有《游雷首山记》及诗《同华南畹谒雷首二贤冢遂竖古石刻东向有作》《西河泛舟往谒首阳二贤遇雨登岸作》《登首山曲寻渭洛入河处作》。

《泾野先生十四游记·游雷首山记》：夷、齐采薇处，自束发慕之而未至也。即过蒲，南畹华原楚约南山谢应宪、首山史宗道、龙谷刘贯道暨舍亲沮滨刘以学同谒祠墓。是日天晴，泛舟自蒲州西河而南行三十里，至下阳铺，风雨骤至，遂舍舟登山，乃叹曰："是天使吾数人者谒斯二贤也。"既参神，西谒双冢。其东南有宋人墓刻古贤人碑及山谷黄公庭坚记。其前障以祠院，两序皆不识当时背周向商之意，甚惘然也。已而进二冢之西，得古碑倾侧，下插地中尺，乃怆然曰："此非为二贤初心者邪！"然碑字甚楷，微近八分，多似魏晋间人书，

此去古不远，当以为据。乃谋诸南畹，仍开东向之门，复竖此石。移
宋石于美道之南，置其余也；移黄碑于二门之外，斥其论也。南畹于
是即以官价买富人砖二千，各遣舆皂任负砌甃。遂乃竖古碑于二墓西
中旧处，当辛乙向，宛乎二贤非丰镐而望朝歌之志也。呜呼！逊国之
仁，叩马之义，载诸经传白矣，而黄子犹疑之。此碑立，则黄论可勿
辩而息矣。南畹名湘，海陵人，以光禄少卿谪知蒲州。南山名豸，前
按察金事。首山名鲁，前给事中。龙谷名一中，前进士。皆郡人。沮
滨名仕，刑部郎中，中部人，以减刑至是，而待予东来者也。

　　按：据序，同游诸人为蒲州知州华湘（字原楚，号南畹，海陵
人）、谢豸（字应宪，号南山）、史鲁（字宗道，号首山）、刘一中
（字贯道，号龙谷）、刘仕（字以学，号沮滨）。

　　《泾野先生文集》卷4《竖首阳山东向石刻序》与本篇《游雷首
山记》内容相同，只是标题不同，后人有疑《文集》失收此记，
实误。

**为刘以学撰《刘氏族谱序》，强调传先祖之名于不殁，"在道不
在文，在行不在言"。**

　　《泾野先生文集》卷4《刘氏族谱序》：刑曹刘以学修其家十世谱
已成，过河东书院，出以示予曰："此仕思先伯父都宪公之志，补其
遗编而集之者也。"……今夫草莽之子，闾阎之儿，问及高祖，或不
知名字；若始祖，则十无二三能道者也。非有大夫学士之志，乃能至
十世而皆具乎？夫子孙固欲传先祖之名于不殁，而先祖亦赖子孙而益
显。然其所以显不殁者，在道不在文，在行不在言。

居河东书院数日，作《河东书院赠别诗序》送刘以学。

　　《河东书院赠别诗序》卷4《河东书院赠别诗序》：刑曹刘君以学
之恤刑山西也，华南畹有《草木回春卷》，山阴蓬庵有《丹心常在
图》，予既皆有序与诗矣。乃以学啎予解州，至路村，犹未忍行，与
予同居河东书院旬日，夜则论学，画或谈政。是时暑甚，每遇凉飙披

襟，清阴临砌，辄抚景命笔，登高赋诗，有飘然远举之意。于是周文中、辛孟儒二广文皆从而和之，得诗凡若干篇。於戏！持法秉度之时，而有雍容揖逊之雅；参错讯鞫之顷，而不忘铿锵酬唱之思。则刑曹斯行，其所得又岂啻活千万人命而已！於戏！刑曹往矣，尚无斁于斯！

有七言杂曲《河东书院余德阳刘沮滨宴饮得十四首》。

按：诗见《泾野先生别集》卷10。

为陕西提学副使唐龙作《渔石之篇序》，指出君子去就之道"顾诸在我，不顾在人""顾诸在性，不顾在命"。

《泾野先生文集》卷4《渔石之篇序》：渔石者，今陕西提学宪副唐公虞佐之别号也。夫公举进士几二十年，其材德道义在诸同年之右。诸同年或位中丞，或位卿寺，或晋二司之正，年少者已数十人矣，而渔石子一宪副白首而不迁。公升陕西在正德十六年，其风采勋名在诸二司之前。诸二司或三年而升，或二年而升，或一年而升，同时者已尽其人矣，而渔石子一提学六年而不转。……吕子曰："……故君子顾诸在我，不顾在人；故君子顾诸在性，不顾在命。然则渔石子又何必谓兰溪之滨为渔石哉！"

按：唐龙于明年即嘉靖六年（1527）二月由陕西提学副使迁山西按察使，可知吕柟序作于此年。

潞州仇森、仇朴建东山书院，撰《上党仇氏新建东山书院记》。

《泾野先生文集》卷29《明义官仇君时淳墓志铭》：君讳朴，姓仇氏，字时淳，世家潞安府南雄山之东火镇。……五年，建立书院于东山，以教乡之俊秀。

《泾野先生文集》卷24《明诰封亚中大夫宗人府仪宾玉松仇公墓志铭》：明年，创建雄山书院，请为记。然记方在途，而时茂不禄矣，实五年十一月六日酉时也，距生成化四年三月九日，寿五十有九岁。

《泾野先生文集》卷16《上党仇氏新建东山书院记》：东山在潞州东南七十里雄山镇，仇氏时茂森族居于此。……乃于雄山之东岭，平其巅巇，填其硐壑，……乃于其内先建先师祠三楹，祠有重墉，其门南启。后为学习堂三楹，主教者居焉。……斯役也，盖三年而后成，倡之者虽时茂，而经营创作则时淳朴尤专任焉。

按：东山书院即雄山书院，在潞州（今山西长治）东南七十里雄山镇之东山（东岭）上。

十一月六日，仇森卒，有《明诰封亚中大夫宗人府仪宾玉松仇公墓志铭》。

《泾野先生文集》卷24《明诰封亚中大夫宗人府仪宾玉松仇公墓志铭》：玉松讳森，字时茂，仇氏，别号玉松子，潞州雄山镇东火人也。……又明年，创建雄山书院，请为记。然记方在途，而时茂不禄矣，实五年十一月六日酉时也，距生成化四年三月九日，寿五十有九岁。其从弟时栏具状遣人索铭。

十二月，山西金宪郝世家（字道传）之母卒，作《明诰封太宜人郝母惠氏墓志铭》。

《泾野先生文集》卷24《明诰封太宜人郝母惠氏墓志铭》：太宜人惠氏者，赠知州毅斋先生之配，山西金宪郝君道传之母也。金宪君升自刑部员外郎，即欲奉太宜人于官邸，太宜人不许，乃身自之任。未久，而太宜人讣至，金宪君号擗曰："世家不孝，乃以官故，而不获终吾母耶。"遂自太原戴星奔丧，马至猗氏，迁道解州，啼泣曰："呜呼！吾母今吾不复见耶！……乃今以嘉靖五年十二月二日终，距生成化元年六月十六日，年才六十二。傥获铭诸幽，则吾可以赎不孝罪于万一矣。"

是年，河南封丘县令龚治（字汝登）重修庙学，有《重修封丘庙学及群祠记》。

《泾野先生文集》卷16《重修封丘庙学及群祠记》：异时予尝与友朋论有司少能如汉循良吏爱民者。及判解来，始知民心甚可获，往往使之不得其所者，皆有司之过也。封丘者，河南开封之属邑也，其令龚君汝登莅任三载，邑乃大治。……于是修宣圣之庙，新贤圣之像，庑库诸舍，戟棨二门，以至堂斋号宇，罔不葺理。……汝登名治，羽林前卫官籍，其先山东堂邑县人。……庙成，在嘉靖五年秋七月。

为山西潞州五君子作《断金会序》。

《泾野先生文集》卷4《断金会序》：断金会者，沈府宾相仇、牛、郗、粟、宿五君子之所为也。予往过潞州，时五君子者皆枉顾予，时已旛然老矣。予过潞已三年，而此会益坚不改，可知其断金矣。……盖闻五君子之为会也，以俗之趋利也，则尚义以振之；以俗之无防也，则崇礼以正之；以俗之废耻也，则敦节以警之。或分财以周困阨，或歌咏而陶性情，道有所在，身无不行。盖虽老师宿儒不易能，而五君子飘然高举，而不以为难也。斯会也，不亦可传乎！

按：据序文"予过潞已三年"，可知此文作于是年。

是年，致仕户部尚书洪洞韩文卒，明世宗赐谥"忠定"，有《明光禄大夫柱国太子太保户部尚书赠特进太傅韩公谥忠定议》。

《泾野先生文集》卷36《明光禄大夫柱国太子太保户部尚书赠特进太傅韩公谥忠定议》：太傅大司徒质庵先生洪洞韩公之薨也，既谥"忠定"矣，其孙户部主事廷伟请议其故，以彰圣恩，扬祖德。

按：韩忠定公即韩文，见"正德七年"条。

《白石楼记》约作于是年。

《泾野先生文集》卷16《白石楼记》：白石楼在曲沃县东南二十里白石山阴，凡三橺南面，济溪李仲南之所构也。山即紫金山之支，名曰白石，燕人张诗尝过而名之，故楼亦以是名云。……楼构于嘉靖五年六月六日，落成十一月之望。

山西壶关县重修儒学，有记。

《（雍正）山西通志》卷35《学校》：壶关县儒学在县治东南。……嘉靖癸未（1523），知县张友直次第葺理，咸登完美，吕柟记，曰："自君至后，壬午举三人，乙酉举一人，且连举丙戌（1526）进士，选为翰林吉士，皆此邑百余年所少有者也。"

按：今各本《泾野先生文集》未见此记。

是年，南大吉从浙江绍兴知府任上致仕归乡，开始在家乡渭南传播良知学。

按：在归渭南途中，南大吉曾寄书王阳明，王阳明答书称南大吉"勤勤恳恳，惟以得闻道为喜，急问学为事，恐卒不得为圣人为忧，叠叠千数百言，略无一字及于得丧荣辱之间，此非真有朝闻夕死之志者，未易以涉斯境也"。并曰："关中自古多豪杰。其忠信沉毅之质，明达英伟之器，四方之士，吾见亦多矣，未有如关中之盛者也。然自横渠之后，此学不讲，或亦与四方无异矣。自此关中之士有所振发兴起，进其文艺于道德之归，变其气节为圣贤之学，将必自元善昆季始也。"（《王阳明全集》卷6《答南元善（丙戌）》）

不久，王阳明又寄书询问："里中英俊相从论学者几人？学绝道丧且几百年，居今之时，而苟知趋向于是，正所谓空谷之足音，皆今之豪杰矣。便中示知之。"（卷6《答南元善二》）可见王阳明对南大吉兄弟在关中传播良知学寄望甚厚。

嘉靖六年丁亥（1527），四十九岁

正月，北宋司马光十五世孙司马相回夏县祭祀先祖，回京之时，为作《积德之什序》

《泾野先生文集》卷4《积德之什序》：《积德之什》者，赠菲泉司马邦柱祭其先温国文正公还京之作也。菲泉，温公之十五世孙。……既举进士，仕刑部，则曰："相谒祖有日矣，迁夏有期矣。"至是果求便差，日夜驰诣夏县，遂获举丁亥元日之祭。往年巡按内滨初公营新温公之祠，谋迁司马之后，劳勤万状，枏备闻之，以为菲泉子旦夕来也，不意今始至乎！越明日，而菲泉来，容貌古朴，心神开朗，一握手间，忘形骸，出肺腑，契如金兰，戚若骨肉。

二月，唐龙由陕西提学副使迁山西按察使，有《西州奉别诗后序》。

《泾野先生文集》卷4《西州奉别诗后序》：《西州奉别》，其诗则吾省凤翔诸举人所作，以赠渔石子；其序则前太史对山康子所题也。……或曰："渔石子巡按云南、江西，其纪纲之振，至今尤使人诵之。"曰："在云南、江西者，政也；在陕西者，教也。为政易，为教难。"渔石子闻之曰："山西之行，吾敢忽其易而忘其难乎！"

按：康海《对山集》卷28《赠渔石子序》云："渔石子以名御史推择为陕西提学副使，由壬午至今六年矣。……是岁二月甲寅，上以山西狱讼之事，不可无誉望之臣以专之，乃特简命吾渔石子焉。西州之士张某、秦藩曹士奇二十余人过予，出是册请题其签。"

为唐龙所编《正学书院志》作序。

《泾野先生文集》卷4《正学书院志序》：《正学书院志》自"公檄志"至"书籍志"，凡九篇，今山西宪长渔石唐公提学关西时之所编也。元鲁斋许公提学京兆，正学复明，其徒遂创作书院，而以是名之。于后，倾废既久。国朝弘治中，邃庵先生今大学士杨公提学于是，乃重为建置，拔取关中之士学习其中，而虎谷先生王公接倡其教，于是相继诸公亦皆奉导前休，力为振扬，盖至渔石公而滋茂矣。士游其间而有得者，不但如鲁斋曰也。……夫伏羲观察于成纪而《易》兴，文、武、成、康、穆、宣诸君，伊、吕、周、召诸臣，振起丰、镐、岐、陇之间，而《诗》、《书》、《礼》、《乐》具，斯其为正学与！然皆此地之能也。今其邦麟游、凤翔尚存昔名。然则士游正学书院者，其必至是乎！无宁习为唐以下人物，而孤诸公建修之意也。

按：唐龙是年二月迁山西按察使，另，《明史》卷202《唐龙传》云："嘉靖七年，改右佥都御史，总督漕运兼巡抚凤阳诸府。"可知吕柟此序作于是年。

二月，康海至解州来访，同游桃花洞等地，五月始归武功。有《二月十九日迎对山康子于中条山南上作八首》《春游桃花洞二首呈对山太史》《春游桃花洞呈对山太史》等诗。

按：诗分别见《泾野先生别集》卷9、卷7、卷12。

康海为解梁书院仰山堂题字，并作五言古诗《解梁书院四首》。

《泾野先生文集》卷19《别解梁书院记》：予于嘉靖三年八月抵任，九月即谋斯举于前守林南江。……然仰山堂成，而对山康子适至，题其前曰"彝伦攸叙"，置对一首，则欲跻箕子而不直为文中也。

马理至解州来访，有诗《谿田马子自峡石访予解州送之中条山脊作二首》《得谿田于风夜过黄河趋灵宝信作二首》。

《泾野先生别集》卷10《谿田马子自峡石访予解州送之中条山脊作二首》：一、石蔬豆酒脍池鲜，总咻同方四十年。此日条山烟雾里，周南人物看闲田。二、壮游同志学陶渔，白首青山过问予。近况逢人多尽醉，常年不寄一行书。

《得谿田于风夜过黄河趋灵宝信作二首》：一、公无渡河竟渡河，楫摧风急夜如何。中流舟小应思记，行路休操逐日戈。二、为予两渡黄河水，深夜狂风阻去舟。书到楫摧魂魄散，亦如吾子在中流。

兼教于河东书院。

《泾野先生文集》卷4《门墙拜别诗序》：《门墙拜别》，河东书院诸士子送南厓沈公之作也。……嘉靖六年之春，南厓子醮政少暇，笃思造士，于是历试运、解、安邑三学之士，拔其优列，登籍书院，命有司月给饩廪。征解州学正周冕授《易》、《礼》、《春秋》，泽州学正郭显文授《书》，临汾教谕辛珍授《诗》，而枏间一至焉，以考德问业。

有七律《和字川登河东书楼有怀西渠张子》。

按：诗见《泾野先生别集》卷12。

八月，有《送玉溪王公考绩序》。

《泾野先生文集》卷4《送玉溪王公考绩序》：嘉靖六年八月，玉溪子开州王公守平阳三载矣，例当上其绩于吏部，其僚为问言。

按：玉溪王公即王溱（1484—1532），字公济，号玉溪，河南濮阳人。从学于湛甘泉。正德六年（1511）进士，授山西沁水知县，后擢监察御史，巡按河南。嘉靖三年（1524），为山西平阳府知府。嘉靖六年（1527），调南康知府。嘉靖十一年（1532）卒。著有《玉溪诗集》。

《泾野先生文集》卷6有《玉溪诗集序》。

冬，转为南京吏部考功郎中。去后，解州人为之立碑塑像。

《泾野先生文集》卷5《送提学四川我斋蔡君序》：丁亥之冬，予南转考功，闻我斋适同僚案，乃欣然就道，求偿素怀。

马汝骥《行状》：卢御史交章荐曰："兴学而人才丕变，励俗而礼让大行。"乃升南京吏部考功司郎中，四方从学士及州人皆冒雨送至河干。既去，解人思之不忘，竖碑以识遗爱。至留都，日亲吏牍，忘其烦劳。

马理《墓志铭》：御史累荐，升南京吏部考功司郎中，州人士民感泣而送之河干。既去，则竖碑于州，识遗爱焉。

李开先《泾野吕亚卿传》：居三年，御史卢焕等累荐，称其为王佐之才，迥出汉、唐之上。升任南吏部考功司郎中，士民无虑千数，哭送至于河干。先生既渡河，犹闻哭声琅琅，乃口占一绝云："试听黄河东岸哭，为官何必要封侯！"去后，州人感德不忘，为之立碑以纪其实，塑像以慰其思。

九月十二日，离开解州。有七言杂曲《九月十二日发解州》《南厓沈公送予至王官谷是日南畹华太守亦来于磵中石坪对饮》《赠月泉殿下》《酬解梁诸君及耆民士子》等。

《酬解梁诸君及耆民士子》诗中云："眼见黄河东岸哭，做官何必待封侯"；"愧我浑无尺寸补，送予千百哭黄河"。

按：诗见《泾野先生别集》卷10。

众门人送至蒲津，作《蒲津话别序》，对弟子王克孝寄以厚望。

《泾野先生文集》卷4《蒲津话别序》：自予刻程、张三子《抄释》，解士子虽多诵读，惟吾克孝能详其辞而畅其旨。每当风辰月夕，坐谈往古，而克孝神思隽发，论辩万折不倦。遂私窃喜，庆以为有所得于解也。……夫士患夺于外者，志弱也；士患狃于近者，见小也。克孝志既不弱，而见又远大，所望久于其道，常如仰山堂前夜对之时，则其所至，当追踪乎古之明哲，以为斯道光。区区科第，克孝素所轻，于其别也，不以告。

为弟子丘孟学作《丘孟学字说》。

《泾野先生文集》卷35《丘孟学字说》：予之谪解也，丘孟学即从予游，盖饮食居处相同者几二年，切磋之益，规戒之深，盖有不待言色而相喻者矣。若夫器识宏远，志意坚定，盖交游中之所喜见而乐问者也。比予发解，送至蒲津，同居数日，出此册以问字说。嗟夫！东鲁之道，不明久矣。治日少，乱日多，俗日偷，风日薄，此其故可恝然哉！丘子而顾名思学，顾字思名，以求吾夫子之意而措之行，予当辗然而笑登西河之舟矣。字则东冈李司马所命，名其叔父善人之所定也，予因与之号曰"思斋"云。

作《别张师孔序》《于蒲阪别良辅序》。

《泾野先生文集》卷4《于蒲阪别良辅序》：予初谪解，他人多恶其为时所弃而不问，乃良辅年少长于我，交旧契于前，独奋然师我于见山精舍，此其志已加于人数倍矣，尚可用责云乎？昔程子好田猎，见周茂叔，自谓无此心；后十年见之，不觉有喜心，乃知未也。於戏！予往矣，安知吾良辅他日不尽去其气习，而惟志之尚乎！良辅勗哉！

《泾野先生文集》卷4《别张师孔序》：予初谪解，师孔辄负笈从游，每有所论，便相似，当其飘然处，果出尘不凡也。然而朋友中多取其实，而短其为人可欺，乃予不以为然也，既久而滋信之。於戏！学之不明久矣，乃师孔有忠信之质如此，努力而往，有何不至哉！夫学之道，一贵识，二贵力。力而不识，虽行不至；识而不力，与不识者同。是以君子贵其全也。予往矣，师孔其无以予言为迂而不用也。

按：《泾野先生别集》卷10有诗《送张师孔西行》，卷11有《过环山张师孔别墅补九日登高诗》。

冬，过江浦（属南京），知县耿瑶送至江边。

《泾野先生文集》卷25《江浦知县耿君德华墓志铭》：燕人张诗尝从予游，近访予至南都柳树湾，予既以诗送观三山采石还矣。诗至江浦，为其友江浦尹耿君德华所留歆。未几，德华病卒，诗痛哭为之状，付德华之子学生钧请墓铭。……予受状而叹曰："去冬过江浦，曾一遇德华，德华送予至江边，一无所言，惟云：'闻张子言，南来必访先生。'岂期今尚未浃年，而诗乃请铭德华耶！"

按：耿瑶（1482—1528），字德华，号熊山，山西平定人。正德八年（1513）举人。嘉靖五年（1526）以举人任应天府江浦知县。《泾野先生文集》卷25有《江浦知县耿君德华墓志铭》。

至南都，居柳树湾讲学。相交于王阳明弟子蔡宗兖，有《送提学四川我斋蔡君序》。

《泾野先生文集》卷5《送提学四川我斋蔡君序》：昔予在史馆，仙居应原忠数言我斋之学可敬也。及谪判解州，德清沈南厓数言我斋之行可爱也。故予与我斋虽未面睹，想象其形容，推测其志意，固已神交而玄识矣。丁亥之冬，予南转考功，闻我斋适同僚寀，乃欣然就道，求偿素怀。比马过东葛，而我斋已遣吏迓予黄严山中。及解舟江口，方兴邸舍之念，而我斋已遍国中为予问屋，得之柳树湾西，实予心所欲也。既晤之后，闻言心醉，觌德清怡，政问其疑，事决其可，飘然两忘，翕乎一趋，盖又浮所闻矣。……他日，我斋方约期定程以讲学，而四川提学之报至矣。然则好会难成，而美人不易遇，岂非予之不幸哉！虽然，方今士风多鹜于文辞，而行或不之力；率习于巧媚，而信或不之笃；盖不独一四川然也。……我斋者，浙山阴蔡希渊宗兖也，起家正德丁丑进士，隐于学官而后显。

薛方山《泾野先生传》丁亥，量移南考功郎中。凡南官考绩，评定贤否，词若浑融，实多所惩劝。稽查吏籍，革除诈冒，一切奸宄尽为屏息。公余即集问道请业之士，恳恳为发明讲解；或寮友邀游金陵诸胜，亦时复一出。虽登临玩赏中，率多师师规勉之意。

按：我斋即蔡宗兖，字希渊，号我斋，浙江山阴人。与徐爱、朱节同为王阳明早年弟子。正德十二年（1517）进士，官至四川提学金事。传见《明史》卷283、《明儒学案》卷11。

邹守益由广德判官转为南京主客郎中。此后三年，二人常相往来论学，曾就知行先后、格物穷理、戒慎恐惧与修己以敬等问题进行过辩论。

冯从吾《泾野吕先生传》：丁亥，转南吏部考功郎中。解梁门人王光祖谓"先生在解三年，未尝言及朝廷事"。为考功，躬亲吏牍。……时东廓亦由广德移南，盖相得甚欢云。

耿定向《耿天台先生文集》卷14《东廓邹先生传》：丁亥，先生年三十七，升南京主客郎中。

《泾野先生文集》卷7《别东郭子邹氏序》：予与东郭邹氏之在南都也三年矣，每以居室之远，会不能数，然会必讲学，讲必各执所见，十二三不合焉。……东郭且行，恐予犹懵然于是也，过予复论之，其爱厚之心甚盛也。然予终不能解，惟以前说宛转开陈，遂讲及执一之学、喜同恶异之弊，累数千言而后已，东郭子始少然之。恐东郭子别后，犹前说也，书之卷以赠。

来南都后，患暑湿，双足难履，日事汤药。

《泾野先生文集》卷6《送别程惟信诗序》：予自至南都，中伤暑湿，双足难履，日事汤药，鲜接宾客。

《泾野先生文集》卷33《别范伯宁还郴州语》：予自至南都，暑湿伤足，鲜接宾友者几一年。

至南京后，有《答杨达夫书》。

《泾野先生文集》卷21《答杨达夫书》：抵南，暑湿中伤，累医未效，归心如火，但未遂耳。惟执事道德文章，为时瞻仰，乃过为推让，不敢当！所望壹志多士，为国作人，与诸督学者表式，是所愿也。贵同寅初内滨者，仆久受教见，希叱贱名一拜。此公极有道行，想在交游也。

弟子张诗从京师至南都，问学于柳湾精舍。

《泾野先生文集》卷13《沈元明诗稿序》：都下人有张诗子言者，于正德戊、己之间尝师事予于宣武门左，时子言已能为诗赋古文词，翰苑之良多称焉。后予改官南都考功，子言乃泛黄河，渡长江，问予于柳湾精舍。既归，不相见者十余年也。

《泾野先生文集》卷35《明昆仑处士张子言墓志铭》（万历李桢本）：异日，予改官南部，子言又渡大江，问于金陵，因访采石、三山，予有诗以赠云："当年谢李心何在，此日张诗未肯还。"又曰："万里青天星日繁，如何落却在中流。"盖自此东游吴越，登越王之台，探会稽之穴，舟回维扬，录途中感遇数诗，驰辞于予而后返。

张时彻（号东沙）至柳湾精舍来访。

《泾野先生文集》卷7《赠张惟静提学序》：南京礼部仪制郎中东沙张君惟静既有江西提学副使之命，其僚秦懋功、吴宗仁来问言。泾野子曰："昔者予之初渡江也，即劳东沙枉问予于柳树湾中，遂获与东沙游。……"东沙名时彻，浙江鄞县人，起家癸未进士。

冬，湛甘泉北上考绩，门人葛涧在维扬（今扬州）为其建甘泉行窝，有《甘泉行窝记》。

《泾野先生文集》卷16《甘泉行窝记》：甘泉行窝者，今少宰甘泉先生增城湛公所过之地也。嘉靖丁亥冬，先生以大司成考绩北上，道出维扬，其门人不期而至者五十人。居一日，秉赞而谒者又几十人。先生乐之，有至止之意焉。车且起，有葛涧者请立会友约，后来者益众。涧乃谋于诸友，选地于城东一里，承甘泉山之脉创行窝焉。曰：此可以聚同志之士，讲先生之道也。……当行窝之旁，又置田二十余亩，以资来学。其费也，初议出于众，后涧皆辞之，盖身所独举，因以问记云。……近予读《雍语》，多涧所问对也；读《合一训》，多涧所辑行也。涧，扬人也；与其弟洞蚤从先生于南雍，能笃信乎先生。

除日，邹东廓来访。作七言杂曲《除日东郭枉顾共酌观梅归此其韵　丁亥冬南考功》。

按：诗见《泾野先生别集》卷10。

是年，有《贺大司马王公征虏奏绩序》。

《泾野先生文集》卷5《贺大司马王公征虏奏绩序》：大司马东平

荆山王公既有青海之捷，咸宁霍尹书曰："今嘉靖六年六月某日，花马池夜不收报，鞑靼自石旧墩拆边十余穴，进于铁柱泉诸处。翼日小盐池又报，三四千骑至癞马房南行矣。……"吕柟曰："是役也，严而不肆，一举兵而遂胜之，与晋之郤冀战获白狄子于箕者同，可不谓敬乎！……"

按：王公即王宪，字维纲，号荆山，山东东平人。弘治三年（1490）进士，官至兵部尚书，卒谥康毅。嘉靖四年至嘉靖七年二月，以兵部尚书总督陕西三边军务。传见《明史》卷199。

是年，与湛甘泉、邹东廓、欧阳南野、王心斋讲学于南京新泉书院。

《王心斋先生遗集》卷3《年谱》：六年丁亥，先生四十五岁。至金陵，会湛甘泉若水、吕泾野柟、邹东廓、欧阳南野，聚讲新泉书院，作《天理良知说》。时甘泉湛公有揭"随处体认天理"六字，以教学者，意与阳明稍异，先生乃作是说。……秋九月，在会稽，送阳明公节制两广。

为熊庆泽之女撰《贞洁熊四之女记》，赞其守节之德。

《泾野先生文集》卷16《贞节熊四之女记》：吾友青州博兴人熊四必悦庆泽，以父方伯公良佐之命，婿于故少司空孔公声伯焉。司空本宣圣五十八代孙，与必悦皆山东人也。司空先籍长洲县，必悦因婿亦籍吴县，与司空今皆苏州人矣。必悦生女寿芳，五岁字于无锡人秦汉。秦汉伯父为大司徒金，外祖父则都御史毛公理也。于是婚姻咸嘉，伉俪胥悦。乃正德十三年正月二十日，汉暴病死，芳女闻讣，痛哭自缢，赖婢子救免。后父母乡邻怜其少且贤也，欲夺其志，则又自缢，屡夺屡缢，又潜髡且荆，以明厥心，父母邻里始惊信之，详见少傅大学士守溪先生传。近必悦送其子寿栢乡试应天，乃携以谒予，其器度温淳，雅可敬爱，则女节可征矣。……事在正德十二年，而举行在嘉靖三年四月至于六年秋七月。

为上元知县魏弘仁撰《明承德郎上元知县泾川魏君墓志铭》。

《泾野先生文集》卷24《明承德郎上元知县泾川魏君墓志铭》：上元知县泾川魏君者，字体元，讳弘仁，世为泾阳之县西里人。……乃举正德丁卯科。三试礼部皆不偶，则已至嘉靖癸未也。是时，赵夫人且老，君曰："使弘仁再科亦不为迟，其如吾母不待养何？"乃就选铨部，得上考，授知应天之上元。……乃嘉靖乙酉闰十二月入觐京师。未几，乃婴痰疾，是月十八日卒旅邸，距生成化丁酉十一月二十二日，年才四十有九。……弘礼、弘道将卜嘉靖六年九月葬君于魏氏先茔之次，乃持君之友姚南知府邑人张君官状索铭。

《重建睢阳五老祠记》撰于是年。

《泾野先生文集》卷16《重建睢阳五老祠记》：睢阳五老者，宋太子少师杜衍、侍郎王涣、司农卿毕世长、郎中朱贯、冯平也。五人者之致仕里居也，年皆八十上下，用唐白乐天香山五老故事，结社赋诗，不干时事。睢阳人敬如蓍蔡，至绘像以传。其殁也，里人祠而尸社之，盖在归德城西数里云。岁久，其祠倾圮，今太子少保工部尚书临安俞公乃重建焉。……五老祠则自为行人、为御史、为通政时已营建之矣，未记之石也。至是，公四疏乞休，归临安，寓书请记，而其子都察院都事君惠民日催焉。

按：俞公即俞琳（1454—1529），字德彰，浙江临安人。成化二十三年（1487）进士，授行人，擢监察御史，官至太子少保工部尚书。嘉靖五年（1526）十二月致仕，嘉靖八年（1529）卒，年七十六。

《国榷》卷53"嘉靖五年"条："十二月，太子少保工部尚书署通政司事俞琳致仕。"

可知吕柟记文写于俞琳致仕之后，故系于此年。

是年或稍后，有《谢解州诸君子书》，答谢解州士人为之立去

思碑。

《泾野先生文集》卷21《谢解州诸君子书》：远辱寄至《去思碑》。窃念柟不材无德，在贵郡无益，乃劳诸君子过为奖誉，勒之金石，读之愧汗浃背。但称许太过，实不敢当，请且勿立，覆而存之，如何？俟一二十年，我学不改，而解人思予或不变，然后竖之未晚也。

嘉靖七年戊子（1528），五十岁

春初，作五律《春初对雪二首　戊子》

《泾野先生别集》卷11，诗云："旅馆春初雪，江城梦里游。越梅怜渭杏，吴酒忆秦楼。书剑尘埃集，风化日月流。行年今五十，皑皑白盈头。"

二月，潞州仇栏至南京，询问乡约、书院之事。临别，撰《送仇时闲北还序》。

《泾野先生文集》卷29《明义官仇君时淳墓志铭》：君兄弟三人：长楫，宿州吏目；季栏，郡医学训科，致仕隐居，专治儒书，尝从予游；君其仲也。……七年，改正本村东岳庙为里社坛，祀土谷之神，恐礼未允，乃遣医官之南都谒何柏斋、马谿田及予三人就正，兼询乡约、书院事宜，三人各有撰记。

《泾野先生文集》卷5《送仇时闲北还序》：嘉靖三年七月，予自史馆谪解，过潞州……明日，予西行，时闲束布带，系麻履，引三仆以送予。……自是日怀时闲而未见者三年矣。今年予官南都，二月之夕，灯已久张，有报时闲至者，予且信且疑，曳带以迎，则深衣幅巾，垂绅絇屦，已在门矣，曰："甲申七月之会，于栏心终不忘，且柏斋、谿田二公，久仰之而未睹也。……"

夏五月，马理致仕归乡，撰《送谿田西还小序》及五言拟古诗

《送黬田西还二首》。

《泾野先生文集》卷5《送黬田西还小序》：今予方转南部一司，而黬田正通政于南都，窃幸日夜得侍，寻旧约而追前好，以为二十年无此遇也，乃黬田又以病去，则予安能以为怀！……予年方五十而衰白早至，诸病侵寻，暑湿风寒，皆不能御。黬田年差长于我，而精健英敏，不减壮夫，乃黬田且以病去，则予又当何如而后可？……斯行也，为我扫嵯峨之云，具泾渭之舟，吾当不久而归，同采终南之药，共疗沉痼之疾，不知黬田肯俟我否耶？

按：序言"予年方五十而衰白早至"，可知作于是年。诗见《泾野先生别集》卷7，其中云："三十学京洛，五十无所成。"

马理于嘉靖六年升南京通政司右通政，七年五月以病告归。薛应旂《黬田马公墓志铭》："丁亥京察……是年，升南通政。……戊子五月，引疾告归。"

《邹守益集》卷4有《赠黬田马子西归》，曰："黬田马子之西归也，柏斋司空赋诗以赠之，予与泾野吕子、约斋刘子、西皋方子属和而盈卷焉。泾野复授以首简，曰：'赠处之义，古未之易也。'……兹其归也，率其乡之子弟以从事于变化气质之道，以必升于中行为的。处，以是医于乡；达，以是医于天下。"

秋，安徽歙县进士程默（字惟时）从学于柳湾精舍。

《泾野先生文集》卷6《送别程惟信诗序》：戊子之秋，歙进士程惟时访予柳湾精舍，语论契合，别久怀思。

《泾野先生文集》卷33《赠程惟时语》：惟时于戊子之秋谒予柳湾精舍，比察其后也，守贫不谒公府，信经不惑异说，事父母不以形声；遇同侪殁于途者，虽非其戚也，倡义棺敛，言于要路，使有所归。……望惟时持此心而无或惰，好斯学而无不在，则凡急遽、造次之时，皆从容中道之地。

昆山郑若曾从学于柳湾精舍。

清道光杨浚本《续刻吕泾野先生文集》卷7《明郑母陶氏墓志铭》：往年昆山学生郑若曾学于柳湾精舍，是时祖母陶已殁数月，若曾齐衰如礼，言动不苟。……生于天顺某年三月十二日，卒于嘉靖七年五月初四日，享年六十有七。

按：郑若曾（1503—1570），字伯鲁，号开阳，苏州昆山人，地理学家。少年时学于魏校（庄渠，1483—1543），与归有光为好友。后学于吕柟与湛若水。著有《沿海图本》《筹海图编》等，其后人编辑有《郑开阳杂著》。

门人张诗谒于柳湾精舍。

《泾野先生文集》卷25《江浦知县耿君德华墓志铭》：燕人张诗尝从予游，近访予至南都柳树湾，予既以诗送观三山采石还矣。诗至江浦，为其友江浦尹耿君德华所留欵。未几，德华病卒。……德华生成化壬寅五月十三日，卒嘉靖戊子七月十日。

七月，江浦知县耿瑶卒，作《江浦知县耿君德华墓志铭》。

《泾野先生文集》卷25《江浦知县耿君德华墓志铭》：燕人张诗尝从予游，近访予至南都柳树湾，予既以诗送观三山采石还矣。诗至江浦，为其友江浦尹耿君德华所留欵。未几，德华病卒，诗痛哭为之状，付德华之子学生钧请墓铭。……德华姓耿氏，讳瑶，字德华，别号熊山，系出巨鹿宋子后，徙巨鹿。金初，始祖盼帅平定军，遂为平定人。……德华生成化壬寅五月十三日，卒嘉靖戊子七月十日，距其生才四十有七年。

秋八月，作《元城语录解序》。

清三原李锡龄惜阴轩丛书本《元城语录解》（光绪二十二年重刊本）：元城刘先生《语录》一帙，多其徒马永卿所编辑。今山西副使端溪王子德征又分为六十二条为之解。其言之纯者则益发挥，以振开后学之志；少有未醇亦为之辩难，使学者不昧所从。……此其为道之笃、好学之甚，虽元城当日亦恐不逮。斯《解》也，吾又知其必与语录共传矣。嘉靖七年秋八月泾野吕柟序。

按：此序又见《泾野先生文集》卷5。《元城语录》为北宋刘安世（字器之）弟子扬州马永卿所辑。

八月，何瑭转北工部右侍郎，作《何栢斋北上序》、拟古诗《送何栢斋赴司空任》。序中论"变"与"不变"之道，指出"变者，因时之道也；不变者，守己之道也。虽然，非有不变之道，则亦无以为变；变随时而不以道，则并其己之不变者变矣"。

《泾野先生文集》卷5《送何栢斋北上序》：南少司空栢斋何公赴少司空任，刘黄岩、邹东郭谓予曰：……曰："古人下白屋，宾幕僚，公岂惟此不变哉！然吾数闻其言矣，忧民之深，爱君之切，犹昔之慷慨也；数观其行矣，律身之严，治心之密，犹昔之峻洁也；数探其问学德量矣，识见之正，致用之实，犹昔之贞固宏远也。夫木变于冬，鸟变于秋，人变于长老，位变于崇高，岂惟其气使之然哉？今有仕者于此也，独对则一人焉，显对则又一人焉；对少则一人焉，对多则又一人焉；对贫困贱弱则一人焉，对富贵权势则又一人焉。年方弱冠，官始筮仕，已滔滔乎变矣，况其长老、崇高乎？故曰：变亦习使之也。则夫栢斋公之不变，其中固有所得而已定乎！今斯之行，其知所不变乎！夫长安陌路，公昔乘欸段寡暖耳冒风雪之地也；左掖史馆，公昔一布袍五七年之处也；顺门之下，公昔抗疏言天下事之阶也。今已十余年，斯行也，犹然见之。况圣天子勤学好问，加志穷民，欲睹时雍风动之化于目前。公斯之行，尚可祗曰不变乎？或曰：'化而裁之存乎变。'变者，因时之道也；不变者，守己之道也。虽然，非有不变之道，则亦无以为变；变随时而不以道，则并其己之不变者变矣。"

按：诗见《泾野先生别集》卷7。

《国榷》卷54"嘉靖七年"条："八月辛丑，召南京工部右侍郎何瑭于工部。"何瑭为工部右侍郎，故序中称其少司空。

十一月，作《送齵庵柴公北上序》。

《泾野先生文集》卷5《送齵庵柴公北上序》：嘉靖七年十一月，朝廷册立中宫，南都九卿推大司徒平川王公进贺表，寺监诸卿推光禄少卿齵庵柴公德美进贺笺。齵庵将行，其僚毅斋刘公与其同乡诸大夫皆以为荣也，赠之诗而问序。……公名奇，苏之昆山人，起家辛未进士。

按：齵庵柴公即柴奇，字德美，号齵庵，昆山人。正德六年（1511）进士，官至应天府尹。著有《齵庵遗稿》。

冬，江西泰和举人康恕（字求仁）会试过南都，从学于柳湾精舍。

《泾野先生文集》卷25《明封孺人康母王氏墓志铭》：敕封孺人康母王氏者，故南京大理寺评事损斋先生泰和康公之配，江西举人求仁恕之母也。去冬，求仁会试过南都，大雪中谒予，即相知。今年求仁落第，卒业南雍。且归，诣予。

作《少保工部尚书俞公七十五寿序》。

《泾野先生文集》卷5《少保工部尚书俞公七十五寿序》：嘉靖七年三月十六日，宫保大司空西湖先生临安俞公生七十五寿矣。……吕柟曰："此犹未也。去冬，予道经归德，其城西有庙岿然，问诸士人，皆曰此宋睢阳五老祠，今少保俞公所重建也。……去春，四疏乞休，上遣中官赐羊酒蔬菜。再疏乞休，上赐敕致仕，给之岁夫月廪。……"

按：俞公即俞琳，见"嘉靖六年"条。

作《完名全节诗序》。

《泾野先生文集》卷5《完名全节诗序》：太子少保大司马梧山李公参赞留务，天下士民所倚重也。乃丁亥之春，以四方灾异上疏请免……今年春，犹申前请，且让贤以自代。上重违公志，始报允，赐驰驿以归。公，蜀之内江人也，凡蜀大夫仕于南都者咸叹曰："公斯之行，其名可谓完乎！其节可谓全乎！"遂皆为诗歌于卷，题为《完名全节》，而大鸿胪孟川郑公请序诸端。然栱自去冬转官来，尝晋谒公，鹤发童颜，被服造次，接引后学，如春风鼓动。

按：梧山李公即李充嗣，《国榷》卷54"嘉靖七年"条载："正月，南京太子太保兵部尚书李充嗣致仕。"

李充嗣（1465—1528），字士修，号梧山，湖南澧州人（今澧县），祖籍四川内江。成化二十三年（1487）进士。正德中巡抚河南、应天，进工部尚书，修治苏松水利，加太子少保。嘉靖二年（1523）十一月，改南京兵部尚书，参赞机务。嘉靖七年（1528）正月致仕，同年九月卒，赠太子太保，谥康和，入祀澧州乡贤祠。著有《梧山集》。

是年，山西临汾县重修儒学，作《重修平阳府临汾县文庙记》。

《泾野先生文集》卷17《重修平阳府临汾县文庙记》：临汾县文庙在县治西偏崇道坊，本元季察罕帖木儿之祠，国朝洪武十一年建学于兹。……嘉靖戊子，肤施人董君珊继袁治汾，睹厥坠绪，心用弗宁。会巡按三原穆公相令郡邑修饰庙署，敦作文教，董是以获请申扬前业，而新守磁州葛公覃亦视绩加饰。于是殿堂龛室，户牖廊庑，门墙台序，咸次第举。诸生请诸学谕辛君珍列状，发使济江问记。……董君字邦奇，举嘉靖丙戌进士。

按：《（雍正）山西通志》卷35《学校》："临汾县儒学，在县治西。……明洪武十一年，知府徐铎复以元季察罕特穆尔祠改建，张昌记。宣德间，知县袁淮撤旧图新，工未竣，迁去。七年，知县董珊继成之，殿堂、龛室、户牖、廊庑、门台、墙序，咸次第举，吕栱记。"

敖英升陕西提学佥事，撰拟古诗《送敖东谷提学关西　戊子》。

按：诗见《泾野先生别集》卷7。

敖英，字子发，号东谷，江西清江（今樟树）人。正德十六年

（1521）进士，授南京工部主事，迁礼部郎中，历陕西提学金事、河南提学副使等，官至四川右布政使。传见其《自述履历》（载《心远堂文草》）。后人辑有《敖东谷先生遗书》六种八卷。

王阳明弟子周道通来访于柳树湾精舍。有《送周道通序》《周氏族谱序》。序中详细记述与周道通论学的内容，其中发明朱子重"知"及颜子"屡空"为"屡贫"之义。

《泾野先生文集》卷5《送周道通序》：宜兴周道通自其家偕其门生邵武人曾守约入南京，过予柳树湾精舍以谈学。……初会曰："冲适见邹东郭言：'学濂洛关闽，自孔子学下来。'或曰：'自濂洛关闽学上去。'如何？"曰："昔明道兄弟十四便学孔子，后来尚不及颜、闵之徒。只学孔子，后亦未知如何尔。孔子，万代之师也。"问："交友、居家、处世，不能皆得一样善，人甚难处。"曰："此须有怜悯之心方好，怜悯便会区处他。如妻妾之愚，兄弟之不肖，不可谓他不是也，此仁智合一之道。舜欲并生，张子《西铭》具言此理，但千变万化处，非言所可尽也。"问："为学只不间断好。"曰："何以能不间断？"曰："责志。"曰："此亦是第二层功也，其要只是能知尔。能知得，便会颜子之欲罢不能也。""则何以谓之知？"曰："如体寒，思得衣以暖；腹饥，思得食以饱，是知也。"因问怎能得会知？曰："在默识自省耳。"曰："此固是要法。若随事观理，因人辨义，读书穷理，皆不可缺。"问："屡空之空，只是虚字，若言贫，恐小了颜子。"曰："屡贫亦非小事，知破此，便寻得仲尼、颜子乐处也。"问："今之讲学多有不同者，如何？"曰："不同乃所以讲学，既同矣，又安用讲邪？故用人以治天下，不可皆求同，求同则谀谄面谀之人至矣。"曰："果然。治天下只看所轻重，问学须要成个片段方好。"曰："才要成片段便是助长。"问："身甚弱，若有作贼盗的力量，改而为圣人，方易。"曰："作圣人不是用这等力量，见得善处皆行，便是力量，溺于流俗物欲者乃弱也。"……于其行也，恐彼此谈学之言传告听闻之不审也，乃附书以赠之，盖不嫌于烦渎尔。

《泾野先生文集》卷5《周氏族谱序》：宜兴周道通搜访其先世，既三公而下，以至其兄弟子侄，凡六七世，为《荆溪周氏谱》一编。……道通过南京，请再申教戒之言，以为周氏子孙者世守也。曰："……夫道通明敏忠信，笃志问学，早事阳明王公，获闻心事合一、知行并进之旨。若以其所得，教之家庭，以为父子兄弟足法，斯谱也，岂惟千百世可传哉！……"

按：周道通即周冲（1485—1532），字道通，号静庵。正德五年（1510）举人，授万安县训导，从学王阳明于虔。嘉靖元年（1522）改知应城县，入觐之京，复受学于湛甘泉，闻随处体认天理之学。周冲与楚中王门的蒋信（道林，1483—1559）是阳明门人中折中王、湛之学的代表人物。

《邹守益集》卷8有《弘斋说》，曰："吾友周道通，旧教于邵武，曾生溥思其教，不远千里，以省于宜兴。道通携至南都，谒诸名公，以请益焉。其别也，以'弘'扁其弦诵之斋，予因扩其义而勖之。"

南京尚宝司卿盛端明迁左春坊左庶子兼翰林院侍读，临行，与邹东廓等为其饯行。

《邹守益集》卷2《赠盛程斋北上诗序》：南海程斋盛先生，以翰林出督学政于浙，入为符卿于留都，自起家进士，二十有七年矣。天子笃念老成，至是有春坊之召。将行，江郎周子用宾、泾野吕子仲木、约斋刘子绍功、黄岩刘子舜弼及予酿而饯于其居，程斋复张席以留客。

按：程斋盛先生即盛端明（1470—1550），字希道，号程斋，广东潮州饶平人。弘治十五年（1502）进士，官至礼部尚书，赠太子太保，谥荣简。隆庆初夺官。传见《明史》卷307。

由邹东廓序文"自起家进士，二十有七年矣"，可知其序作于是年。

《泾野先生文集》卷9有《送程斋盛公还潮阳序》，卷36有《中丞盛程斋像赞》。

作七言杂曲《次东郭复去年除日韵》。

《泾野先生别集》卷10，诗云："去年此日共传杯，抱病江边尚未回。鱼笋劳君频馈送，看春独对一枝梅。"

有《漆厓左君墓志铭》、拟古诗《挽左漆厓佥宪》。

《泾野先生文集》卷25《皇明湖广按察司佥事漆厓左君墓志铭》：漆厓先生左君者，今南京户部主事长臣思忠之父也。……长臣奔丧，以铭托我。呜呼！予忍能铭哉？公讳经，字载道，先世长安人。远祖讳继先者，徙居耀州之漆厓。至公遂号漆厓，人称漆厓先生云。……公生于成化四年六月癸巳，卒嘉靖七年十月辛亥，享年六十有一岁。

按：诗见《泾野先生别集》卷7。

是年，王之士生。

按：王之士（1528—1590），字欲立，号秦关，陕西蓝田人。明代后期著名的关学学者。嘉靖三十七年（1558）举人。屡试礼部不第，后幡然改以道学自任，潜心性理之学，闭关不出者九年。居家讲学，并在蓝田推行《吕氏乡约》。后以赵用贤等荐，授国子监博士。万历十三年（1585），许孚远任陕西提学副使，讲学正学书院，礼聘王之士为书院诸生讲学。许孚远谪归后，王之士开始南游讲学，先后拜会江西学者章潢、邓元锡、杨时乔，江苏学者殷士望以及浙江许孚远。万历十七年（1589）秋，返回陕西。第二年，卒于家。著述丰富，其后人曾辑为《秦关全书》，冯从吾作序，然书已佚。传见冯从吾《关学编》卷4、《（光绪）蓝田县志》卷14《儒林传》、黄宗羲《明儒学案》卷9等。

嘉靖八年己丑（1529），五十一岁

作七言杂曲《白头　己丑》。

《泾野先生别集》卷10，诗云："江上今年五十一，垂肩白发纷如丝。东林书屋松千树，应笑红尘爽旧期。"

春，江西泰和举人陈日旦（字子明）会试不第，来学于柳湾精舍。既归，作书问根本之学，有《送陈子明还泰和语》。

清道光杨浚本《续刻吕泾野先生文集》卷7《乡进士陈子明墓志铭》：泰和陈子明日旦于己丑春会试不第，谒予于柳湾精舍。既告归，登舟矣，旋复作书问根本之学，意甚恳。

《泾野先生文集》卷33《送陈子明还泰和语》：泰和陈子明自南都前去江舟上新河矣，从致书于予曰："旦三黜礼闱，飘零南都，几欲蠙食自落之果，加以风雨销蚀，遂为道傍弃核。既闻人心道心之说，遂令拆核生春，欲有根出土，所不能者枝叶耳，又惧木为斧斤之伐也。倘蒙教言，以为藩篱护蔽，则虽由此而往，柯根华实，不亦可乎？"泾野子曰："於戏！子明乃借听于聋哉！虽然，尝闻学树斯果矣：忠信以为之地，严恭以为之垣，礼法以为之樊，深造以培其根本，闲邪以剔其粤蠥，格物以苏其脉络，坚志以俟其畅茂，亲贤以资其灌溉。无沧高语，恐华而不实也；无狙流俗，恐蔓而不长也；无近群小，恐折我枝也；无狎权势，恐逾我垣也。夫然则虽硕果不食亦可至矣。是故古之为中者惟一心，人即道也；后之为中者则二致，道非人也。……"

三月，与王子崇、陆伯载同游南京燕子矶。有《游燕子矶记》及诗《同虚斋弘斋登燕子矶观音岩阁次白岩韵》《燕子矶登水云亭怀前溪有作》《于燕子矶和弘斋大观亭雨作》。

《十四游记·游燕子矶记》：己丑之岁三月丙辰，虚斋王子崇邀弘斋陆伯载及予同游于燕子矶，盖讲之去秋而今始践之者也。是日晨兴，予独先往，北出观音门，即傍山西行。

按：是记又见《泾野先生文集》卷17，然《文集》作"二月"。诗见《十四游记》。

虚斋王子崇即王积（1492—1567），字子崇，号虚斋，江苏太仓人。正德十六年（1521）进士，授兵部武选司主事，官至南京兵部右侍郎。传见王世贞《嘉议大夫南京兵部右侍郎虚斋王公积行状》（《国朝献征录》卷43）。

三月之暮，与潘颖（号五山）、秦仪（号双山）、李清（号南桥）、胡廷禄（号在轩）、顾梦圭（号雍里）、况维垣（号郭山）同游南京灵谷寺。有《游灵谷记》及诗《游灵谷寺和顾雍里武祥》《和东桥约再游灵谷寺》。在灵谷寺，针对佛教升天入岩一事，发挥张载"太虚即气"的思想，指出太虚、人物实为一体，太虚之气聚而为人物，而人物之气最终亦散而为太虚，以此说明仙佛升天说的虚妄。

《泾野先生文集》卷17《游灵谷记》：三月之暮，五山潘子约诸僚同游于灵谷，予以足疾不能远马，赁舆先往。盖灵谷之松亘四五里，周几十余里，东至木公山以为界。……往年同南桥李子日午而始往，不久即返，未尽其奇，于心恒不忘。故五山约，亦不俟联镳而独先也。……五山遂举其乡寒山拾得及丰干和尚升天入岩之事以难众。予曰："太虚、人物，实一体也。太虚之气不得不聚而为人物，人物之气不得不散而为太虚。若曰仙佛白日升天，彼太虚茫茫，何所安着？安得不谓之散而无邪？但世之忠臣义士、圣人大贤，其所养者既固，则其殁也，气未遽散，有时焄蒿凄怆，犹露精采，人皆神之。虽练精葆气之士，其道虽殊，然而死亦不骤解散，或依草附木，托亲倚故，时一见焉。好事者益张大而奇异之，故有今说。然其气未有久而不散者。今夫吕嵒、锺离何以不数见邪？"……遂还，予先至朝阳门，俟诸君而后别。五山名颖，字叔愚，宁海人。双山名仪，字相之，临桂人。南桥名清，字介卿，龙阳人。在轩名廷禄，字原学，云南人。

雍里名梦圭，字武祥，昆山人。郭山名维垣，字翰臣，高安人。予则名柟，字仲木，号泾野，高陵人。

按：是记又见吕柟《十四游记》，诗见《十四游记》。此后吕柟与潘五山、秦双山、李南桥、胡在轩、顾雍里、况郭山七人又有数游，详见以下各条内容。

四月五日，与潘五山、胡在轩共饮于吏部官署之竹林。四月六日，邀南桥、五山、在轩、郭山、雍里、双山同游南京高座寺，谈王道颂圣学，论人材之进退，言政事之因革。有《游高座记》及诗《游高座寺和雍里》。

《泾野先生文集》卷17《游高座记》：五山子既有灵谷之游，予欲南游高座寺，未有期也。乃四月五日，予适有斗酒、双鸡，欲邀诸僚于部选官厅，而予方查吏册未毕，毕则诸僚多归，尚获邀五山、在轩二君以共酌。已又移酌于省中竹坞，已又移酌于双松、二枳之前，盖皆前此未到之地。……明日，公退，南桥先至，予始至。未几，五山、在轩、郭山至。未几，雍里、双山至。是日，南桥初得三月中邸报，于是谈王道颂圣学，或论人材之进退，或言政事之因革，辩而不激，直而不列，身在高座之上，而心如游司厅之中。盖诸君勤政体国，游观未忘所事如此。

按：此记又见《十四游记》，诗见《十四游记》。

四月九日，应胡在轩之邀，与诸友同游于官署中之竹林。有《游省中南竹坞记》。

《泾野先生文集》卷17《游省中南竹坞记》：省中竹坞者，太宰厢房前之竹林也。……往年与江郎周子尝饮歌其下。他日，以告在轩胡子，胡子遂婴心焉，于四月九日欲召诸僚同酌是也。

按：此记又见《十四游记》。

四月十二日，应况郭山之邀，与诸友同游南京鸡鸣山。有《游鸡鸣山记》。

《泾野先生文集》卷 17《游鸡鸣山记》：鸡鸣山为南都之胜，久怀游览。改官南曹三阅年矣，未能以偿此愿也。予僚郭山况瀚臣于四月十二日公退之暇，邀诸僚同造焉。

按：此记又见《十四游记》。

四月十七日，应秦双山之邀，与诸友同游白鹤道院。作《游白鹤道院记》。

《泾野先生文集》卷 17《游白鹤道院记》：四月十二日，鸡鸣山醉归，步过西华门，双山秦子曰："十五日当请游梅花水。"云是日有堂上行，不坐部，可以出游也。……乃十五日有堂上，不果行，改十七日，双山亦又改至十七日。然是晨大雨，去梅花水实难。双山欲移游附近道院，云有故乡莲酒已开尊矣。予曰："天雨，又开此酒，即附近道院不减梅花水也。且岂惟堂上行有改移，虽天亦使此水有改移矣。"于是开宴于协律郎朱氏之白鹤堂。……四月十八日记。

四月末，应顾雍里与李南桥之邀，与诸友同游南京牛首山、献花岩。是日，夜宿牛首山。第二日，游献花岩。当日，诸友先下山，独宿花岩寺中，明日乃返。有《游牛首山记》和《游献花岩记》及诗《登牛首憩方丈前屏》《顾东桥示雪后同陈石亭游牛首诗次韵》《宿牛首晨兴次五山韵》《次南桥示雪后同石亭游花岩牛首韵》《于献花岩逢僧翠述清凉寺李西涯先生诗因忆去年正月亦曾至此遂次其韵》《次雍里游牛首及花岩韵》。

《泾野先生文集》卷 17《游牛首山记》：牛首为金陵镇山，每登城中高处，辄见山之双角如牛状。往时僚友陈鲁南数言其胜，且言献花岩尤奇，示所撰志。抵南且年半，未能一至。四月十九日，雍里顾子有牛首之邀。明日，南桥李子有献花岩之邀。予喜谓同僚曰："二美恐难并得，或风雨炎暑之阻，亦不可知。"他人闻之，亦为予虑，恐夏且半，暑已盛，不能遂也。及期，予先出门，过承恩寺。

《泾野先生文集》卷17《游献花岩记》：南桥催赴献花岩，予与五山独先出禅林翠微以往，遇陡绝，则又下舆小步。五山乃出夜中所为诗三篇以观，有慈民之心焉，有复古之志焉。虽上舆，犹讽诵之不已。比过长庚池，则又下舆，并观池水。乃遂至献花岩洞。……是时，日已近未，诸君先返，以赴来日坐部，予以倦病，不获同归。送诸君将下山，还卧官厅榻上，未成寐，而在轩又送酒馔来，予不能礼使者，于榻上作谢帖去。旦日向晨始能兴，然犹惛眩无精采。

按：二记又见《十四游记》，诗亦见《十四游记》。

五月五日，应潘五山之邀，与郭山、双山、在轩同游吏部后堂之敬亭。有《游敬亭记》。

《泾野先生文集》卷17《游敬亭记》：五月五日，五山有敬亭之邀，而郭山顷亦折简来，云同五山子作端阳节饮也。至则吏已设席敬亭中西面矣。夫敬亭者，部后堂之题名亭也，先正以"敬"题扁，垂示常儆云。……是日，雍里假，南桥有清凉之行矣。……乃传杯石池边上，抵暮而后散。明日，双山曰："昨日之游，其相谈也，君自尧、舜、禹、汤以及启、太甲、周、汉、唐、宋以来，立嫡立贤，禅继之义；贤自伊尹、周公、管仲、晏婴、公孙侨、平、勃、丙、魏、贾谊、汲黯、黄宪、孔明、郭泰、尹焞以及建文末年方、王、齐、黄之故；经自《木瓜》、《式微》、《载驰》、《泉水》、《柏舟》、《关雎》、《抑》、《定之方中》，石门、于越、于稷、葵丘、首止、于虢、于申，使札来聘，于越入吴之旨；事自庶富教化、礼乐制度、因革损益、先后缓急之宜，无不剧谈而详评，视他日之游，其论颇精而义更美，犹可为一续记，以附献花岩之后也。"予曰："……前此之游，虽有不虐之戏谑，终陷光景之流连。岂若敬亭者，目视扁而警惕，心喻义而敛肃，既主一而不驰，乃直内而无他。《易》曰'敬以终始'，其在斯乎！苟存其迹而不没，实质之道而无诡，固当记之终篇，以增益于诸游。"……既乃缉自游燕子矶诗各因题类编而以得诗先后为次，凡八九十篇云。

五月，湛甘泉门人葛涧刻《横渠张子抄释》于江都。

葛涧《横渠张子抄释序》：涧镂《横渠张子抄释》于梓。或曰："何居？"涧曰："夫横渠子，古之儒也，其质弘，其力勇，其思精，其造深，是故有至训焉。《西铭》大而理，《东铭》迩而恪，《正蒙》奥而通，《理窟》博而粹，《语录》明而实。若而文若而诗，飒飒乎，肆而中，曲而雅，治之经也，志之休也。其绍邹鲁之烈乎！夫泾野子，亦古之儒也，是故有《抄释》焉。推天以人，阐无以有，极内以外，验古以今。质而味，简而尽，横渠子之蕴，其离离然乎。是故由《抄释》可以知横渠子矣，由横渠子可以造圣神矣。……嘉靖己丑仲夏望日江都后学葛涧序。（清李锡龄惜阴轩丛书本《宋四子抄释》）

按：葛涧，字子东，江都人，举人，湛甘泉弟子。

六月十五日，作《潮州府海阳县重修儒学记》。

《泾野先生文集》卷17《潮州府海阳县重修儒学记》：海阳，潮州府之附郭邑，以在南海北干，曰海阳县。潮每至是，即古潮阳也。……地既因于僻陋，士遂习以惰偷。教谕常熟陈君察积监察御史升大理少卿，以荐让高贤，谪典是学。既至，而潮守王公袍志同作人，谋协义举夫。然后广廪崇庠，补缺平陷，栋楠咸明，宇序皆饰。既落成，陈君乃因使问记。……是役也，经始嘉靖七年某月日，记于八年六月望日云。

夏，太学生杭封（字锡贤）问学于柳湾精舍，有《日惺斋题》，以谢良佐"常惺惺"之义为其发明。

《泾野先生文集》卷6《杭泽西八十寿序》：己丑之夏，太学生宜兴杭锡贤封谒予于柳湾精舍。未几，持《日惺卷》以索题，予尝为之说上蔡以至曾子三省之学。锡贤既别，恒不忘，数以书来谢。

《泾野先生文集》卷36《日惺斋题》："日惺"者，宜兴杭锡贤扁其书斋以自警者也。昔程子论敬，而谢上蔡以"常惺惺"法明之，然则锡贤其亦上蔡之徒乎！夫惺，犹醒也。人睡以寐则不醒，饮以醉则不醒，欲以迷则不醒；内不见身心，外不见天日，与物无异矣。就其中以迷欲为甚，而欲之迷也，在人各有所重，惟于重者，常以理唤醒，则其轻者皆易矣。至于久积，虽曾氏之三省，皆可以究其旨而得其要也。锡贤年四十而向上无已，好学不倦。

按：《邹守益集》卷2有《日惺斋说》，曰："宜兴杭锡贤卒业于太学，闻甘泉先生之教而乐之，以'日惺'名其弦诵之斋。异日，诣吕泾野而请言，泾野申之以上蔡之义，炳炳然也。将归，复过予而请益焉。"

夏，武陵刘邦儒（字幼醇）从学于柳湾精舍。

《泾野先生文集》卷33《送刘幼醇语》：己丑夏，武陵刘幼醇谒予柳湾精舍，同解州王克孝与讲舜、禹、皋陶之学，幼醇便兴仰思师之志。未几时归矣。他日与诸子论学至是，言未尝不称幼醇也。

夏，休宁汪尚和来访于柳湾精舍。

《泾野先生文集》卷33《书汪节夫家训语》：己丑夏，休宁汪节夫谒予于柳湾精舍，出所得诸公文字以展予，予谓之曰："节夫何必以是为哉？归敦实行，化导家人宗族，以及乡党，为同里表率，不可乎？"

按：汪尚和，字节夫，安徽休宁人，曾从学于王阳明，后又问学于吕柟。王阳明有《题岁寒亭赠汪尚和》诗。

青阳知县祝增在九华山建仰止亭，以纪念王阳明，为撰《仰止亭记》。在记中，详述对王阳明之学的看法，指出其学有是与不是之处。

《泾野先生文集》卷17《仰止亭记》：仰止亭者，青阳祝尹之所构也。正德末年，阳明王公与其徒讲学九华山中，一时青衿之士，如云滃雾集，而致良知之说，以行为知之论，由此其发也。其徒守之如父母之命、蓍龟之告而不敢易焉，然亦有得者焉，亦有不得者焉。故天下之士，是阳明之学者半，不是阳明之学者亦半。他日，弘斋陆子伯载、东郭邹子谦之，固蚤从阳明游者也，数以难予。予曰："予敢以阳明之学为是乎？予敢以阳明之学为不是乎？"二子曰："如子之言，不几于持两端乎？"曰："不然。昔者先正以一言一字发人，而况阳明之学，痛世俗词章之繁，病仕途势利之争，乃穷本究源，因近及远，而曰行即知也，知本良也，亦何尝不是乎！但人品不同，受病亦异，好肉者不可与言禁酒也，好奕者不可与言禁财也。故夫子切牛之噪言，色商之直义，达师之务外，惧由之好勇，故德无不成，材无不达。如人之病疮，有在手者，有在足者，有在肩背者，有在面目者，皆足以滞一身之气而壅百骸之肿。所病去，则全体无不安矣。故受药亦易，而起其病亦不难。故有知而后能行，未有不知而能行者也，犹目见而后足能走，未有不见而能走者也。若曰见守齐举，知行并进，此惟圣人能之。故阳明之学，中人以上虽或可及，中人以下皆茫无所归，故《论语》不道也，亦曷尝尽是乎！虽然，自夫俗儒而言，忘其良知而又不知以行之为急也，其弊至于戕民而病国，则阳明之学又可少乎哉！去年，阳明已逝矣，其徒江学曾辈思之不置，祝尹曰：'某初欲建仰止亭于九华山，今阳明虽不在，岂可以生死而易其心哉！'学曾遂以伯载问记于予。"

按：《邹守益集》卷6《九华山阳明书院记》："嘉靖戊子，金台祝君增令兹邑，诹俗稽典，始克成其志。中建正堂，大书曰'勉志'，东西有廊室，而亭其后，曰'仰止'；合而门之曰阳明书院。"

《欧阳德集》卷8《九华山阳明书院记》："前御史柯君乔始从乡试，告诸县令祝君，即其处成讲堂三间，堂后……构亭曰'仰止'。……讲堂成于嘉靖戊子秋。改亭为祠，成于甲午夏。"

由邹守益与欧阳德所作之记可知仰止亭为阳明书院的一部分，建于嘉靖七年戊子（1528）。而吕柟记中称"去年，阳明已逝矣"，王阳明卒于嘉靖七年十一月，可知吕记作于嘉靖八年。

秋七月，湛甘泉门人青阳施宗道、江学曾在九华山建五溪书屋，为撰《五溪书屋记》，发明"力行"之旨。

《泾野先生文集》卷17《五溪书屋记》：五溪者，池州青阳县九华山之五溪也。一曰龙溪，二曰池溪，三曰漂溪，四曰双溪，五曰涧溪。……嘉靖乙酉，青阳生江学曾、施宗道来南都受学于吾甘泉先生，暇或谈及九华，先生飘然有往居之意，二生对曰："愿筑书院，鹄立以候也。"越明年，柯乔者亦及门受业，勃兴共构之心。又明年，邑尹德兴祝增北观而还，亦翻然欲助举之。二生乃遍选九华之妙，获兹五溪之邃，诹日程工，召匠计木。……谓之"五溪书屋"云。工始己丑之仲夏，落成是年之初秋。未几，甘泉先生自南少宰被命征入为少宗伯，二生及潮州周孚先、贵溪吕怀、宜兴周冲、怀宁尹唐送先生至淮安，或至彭城。先生犹拳拳不忘九华也，使道通、尧臣居五溪，限之以三年，有诗以遣；使克道、汝德游九华，望之以九秋，有诗以送。诸君归皆示予，而施、江二君星言先往，衰是地之秀后以候也，因以问记。……夫先生常患人之徒知而不能行也，则著"知行并进"之说；又尝患人之徒养心而忘所有事也，则著"心事各一"之说，而以"随处体认天理"发之。……盖柟为甘泉先生礼闱所取士，受教最久且深，故敢发先生之旨以告诸君，顾从事乎力行而不文饰于外也。

按：是年即嘉靖八年（己丑）七月，湛甘泉转北礼部右侍郎。

明清时，称礼部尚书为大宗伯或宗伯，礼部侍郎为少宗伯。

湛甘泉族弟湛惟寅返增城，临行，有《送湛惟寅序》。

《泾野先生文集》卷5《送湛惟寅序》：湛惟寅者，吾甘泉先生之族弟也。今夏自增城来问甘泉先生，予往拜之，雍睦之度，淳悫之态，谦抑之风，绰有甘泉先生之教焉。他日，惟寅且行，适有小疾，乃卧床上，属周道通曰："为我问诸泾野，何以告我？"予曰："……今甘泉先生为少宗伯，方佐佑圣天子以治理天下，而其道则自家人宗族始。惟寅之贤又如此，固不可不分甘泉先生之志以图之也。"

按：由序文"今夏自增城来问甘泉先生"及"今甘泉先生为少宗伯"，可知此序作于是年七月湛甘泉北京礼部右侍郎任命下来后不久。

周克道来问寿言，为作《东溪行乐寿图序》。

《泾野先生文集》卷5《东溪行乐寿图序》：东溪先生郑君者，潮阳人也。其内侄周进士克道曰："先生力学好古，敦礼轻财。尝构别墅曰东溪精舍，日与诸子讲习其中。……今年十月八日七十之初度辰也，孚既与其子经哲远在万里外，敢问何以为乐处，以广先生之乐且寿之于无穷乎？"曰："……夫世见有敏卓之资，坚定之操，而又受学于甘泉先生，广东溪之乐而寿其道于无穷也，其惟世见乎！"……他日，世见之兄世平亦自京师会试归，同诣予，又问焉，予再告之，曰："经正敢不与吾弟以是勖。"

七月，湛甘泉门人周克道将还潮阳，有《送周克道还潮阳序》，发明"出处"之旨，指出"君子之道不知退则不知进，不知处则不知出"。

《泾野先生文集》卷6《送周克道还潮阳序》：潮阳周克道孚先来金陵，不赴会试，学于甘泉先生。甘泉子既北转，克道送至彭城别矣，且还潮阳。其友永丰吕汝德来曰："则何以送克道也？"曰："克道云何？汝德云何？"曰："克道，与之同居，见僻地则喜；与之同行，见茂林修竹则休。其心拳拳然隐也，绝无仕进情。若怀则不然，道以中庸为至，行以已甚为戒，学而修诸己，仕而措诸民。其常也数语之，坚不从。不知泾野子是耶？非耶？"曰："……夫乾坤示人易简矣，人不能于易则不能于难，人不能于简则不能于繁。今天下之为中庸者多矣，乃数陷于胡广者何耶？是故火不潜则不光，木不殒则不荣，君子之道不知退则不知进，不知处则不知出。……"

《泾野先生文集》卷6《题桃溪卷》：潮阳周克道结庐桃溪以居，不会试者数科矣。去年来南京受学甘泉先生，所得益深且厚，与永丰吕汝德并名，予尝以为湛门之"谢、杨"也。秋初，二君送先生北上，至彭城以别。

按：序中称"甘泉子既北转""秋初，二君送先生北上"，可知此序作于是年七月。

吕汝德即吕怀（1492—1573），字汝德，号巾石，江西广信永丰人。嘉靖十一年（1532）进士，官至南京太仆寺少卿。湛若水弟子。著有《心统图说》《巾石类稿》等。传见《明儒学案》卷38。《泾野先生文集》卷31有《鹅峰处士吕君墓表》，为吕怀之父所作。

秋七月，为周克道作《题桃溪卷》。

《泾野先生文集》卷6《题桃溪卷》：潮阳周克道结庐桃溪以居，不会试者数科矣。去年来南京受学甘泉先生，所得益深且厚，与永丰吕汝德并名，予尝以为湛门之"谢、杨"也。秋初，二君送先生北上，至彭城以别，先生与之观化诗以勉，予读而附赠之如是云。

秋，邹东廓弟子易栗夫临行，作《秋江别意诗序》，记述与之论学的情况，发明孔门"改过""处贫"之旨。

《泾野先生文集》卷6《秋江别意诗序》：安福易栗夫学于东郭邹氏，以东郭子予友也，亦数枉论学焉。予曰："夫为学莫如去过。去过殆如去病，所病不同，为医亦异，一病既去，百体咸嘉，故虽商汤以改过不吝为称，而孔子以闻过为幸，见过自讼为未见也。"他日，栗夫又曰："宽也，贫甚，然亦尝求处乎贫矣无怨，虽未至乐，然已过于无谄矣。"曰："为学之道，惟此为难。苟处贫而乐，则道已在我。昔夫子以颜氏箪瓢不改其乐为贤，苟或因贫改乐，虽破瓢半箪亦夫子所不与也。昔周子令两程寻孔、颜乐处，其自言见大心泰无不足者，则正其乐处也。世之人所以长戚戚者，正为有不足处耳。"栗夫曰："只此改过处贫之言能行之，于道亦近乎？"曰："然，此实学也。夫子谓回'其庶乎'者，惟屡空耳。"是时栗夫且行，有诗成册矣，遂题之曰《秋江别意》云。

按：《邹守益集》卷 2 有《叙秋江别意》："易栗夫学于南都，将道绍兴以归。同志之士及缙绅之能文者，咸有言以别。甘泉先生大书"秋江别意"于首简，东廓山人援之而不能止也，乃偕诸友携诸儿饯于燕子之矶。维时秋气方肃，皓月千里，潦水归涯，江流一碧。……今吾行年三十有九矣，栗夫亦三十有六矣。"

邹东廓在序文中自称"今吾行年三十有九"，正在嘉靖八年，可知吕枏序作于是年。

易栗夫即易宽（1494—?），字栗夫，江西安福人。嘉靖十四年（1535）进士，官至提学副使。初学于王阳明，后师事邹东廓。传见《（同治）安福县志》卷 10《人物》。

秋，在鹭峰东所讲《论语》，发明力行之旨，指出"饮食男女乃做功处，衣服宫室乃观心处，言语动静乃体验处，梦寐交游乃见道处"。

《泾野先生文集》卷 12《赠周怀玉之任序》：昔者己丑之秋，予讲《论语》于鹭峰东所，尝曰饮食男女乃做功处，衣服宫室乃观心处，言语动静乃体验处，梦寐交游乃见道处。当是时，闻者数十辈，然而如怀玉潜思力行，以斯言为可信者，不过数人耳。

太学生江阴徐洽来从学。

《泾野先生文集》卷 12《太子太保兵部尚书秦公七十寿序》：太学生江阴徐洽尝从予讲《论语》于鹭峰东所。

是年，安徽歙县举人程然（字惟信）从学于柳湾精舍。

《泾野先生文集》卷 6《送别程惟信诗序》：戊子之秋，歙进士程惟时访予柳湾精舍，语论契合，别久怀思。明年，其弟进士惟信亦获会焉，未稔也。又明年，移居鹭峰东所，惟信方业太学，乃数聚论学，情好亦笃。

为同年进士刘秉监作《送刘潮州序》。

《泾野先生文集》卷5《送刘潮州序》：嘉靖八年正月十一日，圣天子敕谕吏部，若曰："人材难得，舍短取长，皆有可用。故帝王重绝人，赦小过。吏部通查近年但系进言获罪，公事讹误官员，有才识可用，能自改悔的，开具事由，奏请定夺。"于是吏部列上二十余人，而印山子获以太平通判升潮州府同知云。

按：印山子即刘秉监，字遵教，号印山，江西安福人。正德三年（1508）进士，历刑部主事，署员外郎，出为河南佥事，迁大名兵备副使。以忤阉党，逮系诏狱，谪判韶州，改太平，后升潮州同知，知临安府，未至而卒。黄宗羲列其于江右王门，见《明儒学案》卷19《御史刘三五先生阳》附传。

作《送白楼吴公考绩序》。

《泾野先生文集》卷5《送白楼吴公考绩序》：白楼先生长洲吴公尚书三载矣，将考其绩于朝，以当七十也，欲引年以乞休。凡我属吏，皆欲柟为赠言焉。夫公逮事三朝，出入两都，今之元老大臣也。且柟之举进士也，公适同考会试，习公之教，于今二十二年矣。及柟之改官南署也，公适为堂上，习公之政，又三越年矣，则固不能以无言。……柟尝谓大臣之道有三：一曰让，二曰容，三曰公。让则不争，庶官乃和；容则不忌，群贤乃登；公则不比，庶绩可熙。公殆兼有之乎！

按：白楼吴公即吴一鹏（1460—1542），字南夫，号白楼，江苏长洲（今苏州）人。弘治六年（1493）进士，选庶吉士，授编修，进侍讲，累官至南京吏部尚书。嘉靖八年致仕。卒赠太子太保，谥文端。有《吴文端集》。

是年，门人康恕会试落第，卒业南雍。将还泰和，临行为母问墓铭。

《泾野先生文集》卷25《明封孺人康母王氏墓志铭》：敕封孺人

康母王氏者，故南京大理寺评事损斋先生泰和康公之配，江西举人求仁恕之母也。去冬，求仁会试过南都，大雪中谒予，即相知。今年求仁落第，卒业南雍。且归，诣予曰："痛哉！恕之不孝也。……母年甫五十，乃于嘉靖丁亥十二月二日卒，葬在先君之右。……"

是年，上饶太学生刘旦重建白石书院，作《白石书院记》，指出："崇道者不在玄静危坐以为高，体之而后崇；明经者不啻讲说辨析以为明，行之而后著。虽然，非明经不足以崇道，非行经不足以体道也。"

《泾野先生文集》卷17《白石书院记》：白石书院者，有宋白石先生上饶刘公体元之所遗，八世孙今太学生旦所复建也。旦曰："……后遭兵燹，堂宇颓废，百余年来，莫能兴复，于旦心有忧焉。……于是谋之诸父诸叔以及昆弟，咸出赀力，共新故址。于其后乃作崇道堂以栖神，前作明经堂以讲学。堂之东西作数十室，以藏祭器，以聚学徒。其先门仍扁曰白石书院。于旦心庶几少安。则泾野子何以语旦乎？"曰："……崇道者不在玄静危坐以为高，体之而后崇；明经者不啻讲说辨析以为明，行之而后著。虽然，非明经不足以崇道，非行经不足以体道也。明而行之，其在希周斯往乎！"体元名养浩，自谦名光，朝任名埜。书院复建，落成在嘉靖八年某月日。

嘉靖九年庚寅（1530），五十二岁

春二月，作《刻雪洲诗集序》。

《泾野先生文集》卷6《刻雪洲诗集序》：雪洲，梆未之能晋谒，即今所闻，当其志从可知，而况其言之贩贩若是哉！先生之子户部裹将刻其诗于梓，谓予尝学诗，问序焉。

按：黄瓒《雪洲集》中吕柟序文之末云："嘉靖九年岁次庚寅春二月戊辰关西吕柟谨书"。

雪洲即黄瓒（1455—？），字公献，江苏仪征人。成化二十年

（1484）进士，官至南京兵部右侍郎。嘉靖元年（1522）致仕归。著有《雪洲集》（明嘉靖间黄长寿刻本）。

吕柟《泾野先生文集》卷7《赠地曹黄日思考绩序》、卷9《送黄日思养母致仕序》即为黄瓒之子黄襄所作。

南康知府王溱新辟白鹿洞，有《新修白鹿洞记》，批评学者驰骛于训诂辞章，而主张明经躬行，指出"夫训诂辞章盛则经障，经障则行漓，行漓则政弊而俗偷"。

《泾野先生文集》卷17《新修白鹿洞记》：玉溪王公公济守南康，修白鹿洞成，其僚咸宁马正甫为问记。……种树者务本，不务剪彩以为花；立德者务行，不务空谈以为高。夫白鹿书院之有洞，犹吾儒之有《六经》也。有事白鹿者，不修其洞而惟游览诸奇之攻，则何异于学者驰骛于训诂辞章而忘其经之正哉！夫训诂辞章盛则经障，经障则行漓，行漓则政弊而俗偷。……是洞修，而诸游览之所可废；是记作，而诸不在讲明经术、躬行道义如朱子旧规者可勿入。玉溪子名溱，开州人，举进士今二十年矣。……工考于嘉靖庚寅之春。

门人王光祖（字克孝）由解州至南京来学于柳湾精舍。

《泾野先生文集》卷6《送王克孝还解州序》：昔予之判解也，克孝从予游且三年矣。……他日，予改官南都，克孝不忘往日之聚也，束装买舟，泛黄河，渡大江，屡濒于风波之险，以至金陵，谒予于柳湾精舍。当是时，予足病甚剧，方欲徙鹫峰东所也。

按：《泾野子内篇》卷6《柳湾精舍语》即为王光祖所录。

邹东廓《邹守益集》卷2有《赠王克孝》，从中可知，王光祖在南京时，亦常与吕柟另一弟子胡大器前往邹东廓处问学。

移居鹫峰东所讲学。

《泾野先生文集》卷6《送别程惟信诗序》：戊子之秋，歙进士程惟时访予柳湾精舍，语论契合，别久怀思。明年，其弟进士惟信亦获会焉，未稔也。又明年，移居鹫峰东所。惟信方业太学，乃数聚论学，情好亦笃。

夏，安徽休宁胡大器（字孺道）来学于柳湾精舍，不久又学于鹫峰东所。

《泾野先生文集》卷10《淳庵处士许君六十寿序》：泾野子曰："自予至江南与诸友之讲学也，在柳湾精舍则有休宁胡孺道，喜予言，未尝忘，退或札记，率相似也。……"

《泾野先生文集》卷26《湖山处士胡伯行墓志铭》：休宁人胡伯行病于芜湖之旅寓，其弟芜湖学生大器方学于鹫峰东所，即驰归，与其兄大同涕泣以侍汤药。阅月，竟不起。……寔嘉靖庚寅六月十五日也。

按：《泾野子内篇》卷7《柳湾精舍语第十一》《鹫峰东所语第十二》，即为胡大器所录。

《邹守益集》卷2有《赠胡孺道》，曰："胡生孺道自芜湖来学于南都，……既数月，其兄大用召之归省，求所以自儆者，追书其说以励之。"即作于是年，胡大器之兄胡大用于是年六月卒。

为胡大器取字孺道，并作字说，有《胡大器孺道字说》。

《泾野先生文集》卷35《胡大器孺道字说》：休宁胡生大器学于柳湾精舍，问字焉，对曰："成之。"曰："学者顾名与字以思义也，故文中子以无功为废朋友之道。夫子尝曰：'君子不器。'汝欲为君子，则不可止成乎器矣。"曰："成大器则何如？"曰："其器虽贵如瑚琏，亦夫子所不足也。"他日，移居鹫峰东寓，同解州王克孝问字说，则谓之曰："易不云：'形而上者谓之道，形而下者谓之器。'大器年未及壮而能从事于道，如子贱之学也，则亲贤取友、治过徙义之不遑矣。他日养成大器，如扬子云所云，当又何难哉！"因字之曰孺道，与为之说云。

夏，江西进贤章诏（字宣之）从学于鹫峰东所。

《泾野先生文集》卷8《章母朱氏七十寿序》：进贤章宣之之母朱夫人，怡庵公之长子南京留守前卫知事直斋先生之配也。嘉靖庚寅之夏，宣之从予游于鹫峰东所，共学古道，暑不知扇，寒不知炉者，将三年也。

《泾野先生文集》卷33《别章宣之语》：章宣之自嘉靖庚寅六月移居鹫峰，当是时，宣之以满历不忍别予去，再处者又一年。

六月，门人胡大器长兄胡大用卒，有《湖山处士胡伯行墓志铭》。

《泾野先生文集》卷26《湖山处士胡伯行墓志铭》：休宁人胡伯行病于芜湖之旅寓，其弟芜湖学生大器方学于鹫峰东所，即驰归，与其兄大同涕泣以侍汤药。阅月，竟不起，乃号哭棺敛，舁归休宁，殡之渡村。既卒哭，持叶主政状来曰："吾师而知湖山先兄亡乎？当病革深，以未获见吾师为恨，曰：'死，为我问一铭焉，即瞑目矣。'"……寔嘉靖庚寅六月十五日也，距生弘治五年月日，享年仅三十有九。

是年，胡大器仲兄胡大周渡江谒于鹫峰东所，听讲《中庸》。

清道光杨浚本《续刻吕泾野先生文集》卷8《胡仲德墓志铭》：胡仲德者，太学生孺道之仲兄，徽州休宁县某里人也，讳大周，仲德其字也。生性好蟾，因以蟾石字号。……孺道泣曰："……往年先生讲学鹫峰东所也，蟾石兄尝曰：'长兄大用以未见为恨，季弟大同以既见为喜，大周何独不同若也。'遂买舟泛江谒先生于东所，退宿于僧舍，叹曰：'周幸在发育之中矣，及听先生于佛殿讲《中庸》，骎骎乎若有所得。'居浃旬，诸友皆敬信之，赠以诗篇。以后虽贾芜湖，四方来贸易者多之仲兄，谓蟾石如韩康伯，无二价也。"

湖南桂阳举人范永宇（字伯宁）、范永官从学于鹫峰东所。

《泾野先生文集》卷27《封孺人范母何氏墓志铭》：孺人范母何

氏者，桂阳何泉公之仲女，浙江布政三峰范公汝载之配，贡士永寰、举人永宇、永官、学生永寀之母也。宇、官尝从予游于鹫峰东所，壬辰会试不第，宇过南都，夜辞予以归省。

按：《邹守益集》卷2有《赠范伯宁序》，云："桂阳范伯宁，自南宫而来也，以世讲之谊，数过予论学。察其志以刚介自期，谔谔然有父风。其归也，胡生孺道徵言以赠，述刚德以赠之。"

江苏仪真（今扬州）学生朱永年从学于鹫峰东所。问父寿言，作《朱拙翁七十寿序》。

《泾野先生文集》卷6《朱拙翁七十寿序》：仪真学生朱永年学于鹫峰东所，一日问寿其父拙翁处士。……曰："年不至鹫峰东所，则止知吾父之道高，而不知其所以远之者则在年也。闻先生之言，年虽努力以学张子厚之事殿中丞，程伯淳之事太中公，不可乎？"

夏至，作七律《庚寅长至郊斋次紫岩韵四首》。

按：诗见《泾野先生别集》卷12。

十月十三日，孟洋与顾璘来鹫峰东所，作《十月十三日有涯中丞东桥宪长枉问迁居对菊各献四韵三首》。

按：诗见《泾野先生别集》卷11。

有涯即孟洋，见"正德八年"条。

东桥即顾璘（1476—1545），字华玉，号东桥，苏州人。弘治九年（1496）进士，授广平知县，官至南京刑部尚书。传见京学志《南京刑部尚书顾公璘传》（《国朝献征录》卷48）。

冬，门人陈日旦与华亭曹性夫谒于鹫峰东所。

清道光杨浚《续刻吕泾野先生文集》卷7《乡进士陈子明墓志铭》：泰和陈子明日旦于己丑春会试不第，谒予于柳湾精舍。……明年庚寅冬，复入南京，历事大理，乃偕华亭曹性夫谒予鹫峰东所，当是时，进贤章宣之、三原王伯启、扬州何叔防、休宁胡孺道、武昌吴元德诸人皆在焉，于是月五七日一聚讲经学，无弗称子明为笃信力行之士也。

十二月初一，为梅国刘节《宝制堂私录》作序。

《泾野先生文集》卷6《宝制堂私录序》：夫文何为者也？以明道也。夫道何为者也？以经德也。其德厚者其道广，其道广者其文行。是故靡辞不足以阐幽，冷辞不足以适治，游辞不足以贡俗，艰辞不足以辨理。……今观梅国刘公介父之作，其殆似之乎！……其文体之美，详在司马林公序，而析类次题，则凤阳守曹君仲礼之所校定者也。

按：清乾隆十三年刻本《宝制堂私录》中吕柟序文末署："嘉靖九年冬十二月朔高陵吕柟识"。

刘节（1476—1555），字介夫，号梅国、雪台，晚号涵虚翁，江西大余人。弘治十八年（1505）进士，官至刑部右侍郎。著有《梅国集》。传见黄佐《雪台刘公节神道碑》（《国朝献征录》卷46）。

是年，王阳明弟子石简考南京武选司主事之绩，作《赠玉溪石氏序》，指出为学不能喜同恶异，批评当时的朱王门户之争。

《泾野先生文集》卷6《赠玉溪石氏序》：及改官南来，而阳明逝矣，方切悼叹。居一年，得见其徒玉溪石氏廉伯，则喜曰："斯人也，非他止效其言者可比，其善为阳明子之学乎！其闻其言，得于心，见于身，发于事者乎！"古之人之于道也，同己者或知其恶焉，不以其同而私喜也；异己者或知其善焉，不以其异而私怒也。后世或不然，为陆氏之学者则嫉朱，曰："何其支离乎！"为朱氏之学者则憎陆，曰："何其禅寂乎！"今夫道岂有彼我哉？人自歧之耳。《咸》之九四曰："贞吉，悔亡；憧憧往来，朋从尔思。"夫苟至于贞也，日往可也，月来可也，皆不失其为明焉；寒往可也，暑来可也，皆不病其为岁焉。苟惟喜同恶异，几何不蹈朋从之害哉！予之学，不能阳明子之万一，而阳明子尝曰："夫夫也，是可与语者也。"阳明子之道，予也鲁，未能从，然人之议之者，则辄语之曰："予讲道之人，而索其过，非仁也。"今石氏为阳明子之学而取予，予未能为阳明子之道而心敬石氏至形诸寝食，则石氏非善为阳明子之学者乎？……是时，吴、楚之学者蒋实卿辈数十人皆信石氏之学而乐与之游。因其考武选三年绩也，请予书别语。

按：《明儒学案》卷15《鹿园语要》："嘉靖庚寅，先生（万表）及心斋、东廓、南野、玉溪会讲于金陵鸡鸣寺。"王艮《明儒王心斋先生全集》卷3《年谱》"九年庚寅"条："在金陵，会邹东廓、欧南野、万鹿园表、石玉溪简，聚讲鸡鸣寺。"可知吕柟此序作于嘉靖九年。

玉溪即石简（1487—？），字廉伯，号玉溪，浙江台州宁海人。王阳明弟子。嘉靖二年（1523）进士，官至都察院右副都御史。著有《玉溪遗稿》《石氏家藏稿》。传见章诏《都察院右副都御史石公简行状》（《国朝献征录》卷62）。

门人程惟信归歙县，作《送别程惟信诗序》，发明言行合一之旨。

《泾野先生文集》卷6《送别程惟信诗序》：又明年，移居鹫峰东所，惟信方业太学，乃数聚论学，情好亦笃。惟信曰："世之论学者，言或出事物之表，行或滞尘俗之中。以然论之，学惟言行合一之为美乎！"予曰："惟信而及此，学可谓知本矣！《易》不云乎：'默而识之，不言而信，存乎德行。'于此有人焉，辩如悬河，谈如鼓簧，非不可听也，然文饰之顷，肺肝毕见，耳闻之，心鄙之，不以为伪，则以为欺，是言而不信者也。于此有人焉，讷如钳口，默如结舌，非不可略也，然形著之间，风神具存，目视之，心重之，不以为醇，则以为真，是不言而信者也。夫言与行岂惟合一者哉！故曰：'君子与其言浮于行也，无宁行浮于言。'今之士于先圣贤，求其行则不如，然每于其言则议之，素甚不取也。惟信之归，与子之兄，其殆免此失乎！"

是年，有《别胡汝臣东行诗序》。

《泾野先生文集》卷6《别胡汝臣东行诗序》：予居鹫峰东所，沐阳胡汝臣聚讲焉。他日，汝臣言及周公处管、蔡不如舜之处象，及汉赵苞忠孝未先事，予甚惊服，以爲自与他同志者讲，未有如此论者也，此其言殆几于道乎！未几，汝臣历满，省其父都宪公于浙，来告别，则谓之曰："汝臣昔所论者，言也；今所往者，行也。昔所言者，知也；今所行者，仁也。夫言至而行不至，孟子比诸狂；知及而仁不及，孔子不以爲必得也。斯二者，于道皆病焉。颜渊曰：'舜何人也？予何人也？有爲者亦若是。'故志必如颜渊，学必如舜，道之不获，鲜矣。颜之志，虽箪瓢不改其乐；舜之学，虽耕稼亦取诸人。汝臣行矣，予冀汝臣之无弗舜、颜渊也。"

按：吕柟于是年夏移居鹫峰东所。

是年，为弟子胡大器作《木斋胡君双寿序》与《木斋处士胡君暨配汪氏寿藏记》。

《泾野先生文集》卷6《木斋胡君双寿序》：木斋胡君汝季与其配汪氏生皆七十，其子大器学于鹫峰东所，托其友章宣之、王伯启问寿焉。……孺道如前所为文，即汪可以望仇氏之辒辌而并驱也；孺道如前所为行与德，即木斋君可望太中公、万石君之芳躅而接武也。是岂惟可使其父母千岁哉？于是二子以告孺道，孺道以告其兄大周、大同，共献诸霞阜之堂。

《泾野先生文集》卷18《木斋处士胡君暨配汪氏寿藏记》：休宁人木斋处士胡君汝季思三者，今年六十有九矣，其配汪氏生七十岁，矍铄不老。……生四男子：大用、大周、大同、大器。大器为芜湖生员，遣从予游，勉之曰："读书须为好人，富贵皆外物。"其三子者早令业商，已皆有成立。……寿藏作在嘉靖八年某月，工讫于九年某月某日。

《改斋文集序》约作于是年。

《泾野先生文集》卷6《改斋文集序》：泰和有高贤曰王宜学者，举进士，为翰林庶吉士，授编修。予尝获与同史馆，偕试院。……君殁无子，其女嫁为泰兴学谕刘教妻。教卓有志向，暇尝萃集君遗文数百首，问序焉。予曰："古者以行为文，后世以言为文。夫惟以行为文也，凡其著述，皆发乎在己之先得也，是故简而切，是故实而理，可以范俗，可以弘化，虽其人已殁千万世，重如著蔡，不敢慢焉，盖非徒以其文也。夫惟以言为文也，凡其著述，皆剽乎他人之先失也，是故藻而泛，是故虚而诡，可以惑世，可以诬民，虽其人且存咫尺间，轻如糟粕，不欲观焉，盖非徒以其文也。……其素行之实，列在东郭邹氏序。"

按：王宜学即王思，见"嘉靖三年"条。邹东廓序见《邹守益集》卷2《改斋文集序》。邹东廓于嘉靖十年四月考绩北上，故序应作于是年或稍前。

嘉靖十年辛卯（1531），五十三岁

正月，在鹫峰寺为顾东桥饯行，有五律《元宵于鹫峰禅房陪饯东桥方伯》。

按：诗见《泾野先生别集》卷11。

据京学志《南京刑部尚书顾公璘传》（《国朝献征录》卷48），顾璘于嘉靖九年起为江西按察使，未行，升浙江布政使。可知吕柟此诗作于是年。

明、清时称布政使为"方伯"。

春，为已故门人陈日旦撰《乡进士陈子明墓志铭》，有《答陈子器书》。

清道光杨浚《续刻吕泾野先生文集》卷7《乡进士陈子明墓志铭》：泰和陈子明日旦于己丑春会试不第，谒予于柳湾精舍。……明年庚寅冬，复入南京，历事大理，乃偕华亭曹性夫谒予鹫峰东所。……比十二月，子明三不至，问性夫，曰："病矣。"遣视之，则已舆至柳湾族弟曙所，于是宣之率二三友往问，还已入夜，报难药，乃即促宣之同胡贞夫挟一名医往，还已四鼓，报如前。旦视之，药已难下，遂不起。……于是宣之日夜在左右，与办衣衾棺殓，予往哭之，扮泪启视，罔不完厚，足慰予心。越数日，宣之率友人五七辈送其柩于水西寺，寻得便舟归，盖自是念子明未尝不在怀也。今年春，子明之从弟子器、子发具状为请铭。……子明生成化乙巳二月十四日，卒嘉靖庚寅十二月二十七日，寿仅四十有六岁耳。

《泾野先生文集》卷21《答陈子器书》：令兄子明墓铭望改正后入石，此事吾子器与举之，可以观近日之所造矣。事完，望与子发切磋为曾氏之学。子发高材敏博，毋令止为一诗文人耳，乃尤见子器之能友也。此间章宣之、王贞立、易伯源、张淳夫诸友果皆励志坚定，则子器兄弟不可但已也。

按：据文，陈子明卒于去年十二月二十七日。

四月，邹东廓北上考绩，有《别东郭子邹氏序》，记述往日与邹东廓论学的情景。在知行关系上，吕柟主张知先行后，而邹东廓则主张"知行合一"，强调知即是行。

《泾野先生文集》卷7《别东郭子邹氏序》：予与东郭邹氏之在南都也三年矣，每以居室之远，会不能数，然会必讲学，讲必各执所见，十二三不合焉。初会于予第，东郭曰："行即是知。譬如登楼，不至其上，则不见楼上所有之物。"予应之曰："苟目不见楼梯，将何所于加足，以至其上哉？"东郭亦不以为然。他日，同适太学，雪中行已过长安街北矣，东郭曰："今之太学，非行安能知哉？"予指前皂曰："非斯人先知适太学之路以引马，予与子几何不出聚宝门外乎？"盖自是所讲数类此。乃东郭又以学、问、思、辩以为笃行，于"知及之"亦然也。予曰："'非知之艰，行之惟艰'，非有商傅说之言乎？世之先生长者，恐人徒知而不能行，至于立论过激，以为行然后真知耳，非谓以知便是行也。是故格物致知、明善知天皆属知；诚正修齐、存心养性皆属行。但行必由知而入，知至必能行耳。"有学于邹氏之门者或见予，予必以予之所见者告之，且曰："今之学，以甘贫为本，改过为急。苟能行焉，讲知行之不合无损也；苟不行焉，虽讲知行之合无益也。"然而其徒多守其师说，未之能信也。间有从予游者亦谒东郭氏，东郭子诲之曰："知即是行。人能致良知焉，则非义袭而取也。"予曰："此说固然，然必知义之所在而后可集耳。"东郭且行，恐予犹懵然于是也，过予复论之，其爱厚之心甚盛也。然予终不能解，惟以前说宛转开陈，遂讲及执一之学、喜同恶异之弊，累数千言而后已，东郭子始少然之。恐东郭子别后，犹前说也，书之卷以赠。

按：宋仪望《邹东廓先生行状》："辛卯四月，先生给由至真州，痔作，遂上疏乞养病，由吴中就医，与魏庄渠诸公力论知行合一之旨。"耿定向《东廓邹先生传》："辛卯，给由至真州，痔作，请告归。过苏、常，访魏庄渠诸公，发知行敬义合一旨。"

四月三十日，吕廷臣还潜江，作《别吕名世语》。

《泾野先生文集》卷33《别吕名世语》：南雍上舍吕名世者，潜江初启东之姻也。予居柳湾精舍，因启东知名世笃志务本，有古端士之风，凡南雍士无弗推让焉。虽予徙居鹭峰东所，名世亦随枉问予疾，间留酌，凡座中客，亦无弗归敬焉。四月三十日告还潜江，予怅然曰："别吾名世，犹别吾启东也。"名世曰："子盍以告启东者亦告廷臣乎？"

南京兵部尚书王廷相上疏举荐吕柟、崔铣、李梦阳。

按：王廷相奏疏见《浚川奏议集》卷3《举用吕柟崔铣李梦阳疏》[见《王廷相集》（四）]。

由吏部考功郎中升南京尚宝司卿。

王九思《渼陂续集》卷下《明故诰封太淑人吕母侯氏合葬墓志铭》：嘉靖辛卯，泾野君任南京尚宝司卿。

马汝骥《行状》：大司马王浚川公荐曰："性行淳笃，学问渊粹。"升南京尚宝司卿，乃复授学鹫峰禅寺，东南之士及门者益众。

按：雷礼《国朝列卿纪》卷45《南京礼部侍郎年表》记吕柟为南京尚宝司卿在嘉靖九年（1530），而《国榷》卷55"嘉靖十年"条云："七月，南京尚宝司卿穆孔晖为南京太仆寺少卿。"明代南京设尚宝司卿一人，吕柟与穆孔晖不可能同时为尚宝司卿，因此吕柟升尚宝司卿当在穆孔晖改太仆寺少卿之后，雷礼所记应有误。

获封继母侯氏为宜人。

王九思《明故诰封太淑人吕母侯氏合葬墓志铭》：嘉靖辛卯，泾野君任南京尚宝司卿。天子郊祀，礼成，覃思臣下，获封母为宜人云。

仍讲学于鹫峰东所，东南之士从学者日众。

马汝骥《行状》：升南京尚宝司卿，乃复授学鹫峰禅寺，东南之士及门者益众。

马理《墓志铭》：升尚宝司卿，南士从游者益众，乃讲学于鹫峰寺中。

李开先《泾野吕亚卿传》：未及，升尚宝司卿，政务简省，得以闭门读书，兼设教之下，吴、楚、闽、越士从之者日有百余人。

薛应旂从学于鹫峰东所。

薛应旂《泾野先生传》：某为诸生时，尝从先生于鹫峰东所，而先生之所以切切启迪者，则实未尝一息敢负也。

薛应旂《方山薛先生全集》卷5《与泾野先生》：违教以来，奔走尘土，夙夜惕厉，惟恐颓堕，有负教言……日见朝命，进公祭酒，君子称得师者，同然一词。此实世道将泰之机，非直门墙之幸也。

按：薛应旂，字仲常，号方山，江苏武进（今常州）人。嘉靖十四年（1535），进士第二，授浙江慈溪知县。嘉靖十七年（1538），改江西九江府儒学教授，应江西提学副使徐阶之邀主讲白鹿洞书院。擢南京吏部考功司主事、郎中。嘉靖二十四年（1545），因忤严嵩，谪建昌府通判，官至浙江提学使。初从吕柟、邵宝游，讲程朱之学，后学于欧阳德，讲良知学。著有《宋元资治通鉴》《重编考亭渊源录》《薛子庸语》《薛方山纪述》《宪章录》《方山文集》《方山文录》等。其孙薛敷教与顾宪成等传其学。《明儒学案》称："东林之学，顾导源于此，岂可没哉！"

万历李桢本《泾野先生文集》卷23有《赠薛仲常问寿祖母沈语》。

江苏仪真太学生盛楷（字范卿）从学于鹭峰东所。

《泾野先生文集》卷10《盛氏族谱后序》：太学生盛范卿从游于鹭峰东所者三年，比予居太常南所，持所自编族谱一帙来观，曰："楷家世居仪真者……"

江西彭泽陶钦夔（字克谐）、陶钦皋（字克允）从学于鹭峰东所。居二月，与其父陶垫还彭泽，有《赠陶杏垣还彭泽序》与《别陶两生语》。

《泾野先生文集》卷7《赠陶杏垣还彭泽序》：杏垣陶君仲文者，五柳先生之后，江西乡进士钦民、钦夔之父也。……去年，大司徒边公疾，遍金陵、姑苏医，无一效，乃使使请君来，数日即效。……于是君召其二子钦夔、钦皋自彭泽来，师事予于鹭峰东所，曰："垫至金陵，岂止为行医来哉？"余亦心重其有所见焉。居二月，君及二子行，于是大司马浚川王公、少冢宰甫川张公以下皆为诗赠之，钦夔之友章宣之辈遂以序问予。予是时以《谕解州略》一帙赠君，以濂溪、横渠之书赠二生。

《泾野先生文集》卷33《别陶两生语》：陶克谐、克允居鹭峰者且二月，随其父杏垣先生归彭泽，留一卷以问别言。泾野子曰："克谐，汝于业可谓精矣，将其心尚有未精者乎？诚使其心之皆精也，虽舜之惟精惟一者，亦不外是，又何虑道与人之有二心耶！克谐，其顾汝名乎？格神人而舞兽凤者，非偶然也。克允，汝于行可谓慎矣，将其知尚有未慎者乎？诚使其知之皆慎也，虽舜之明物察伦，亦不外是，又何虑学与生之有二知耶！克允，其顾汝名乎！弼五教而风四方者，非苟然也。"

休宁汪尚和复问学于鹫峰东所，有《书汪节夫家训语》。

《泾野先生文集》卷33《书汪节夫家训语》：己丑夏，休宁汪节夫诣予于柳湾精舍。……越三年，节夫复来诣予于鹫峰东所，出所撰《家训》八篇以展予，予览之曰："节夫相别三年，可谓能相信乎！"节夫曰："尚和老矣，无能为子孙计。赖有古人之格言，时贤之确论，纂集成编，以示后耳。"予叹曰："世人以金帛遗子孙，子孙未必能守，视节夫，不其误邪！虽然，言于是，必行于是。吾愿节夫无为贫所累，必求见斯道之美，胸次洒落，则斯《训》也，斯可永传，子孙常守身教于千万年矣。"

歙县庠生曹栋赴应天乡试，来谒于鹫峰东所。下第归，为父问墓铭。

《泾野先生文集》卷25《南京兵部主事曹君墓志铭》：予戊辰同年进士，……初仕而卒者，则歙之雄川里人曹君文渊也。……己巳，授南京兵部车驾司主事。……然君竟亦染疫疾，于是年十月一日卒于留都官舍，距生成化辛丑三月九日，年才二十九岁也。……生子一，即栋，县庠生，光大君志，其在斯子乎！近赴应天乡试，遂谒予于鹫峰东所。既不偶，且归，而以其乡进士程惟信状请铭，则固不能辞矣。

按：吕柟于嘉靖九年移居鹫峰东所讲学，程惟信卒于嘉靖十一年，而嘉靖十年又为乡试年，故可知曹栋学于鹫峰东所并为父问铭在是年。

秋，弟子程爵乡试不第，将归休宁，作《容庵记》，发明"容"之义。

《泾野先生文集》卷18《容庵记》：辛卯之秋，徽府学生程爵赴应天乡试不第，将归见其父容庵君，其友胡大器、曹廷钦因请作《容庵记》。……两生亦尝学斯"容"乎？当其能容也，如舜之容象，禹之容有苗，孔子之容桓魋，孟氏之容臧仓，如天之无不覆，如地之无不载，不亦可乎？当其不能容也，管叔而谗周公，张耳而毒陈余，公孙弘之逐仲舒，林甫之间九龄，安石之黜君实，若苗之有莠，若粟之有秕，不亦不可乎？……"然则何以学容？"曰："同人于野。""然则何以学去不容？"曰："无我。"

秋，门人郑若曾乡试下第，来鹫峰东所，问祖母墓铭，作《明郑母陶氏墓志铭》。

清道光杨浚《续刻吕泾野先生文集》：往年昆山学生郑若曾学于柳湾精舍，是时祖母陶已殁数月，若曾齐衰如礼，言动不苟，试问之，对曰："若曾虽父师所教，然自龆龀时，祖母陶提携训之矣。"今年若曾乡试下第，乃来鹫峰东所，曰："吾父将举祖母之葬，俾若曾请铭焉。"

十月中秋，作《重修义勇武安王庙记》。

《泾野先生文集》卷18《重修义勇武安王庙记》：予尝两至燕子矶，谒王之祠庙于矶巅。其庙南面向江而开，尽收江山之胜，盖自隋唐以来有之。……夫人而直，虽死犹生；人而不直，虽生犹死。人而仁，虽屈实荣；人而不仁，虽伸实辱。王可当孔孟所论直仁者乎！……是时，道士陈永淳与其徒郑德臣随侍而闻之，拜而曰……时同行者则前监察御史开州王公溱也，即为之转请，遂录其言以付之。在嘉靖辛卯之中秋日。

有《答程君修书》。

《泾野先生文集》卷21《答程君修书》：《二程子抄释》刻本甚善，岂惟见君修信道不变之志，而君修父兄之贤又可知已。诸友既得之，乃皆劝之早读而夜思，见诸行事，以不忘吾君修之功也。但若再得十余部，诸相知者皆波及矣。近四月间，东郭子有考绩之行，过鹭峰东所讲论，将达旦始寝，然其意亦渐觉相合，不意入吾君修之梦，此岂寻常所能至哉！则君修近日学之所得亦可知矣。喜慰何限！

按：书中提及"近四月间，东郭子有考绩之行，过鹭峰东所讲论"，可知作于是年。

门人休宁程爵刻《二程子抄释》于由溪。

《四库全书总目提要》卷93"《二程子抄释》十卷"条：明吕柟撰。前有自序……后有嘉靖辛卯柟门人休宁程爵重刊跋，乃称泾野先生抄释程氏书凡十卷。

十一月五日，孟洋、张楠、欧阳铎与顾璘来访于鹭峰东所，有《仲冬五日有涯中丞四峰鸿胪石江光禄东桥宪长枉问鹭峰东寓因出五菊赋四首》。

按：诗见《泾野先生别集》卷10。

有涯即孟洋。东桥即顾璘。四峰即张楠（1476—1548），字子材，号四峰，安徽滁州人。正德三年（1508）进士，授中书舍人，累官南京鸿胪卿，迁贵州参议。

石江即欧阳铎（1487—1544），字崇道，号石江，江西泰和人。正德三年（1508）进士，授行人，官至南京吏部右侍郎。著有《欧阳恭简集》。

冬，武进唐顺之来鹭峰东所，问母任氏墓铭，居三日，相与论学。

《泾野先生文集》卷26《唐母任氏墓志铭》：唐母任氏者，兵部主事武进人唐应德顺之之母也。……嘉靖己丑，应德举会元成进士，文章行谊闻天下，予从缙绅中敬其名矣。辛卯冬，应德身衰绖，偕其侄举人音持古庵毛式之状，垂涕泣来问任铭。时雨雪连日夜，泥途冻汗，应德自儌肩舆卒，力不具，或步徙。居鹫峰三日，无人知。每语及学，明白洞朗，脱落尘土，超如也，则叹曰："名之茂者，其实果盛乎！"

按：唐顺之（1507—1560），字应德，号荆川，江苏常州武进人。嘉靖八年（1529）进士，授兵部主事，官至右佥都御史，巡抚淮扬。崇祯初，谥襄文。黄宗羲《明儒学案》列于南中王门，谓其学"得之龙溪者为多"（《明儒学案》卷26）。今有点校本《唐顺之集》。

门人安义（在今江西）黄子积北上赴会试，有《赠黄子积语》，告之以"根本之学"。

《泾野先生文集》卷33《赠黄子积语》：安义黄子积将北上，问根本之学。泾野子曰："……夫君子之务种学，犹林师之务种树者。既植其根本于地矣，惧其风也，则扶持之；惧其干也，则灌溉之；惧其土脉之薄也，则粪壤之；惧其儿童之摇动也，则限域之；惧其折拜也，则藩篱之；惧其条肄之旁出畀蘖也，则剪别之。夫然后根本完固，与天地之化相通，其为枝干花叶，他树莫能比高。""然则君子奚以为学之根本也？"曰："君子以良朋为扶持，以多识前言往行为灌溉，以能处恶人为粪壤，以绝物诱为限域，以循礼为藩篱，以直义为剪别。则斯学根本之全，其发也，虽以横四海、塞天地有余也。昔者孟子知此根矣，不以晬盎为事，而以四德之根于心为功。有子知此本矣，不以道生为事，而以务本为先。子积苟从事于斯，即日登甲科、跻显仕于天下无难也。"

按：同卷《再赠黄子积语》云："去年黄子积之北上也，予已告之根本之学。今春同章宣之不第而来，又居鹫峰者数月而后归。"嘉靖九年至嘉靖十三年，吕柟居鹫峰东所讲学，中间唯嘉靖十一年为会试年，可知其赠言作于嘉靖十年。

门人谢应午北上赴会试，作《赠谢应午语》。

《泾野先生文集》卷33《赠谢应午语》：谢应午将北上，饯之鹫峰东所，问别言。是日方讲前年朝廷敕谕之美，谓："擢郡县一二廉仁之吏，知府升都宪，县令升佥事，以励其余。然有司者未能奉行，虽或擢用，不缘亲故，必论恩仇，不足以鼓舞庶士、安小民也。诸君廷对，其勿忘乎！"于是陈子发述改定制度之事，曰："史氏寡学，尝谓文帝不及贾生，殊不知文帝之所未遑者，贾生之所未知也。夫闾阎梁肉、阡陌之马成群，然后改正朔、易服色，未晚也。不然，百姓饥寒，而纷纷更张，亦何补乎？"

门人莆田林颖（字秀卿）将会试北上，作《赠别林秀卿语》，发明"致曲"之义，指出"君子之学，致曲为要"，强调"言行合一之谓学，内外无二之谓道"。

《泾野先生文集》卷33《赠别林秀卿语》：莆田林秀卿将赴会试，过鹫峰东所曰："颖旦日行矣，请问用功切要之处。"泾野子曰："秀卿常日何以用功乎？予然后可得而言也。"曰："惟在收放心耳。"……曰："虽然，必有事焉而勿忘，方能收之也。故君子之学，致曲为要。夫曲也者，委曲折转之处也。夫天体物而不遗，仁体事而无不在，故周旋中规，折旋中矩者，非专饰于外也。今夫仲路，信人也，至使千乘之国不用其盟；曾子，孝人也，至论其所以事亲者，止在对酒食有无之问。然求其致曲之功，无宿诺，请所与，则甚浅近耳。此孔子每欲无言，而高谈雄辩者离道之远也。是故言行合一之谓学，内外无二之谓道。"

八月，门人三原王朝（字伯启）将会试北上，作《赠别王伯启语》，勉以"君子之学恒不自足焉"。

《泾野先生文集》卷33《赠别王伯启语》：八月二十之夕，休宁胡孺道来曰："三原王伯启北上在即，先生何以赠之言乎？"泾野子曰："……虽然，坦以义而广，允以充而美，孝以忠而大，故君子之学恒不自足焉。……伯启斯往也，求师于三人同行之中，择友于二人同心之际，以践予尝所谓禹、益、皋陶之气象，颜、曾、宓仲之进修者，必有事焉而勿忘乎！不然，几何不并其前所有者而变之耶！伯启勉哉！"

门人王标（字贞立）将还金坛（在今江苏常州），并北上赴会试，有《别王贞立语》，发明为学"自得"之旨。

《泾野先生文集》卷33《别王贞立语》：贞立且还金坛以省母夫人，而治会试装以北上也，乃曰："今冬犹图一过鹭峰，但其期未可必。然标有一咎，每接人临事，少不如礼与意，不觉起怒不平，则何以能去之？"泾野子曰："夫子不云：'吾未见能见其过而内自讼者。'今贞立可谓能见过而内讼矣，但使此念常存勿忘，则于道思过半乎！"曰："须有吾师一言置诸座右，以接目而警心，标虽不迁怒之地，亦无往也。"曰："果若人言，贞立之能信予也。虽然，学者之于道也，与其信师，不若信已，与其信言，不若信心。夫子又不云：'虽无师保，如临父母。'言斯道之显设切近也。贞立之归也，又何赖于师保哉！且与贞立相期以深造者，惟一自得耳。……"

按：《泾野先生文集》卷18有《王氏祭田记》，亦为王标所作，其曰："王氏祭田者，乡进士金坛王贞立标之所置也。"

门人扬州何城（字叔防）会试北上，有《赠何叔防语》，发明"下学上达"之旨。

《泾野先生文集》卷33《赠何叔防语》：叔防于今年五月已满历，送其眷归扬州，乃同其弟坚复来京从予游。……已而典房南城西巷，又取其眷并其子以来居之，曰："饮食井臼有托，城可以专业矣。"他日，为弟婚事，又送其眷于扬州，身复来居于西巷。秋深，疟疾发，又归扬州，曰："城于十月中又来也。"已而尚未大瘥，又痢疾，来居鹭峰方丈。于是胡孺道、许汝贤曰："何叔防之笃于学，未之能见也。夫泛长江，抱大疾，挟妻子兄弟，三往返不以为劳且倦焉。会试且近矣，乃其所讲，又非为举业谋，兹岂大器、象先辈所能及乎！"泾野子曰："……《中庸》论道，自妻子兄弟始。予与叔防之讲也，或睹之鸢鱼之飞跃，或观之于逝水之无息者，盖皆以是耳。岂知吾叔防闻言而信，便能从事于斯乎！……夫心未能信而口应以为是者，滔滔也。如叔防之志行，可以息谄风矣。所加益于叔防者，惟望自妻子兄弟之余，而宗族，而乡党；其仕也，而朝廷，而天下，皆充此行之而不已。自鹫峰东所之年而强、而艾、而耆、而老，皆自是行之而不息，贵贱不能移其操，利害不能改其旧，则吾叔防之于道，又何难哉！"

门人黄用晦将北上，有《赠黄用晦语》，发明"博约"之说。

《泾野先生文集》卷33《赠黄用晦语》：黄用晦初谒鹫峰东所，予未之能异也。既选贡矣，问所试卷以观，一判语数言，皆故实积累，错织而成。予叹曰："用晦博哉！"且北上，来请言，予曰："用晦之学如是，则又何以益之？将无在于约乎！用晦不见治丝冠丝履者乎？盖不啻千万缕丝也，使不先立乎柱本，令丝有所归附，则将纷然乱，午然横四出矣，是故博必约而后可也。遂闻用晦善事其父虚山君，言必尊，动必依，惟恐违虚山君之志焉。当用晦之为约也，能即事而有得，以畅于事业，则大本达道，亦于是乎出，虽欲予之言，亦可勿用也。"

门人胡大器将还休宁，问父母寿语，有《赠木斋处士寿语》。

《泾野先生文集》卷33《赠木斋处士寿语》：胡孺道将还休宁，称寿其父木斋处士、母汪孺人。……曰："今秋大比，汝父母望汝以高举也。汝退而不应试，不以是为父母所不喜，乃犹问此道，恐此道非汝父母所欲闻，由俗言之，不亦迂乎？"曰："大器父母不以大器不举为怒，而以大器能事先生为喜。……今汝果能从事下学，不忝予所生，予可以泰然无虑矣。科第迟速，非所计也。"曰："果若兹言，则予又岂有二语哉？惟是文行之学，孟、程之道，孺道当益努力从事于此，使木斋处士暨汪孺人身亲见之，于吾孺道之心又不快乎？二亲寿比南山矣！"

按：文中言"今秋大比"，明清乡试一般在秋季八月举行，第二年为会试年，故可知该文作于是年。

门人范永宇将还郴州（在今湖南），作《别范伯宁还郴语》，以孔子"三人行必有我师焉"为说，指出"能枉寻直尺者，斯为得师矣；能友不如己者，斯为得友矣"。

《泾野先生文集》卷33《别范伯宁还郴语》：比迁居鹫峰东所，其后伯宁亦移处鹫峰方丈，当是时，进贤章宣之亦在也。……及伯宁将还郴，问别语，则谓之曰："伯宁亦尝闻孔子之言乎？曰：'三人行，必有我师焉。'苟惟以其有类己之意者而师之，则其师亦得无有过乎！今其师方日自讼也，而伯宁其无执意好哉？伯宁亦尝闻宓子贱之行乎！单父小邑也，有友千数人焉。苟惟以其有过人之行者而友之，则所友将不无太狭邪？故其友当无微可略也，而伯宁其无有己见哉！"伯宁曰："苟如泾野子之言，宇必枉寻直尺以友不如己者而后可邪？"曰："能枉寻直尺者，斯为得师矣；能友不如己者，斯为得友矣。"

冬，南京户部郎中韩廷伟北上进贺表，作《送韩汝器北上序》。

《泾野先生文集》卷7《送韩汝器北上序》：嘉靖十一年正旦且至，南都群臣先期进贺表，而户部郎中洪洞韩汝器廷伟序当捧持以行，其竣也又得便道过家，以省其父运同清宁子暨其伯父玉峰大参公，乃来问予曰："何以益伟之斯行乎？"

是年秋九月，安徽祁门知县陈光华重修环谷书院，为作《重修环谷书院记》，告诫书院诸生要以躬行践履、操存省察为先，指出"若但骛心于言语文字之间，则虽遍注六经群史，障道滋甚"。

《泾野先生文集》卷18《重修环谷书院记》：环谷书院者，以环谷先生汪德辅而名也。其地在祁门县东一里许衣秀墩苍鹤之山，为祁门最胜处。本汉禅将梅鋗故址，后为巫觋窃据，前郡守留君志淑始厘正之，创建环谷书院。后毁于火，庠士汪禔尝请修复，未行也。庚寅，莆田陈君光华以己丑进士来尹祁门，适提学章君、丘君先后命复旧贯，陈遂捐俸倡众，鸠工度材，竭力经营。……游业其中之士，固当考先生之行，上遡晦翁传道之旧，以淑诸身而及于人可也。若但骛心于言语文字之间，则虽遍注六经群史，障道滋甚，岂忠事先生者乎？书院落成在嘉靖辛卯秋九月。

作《赠边华泉致政序》。

《泾野先生文集》卷7《赠边华泉致政序》：大司徒华泉边公守南户部尚书二年矣，去冬来数疾作，每带病听政，其汤药调摄，则间居于家。于是都御史汪公言于上，吏部覆疏，准归休。……予为之作而叹曰："……今夫诗，儒人之所喜谈而力为者也。……我朝弘治以来，当文明熙洽之时，于是公与庆阳李献吉、安仁刘元瑞、信阳何仲默、姑苏顾华玉、鄠杜王敬夫、侯官郑继之诸君子，奋翼联起，刮磨砥砺，首倡雄制，当其铿锵，真可颉颃李、杜，以为圣代一时文字之光。……"

按：边华泉即边贡（1476—1532），字庭实，号华泉，山东历城（今济南）人。弘治九年（1496）进士，授太常博士，官至南京户部尚书。嘉靖十年（1531），致仕归。为明代文学复古运动"前七子"之一。

《赠大司寇贞庵周公考绩序》约作于是年。

《泾野先生文集》卷8《赠大司寇贞庵周公考绩序》：贞庵公履南京刑部尚书位三年矣，将考绩北上，以觐圣天子。南都诸公卿皆有赠诗，其僚南津胡公以序属予。

按：贞庵周公即周伦（1463—1542），字伯明，号贞庵，江苏昆山人。弘治十二年（1499）进士，授新安知县，官至南京刑部尚书。传见《南京刑部尚书周伦传》（《国朝献征录》卷48）。

雷礼《国朝列卿纪》卷57《南京刑部尚书年表》："周伦……嘉靖七年任。"而吕柟序称"贞庵公履南京刑部尚书位三年"，可知序约作于是年。

约是年，有《重修灵应观记》。

《泾野先生文集》卷18《重修灵应观记》：灵应观在南京都城内西南隅乌龙潭山左，其右瞰石头城，虎踞关地，据江山之胜者也。中祀宋敕封英济武烈广利王王公讳盖之神，盖旧有弭灾捍患、驱魔行雨之功。国朝宣德间，南京守备太监罗公始建祠于此焉。……乃正统二年，罗公奏闻并请名额，英宗皇帝钦赐为灵应观云，仍准朝天宫道士俞用谦主祀事焉。历岁既久，殿宇倾颓。嘉靖八年春，观之主持孙用明募缘重修。……落成既久，未记也。至是，夏公乃以南京守备太监李公之简书问记。窃惟神人惟一理，感应无二道，未能事人者，必不能以事神，感神未诚，必不能以有应也。

嘉靖十一年壬辰（1532），五十四岁

三月，有《送中丞海隅毛公致仕序》。

《泾野先生文集》卷8《送中丞海隅毛公致仕序》：海隅先生阳信毛公以都御史总督南畿粮储越年矣，朝廷以言者准公致仕去。予往拜问。……越三日，公枉报拜予，问之曰："公归居住县城乎？"曰："然。有茅屋数间，且与县学对。"

按：《泾野先生别集》卷12有《送海隅毛中丞》，诗中云："三年游宦于江左，五月折梅送海隅。"

海隅毛公即毛思义（—1561），字继贤，号海隅，山东阳信人。弘治十五年（1502）进士，授户部主事，累官至都察院右副都御史、应天巡抚。嘉靖十年（1531）二月，以右副都御史总督南京粮储。

嘉靖十一年（1532）三月，致仕归。归里时，"囊无余资，惟积书数万卷"。著有《海隅集》（今存明末刻本）。传见《明史》卷188。

江西进贤举人樊济川（字以楫）会试不第，与同年李伯会、吴明相等至南京从学于鹭峰东所。

清道光杨浚《续刻吕泾野先生文集》卷8《明江西举人小山樊以楫墓志铭》：以楫讳济川，江西进贤县人，中嘉靖辛卯举人，因入南雍并会试北上，尝谒予于鹭峰东所，后又谒予于太常南所。……岁辛卯，获领乡荐。壬辰，不第，遂及同年李伯会、吴明相暨某人辈从予游。当是时，予方讲《论语》于鹭峰东所，每有论难，辄超等夷，且其温雅敏恳，虽于古之贤俊，亦可进班。

门人范永宇会试落第，过南都，辞归省。

《泾野先生文集》卷27《封孺人范母何氏墓志铭》：孺人范母何氏者，桂阳何泉公之仲女，浙江布政三峰范公汝载之配，贡士永寰、举人永宇、永官、学生永寀之母也。宇、官尝从予游于鹭峰东所，壬辰会试不第，宇过南都，夜辞予以归省。

衡阳廖侨（字叔高）会试不第，业南雍，问学于鹭峰东所。既归，作《赠廖叔高还衡阳语》，批评以辞章记诵名利为学。

《泾野先生文集》卷33《赠廖叔高还衡阳语》：廖叔高者，年友南衡先生之子也，会试不第，业南雍，间问学于鹭峰东所。将还衡阳，请予更字，且问言曰："归悬座右，如见严师也。"泾野子乃字之曰叔高，告之曰："愿无他求，惟顾汝名字耳。闻之曰：侨者，迁也，高也。盖自此迁彼，犹自下升高耳。《诗》不云乎：'出自幽谷，迁于乔木。'皆就高之义也。夫人生本直，如竹筠松栢，然但为藤萝缠挽，则不能亭挺干霄者多矣。是故辞章所以牵此直，记诵所以驳此直，利欲所以蚀此直，为名所以鹜此直。若有所觉，即奋力一削斩之，便可上达高明矣。"

五月十五日，门人程然卒，有《乡进士程惟信墓志铭》。

《泾野先生文集》卷35《乡进士程惟信墓志铭》（万历本）：自予至南都，讲曾氏之学，以求入孔氏之道，学者多恶其苦也，歙人程惟信然与其兄惟时默能相信焉。……今壬辰春，惟信兄弟会试又不第，予方以《礼》书属之编，未几，闻惟信于五月望日卒于浙江崇德之东邮，甚悼痛焉。……惟信号晴溪，其卒之年，距生弘治甲寅十月十六日，得年三十有九岁。

八月七日，门人解州吕鸣韶之父卒，使人渡江问墓志铭，作《富平教谕涞滨吕君墓志铭》。

清道光杨浚《续刻吕泾野先生文集》：初，予在县学时，师事教谕高半山先生，时少师邃庵杨先生方提学关中，甚重半山先生之文行，而君与之齐名，每从诸生睹其丰采，未尝不瞻仰焉。……乃君且迁二子鸣韶、鸣夏师事予于解梁书院，予于是盖得先生素履之详，又未尝不致敬重也。……君乃于嘉靖壬辰八月七日遂尔不禄，距生景泰五年十一月十七日，其寿差一岁，不满八十耳。鸣韶遂以举人王举才状附，使人渡江以问铭，义不可辞。

八月二十一日，安徽祁门谢顾（字伯己）与其叔谢应熊（字梦卿）从学于鹫峰东所，告之以"立志"。

《泾野子内篇》卷18《鹫峰东所语》：壬辰八月二十一日，顾与叔应熊谒先生于鹫峰东所，先生却其币。顾跪曰："'自行束脩以上'，学者之礼。"先生笑曰："拜即是礼，焉以币为？吾不能依本画葫芦也。"问学。曰："圣人教人，只是立志，志定则学成。"

按：谢顾，字伯己，又字惟命，安徽祁门人。曾从邹东廓学，后师从吕柟。

谢顾另一叔父谢应鸿（字渐卿）亦从学于鹫峰东所，见清道光杨浚《续刻吕泾野先生文集》卷8《耕读处士谢君墓碣》，该文为谢应鸿之父所作。

秋八月，门人程爵刻《周子抄释》于休宁由溪。

程爵《周子抄释序》：爵既刻《二程子抄释》，同门友曰："周子之书，孔孟之翼也，我师泾野先生释之，皆有益于圣学者，盖亦刻诸。"答曰："此爵之志也，惟愿诸友分读时，毋忘师所谓不以文字焉视之者，则爵不为虚刻矣。"诸友曰："然。"遂续刻诸由溪，原有内外二篇。嘉靖壬辰秋八月朔门人休宁程爵谨志。（见清李锡龄惜阴轩丛书本《宋四子抄释》）

九月六日，叶子大、黄日思、杨叔用、周宗道、倪维熙至鹫峰东所，约游庐龙山（今南京狮子山）。

《泾野先生文集》卷18《游庐龙山记》：嘉靖壬辰九月六日，叶子大暨黄日思、杨叔用、周宗道、倪维熙过鹫峰东所，曰："泾野子僻居于此，久未远出，今登高节且至，盍为庐龙游，以续浴沂舞雩之风乎！"

九月十四日，同诸友游庐龙山，作《游庐龙山记》。

《泾野先生文集》卷18《游庐龙山记》：嘉靖壬辰九月六日，叶子大暨黄日思、杨叔用、周宗道、倪维熙过鹫峰东所，曰："泾野子僻居于此，久未远出，今登高节且至，盍为庐龙游，以续浴沂舞雩之风乎！"期九日往，时方小疾，辞。诸友曰："当十一二日乎？"曰："虽十四五岂不可，乘月以行哉！"约已。……乃申前约，遂于十四日至山，开宴于东道院老子堂中。……晚烟四起，皓月东升，遂偕诸友乘月而归，如前约。于是叔用次第其事，予览而正之，作《游庐龙山记》。

秋，南京右都御史万镗上疏言八事，触怒世宗，被罢官，有《送治斋万公南归序》。

《泾野先生文集》卷9《送治斋万公南归序》：嘉靖壬辰之秋，圣上以彗星再见，令两京文职大臣陈言时政得失。于是南京右都御史治斋万公疏列八事……疏奏，圣上曰："万镗本以所司屡推未用，意在怨恨，明说'后推未必胜前'等语，下吏部参看。"覆题'准罢位去'。枘往唁公。

按：治斋万公即万镗（1485—1565），字仕鸣，号治斋，江西进贤人。弘治十八年（1505）进士，授刑部主事，累官南京右都御史。嘉靖十一年，罢官归。家居十年后起用，官至吏部尚书。传见万浩《太子少保吏部尚书万公镗行状》（《国朝献征录》卷25）。

武陵黄儒（字珍之）从学于鹫峰东所。临别，有《赠黄珍之语》。

《泾野先生文集》卷33《赠黄珍之语》：武陵黄珍之满历已将四月矣，其友刘幼醇乃过之以问还。……夫自珍之谒予亦数月矣，讲学不惮寒暑，谋道不羡巍科，予以为同游中之寡过者也。即其处幼醇者观之，当又非士类之所难及者乎！珍之行，吾无以加益，惟愿与幼醇共讲斯学，恒用斯懿，无惑于流俗，自身而家，自家而宗族乡党，以为武陵之俊髦法，使茂叔之道复起于南。

门人刘邦儒归武陵，作《送刘幼醇语》，勉以曾子之"弘毅"。

《泾野先生文集》卷33《送刘幼醇语》：辛卯冬，幼醇来居鹫峰方丈，未久北上。比会试还，则犹是居也，曰："邦儒不以不第为悔，独以违教为恨耳。"当是时，章宣诸友皆在也，每讲格物、慎独、致曲之学，则幼醇又能先敬事焉。宣之诸友曰："幼醇之资不可当，虽汉黄叔度者奚让乎！"予曰："虽然，东所之论道，惟仁为大，其学惟以弘毅为要，其人则以曾子为宗也。幼醇之归，其必兄事黄珍之，同心戮力而往，以曾子为必可至，求进于此仁焉。他日大用，虽以不忍人之政济天下有余也，将所谓舜、禹、皋陶之学，亦自是皆可以见乎！若或自小自画，移于流俗，而弘毅之不至，则宣之诸友必曰：

'怠惜哉，刘幼醇！徒其资质焉近似叔度耳！'"

十月二十一日，在鹜峰东所讲学，告谢顾以"志学，必以圣人可到为期"。

《泾野子内篇》卷18《鹜峰东所语》：十月二十一日，顾移鹜峰东所，请教。先生曰："志学，必以圣人可到为期。"顾对曰："为学莫大于立志，亦莫先于慎交。"曰："在学者自修，固当如是。然'有容，德乃大'，不可偏隘。"顾又对曰："先生以天地万物为心，固无不可。若初学未到中立不倚地位，未免为习俗所夺。"先生曰："然。寺中章宣之，良友也。与之日夜切磋，庶几成学。"

十月二十九日，门人陈昌积（字子虚）、胡大器告归，与诸弟子饯之于秦淮寺中，发明知先行后之说。

《泾野子内篇》卷18《鹜峰东所语》：（十月）二十九日，陈子虚、胡儒道告归，先生及诸友饯之秦淮寺。……昌积又问："昨见人谓意之发动处就是行，如何？"先生曰："固然，然知略或先些。如今日饯二友于寺，亦必先遣人来视客之有无，察地之污洁，容人之多寡，然后行无窒碍。使先不为之谋，则或为他人先入，宁不有误！"

十月，有《赠许廷章北上便道省亲序》。

《泾野先生文集》卷8《赠许廷章北上便道省亲序》：嘉靖十一年冬十月，南京文职群臣先期进明年正旦贺表，都察院经历灵宝许廷章次当捧行。廷章甚喜焉，曰："词之斯行也，进可以上觐圣主，归可以下省吾母矣。"于是其僚诸御史亦曰："廷章斯行也，公可以尽为臣之忠，私可以尽为子之孝矣。"乃为之问言。

按：许廷章即许词，字廷章，号柳溪，河南灵宝人。太子少保襄毅公许进之子，以父恩授南京都察院经历，历湖广郧阳府、四川保宁府知府，擢长芦运使。未几，以疾卒。

十一月初二，在鹫峰东所讲学，告谢顾为学要实下手做工夫。

《泾野子内篇》卷18《鹫峰东所语》：十一月初二日，先生召顾，语曰："昨日所讲，恐流于反复，涉于杂冗。"顾对曰："诸生感发兴起处多。"先生曰："诸生感发，怎么不见卓然为圣为贤的人？遇才感发时，就要下手做工夫，圣贤地位亦不难到。"

门人黄子积告归，有《再赠黄子积语》，告之以义利之学。

《泾野先生文集》卷33《再赠黄子积语》：去年黄子积之北上也，予已告之根本之学。今春同章宣之不第而来，又居鹫峰者数月而后归。宣之尝言子积善与人交，见善而能让，有财而能推，有古崇义贱利之风焉。予雅敬之，以为流俗偷薄，士平日相好如兄弟，一旦所至少异，见位则嫉其高，见贫则恶其穷，见名则憎其美，肺肝以初，仇雠以终者，盖多有之。如子积之风行，又何患其不能趋于道乎！嗟乎！义利之间，舜、跖之分，使子积不已其功，鸡鸣而起，孜孜为善，常见义之在我而措之行也，积累之久，虽舜亦可学矣。

仲冬十一月，门人进贤章诏将归省，问母寿言，撰《章母朱氏七十寿序》，告之以孟子"扩充"之学。

《泾野先生文集》卷8《章母朱氏七十寿序》：嘉靖庚寅之夏，宣之从予游于鹫峰东所，共学古道，暑不知扇，寒不知炉者，将三年也。……今壬辰仲冬，宣之告归省，偕其友陈昌积拜曰："诏即还进贤省吾母矣，吾母明年九月六日则七十之诞期也，欲请一言以为寿，可乎？……"曰："宣之无以予之不似子思而不以孟氏自勉也。孟氏之道，虽不外出于仁义，而其学则惟在于扩充。且即朱夫人之五德而充之：充其孝，则所以忠君者至；充其勤，则所以居业者备；充其恭，则所以事长者笃；充其慈，则所以子民者切；充其惠，则所以处僚寀朋友者周。是谓立身行道，以显父母，扬名于后世，将使朱夫人寿数千岁而未艾，上可与孟母仉氏等埒，顾不可乎？"对曰："诏敢不努力以从事，但尚未闻用功之约耳。"曰："穷理以知言，集义以养气，则固与宣之日探而月讨者也。"

章诏临行，作《再别章宣之语》，称其笃信好学。

《泾野先生文集》卷33《再别章宣之语》：章宣之再居鹫峰也，又七八月矣。盖自嘉靖九年之夏同诸友与予处，中间虽或省母于南，会试于北，然而得常聚讲者三年也。……若宣之者，可谓于予言能相信，于斯学能不愧者乎！今兹之往，则予又何以加诸！虽然，尝闻孟氏之论道矣，学近充实，固美矣；若光辉之未著，则于大犹歉焉。美大之间，宣之不可以自画也。又尝闻孔氏之论道矣，学有执守固立矣；若变化之未成，则于权犹歉焉。权立之际，宣之不可以自小也。宣之有笃信好学之资，故予以此深望焉，知宣之必不以一行自已也。

十二月二十一日，章诏来辞归，问行期。

《泾野子内篇》卷18《鹫峰东所语》：十二月二十一日，顾侍坐。适章诏来见，先生问曰："行期何日？"对曰："二十四日下船，来年三月还至京，拜送考满。"先生曰："长江限隔，岂可尽必乎？"对曰："志之所至，虽穷山极海，不能阻绝，长江敢畏惮乎！"

十二月，门人丘乾元之母卒，作《丘母黄氏墓志铭》。

清道光杨浚《续刻吕泾野先生文集》：丘母黄氏者，宗汝处士丘君佐之配，太学生乾元之母也。乾元历事官署，尝游鹫峰东所，偶得母讣，不及告，戴星驰归，既奔丧，托其友程久中持黄弘纲状以问铭。……生天顺癸未，卒嘉靖壬辰十二月某日，享年七十。

同年进士张璿致仕归，有《赠恒山张公北归序》。

《泾野先生文集》卷8《赠恒山张公北归序》：予同年恒山张公仲齐，提都操江三年矣。去冬适朝觐、会试之期，海寇窃发，公分兵剿捕，十九垂灭，言者未闻，先以论列。皇上震怒，至削籍令归田里。……予叹曰："……予与公同第二十有五年矣，知公久且深，正足以平物而不迁，直足以振纪而不挠，明足以察奸而不谲，廉足以立威而不回，信足以孚人而不同，忠足以体国而不比，守足以秉节而不移。甚至片移尺牍之或失，虽下官之申禀，亦必采之而不以为难。……"

按：恒山张公即张璿（1477—1542），字仲齐，号恒山，河北晋州人。正德三年（1508）进士，授御史，官至提督操江御史。传见王崇庆《金都御史恒山张公璿墓志铭》（《国朝献征录》卷63）。

作《赠杨容堂致政序》及七绝《赠容堂杨督府西还二首》。

《泾野先生文集》卷8《赠杨容堂致政序》：南京中军都督同知容堂杨公年七十矣，今春上疏乞休，圣上特准致政。异时武职大臣请老者，非闲住则养疾，惟公初得致仕，盖与文职大臣等，实异数也。公将还陕西故里，其僚问赠言。

按：杨容堂即杨宏，字希仁，号容堂，陕西长安人，祖籍江苏淮安。据王九思《渼陂续集》卷下《容堂杨公墓志铭》，其生于天顺七年（癸未，1463）十月，则吕柟序文称其"年七十"，则在是年。

诗见《泾野先生别集》卷10。

何祉（字德徵）升浙江嘉兴府知府，作《赠何嘉兴序》，勉以守、公、不骄。

《泾野先生文集》卷8《赠何嘉兴序》：进贤何君德徵守兵科越三年矣，升为嘉兴太守。泾野子往问之。……夫所不易于郡者有三：一曰守之不定，二曰公之不至，三曰骄心之未灭。……昔者，予之同考癸未会试也，获子之卷，私料其必忠信正直、忧国爱民之士也。今且十年矣，见德徵苟可尽孝于母，虽辞近密而不顾其荣；苟可尽忠于君，虽犯忌讳而不虞其害；苟可尽力于公，虽逆流俗而不畏其难。

按：据序，何德徵为嘉靖二年（癸未，1523）进士，文中又提到"今且十年矣"，可知序作于是年。

有《赠杨陕西佥宪序》，历述陕西自嘉靖八年以来遭受的严重灾情，以仁政告之。

《泾野先生文集》卷8《赠杨陕西佥宪序》：玄洲子仕为南京大理评事四年矣，乃有陕西佥宪之命。将行，凡陕西人仕南都者皆曰："陕西皆吾辈之故乡也，自嘉靖八年，秋旱禾不收；九年，热如陨火，弱夫瘦子或行十余步毙，或贸布粜米于途中毙，若是者不啻数千人；十年，飞蝗蔽天，糜芑秬秠残伤殆尽。今年，自正月不雨至于秋七月，麦禾皆无。陕西岁不熟者凡四年，于是百姓多饿殍，流离入市廛者，十去五六，编户为之大稀。……"曰："……故予尝谓博施非难，济众为难。博施者，如发数万之粟以与民是也；济众者，民皆得数万之粟以为实用是也。故仁人之政，与之斗者，民受其斗；与之升者，民受其升。德如流水而不壅，政如金塘而难穴。若是者，非有持法之长吏以旌淑而别愿，吾未见其能然者也。夫玄洲子，少师石斋公之姪，司马瑞虹公之子，修撰用修之弟也。……故于斯行也，敬以仁告焉。"

有《复唐应德书》与《复毛古庵书》。

《泾野先生文集》卷21《复唐应德书》：去冬鹫峰别后，每忆孝容及正论，令人时形怀思不已。此道久不讲，故流俗偷而善政寡。贵乡古庵先生极力斯道，襄事后，想日夕相处而振扶之也。

《泾野先生文集》卷21《复毛古庵书》：执事直躬追古，以成乡之后进，季札、言游之风，当复见于今日矣！唐应德禀赋英敏而志行端洁，不易之士也，想日夕相讲以倡圣学，式瞻下风者，何慰如之！

按：唐应德即唐顺之，曾于嘉靖十年访吕柟于鹫峰东所为母问墓铭，参见该年条。由书中言"去冬鹫峰别后"，可知作于是年。

是年，重修南京詹事府右春坊成，作《重修南京詹事府右春坊记》。

《泾野先生文集》卷19《重修南京詹事府右春坊记》：南京詹事

府在翰林院之南，西面，内设府堂暨左右春坊堂，盖旧制也。自文庙北都之后，宫寮裁设，惟存主簿一员，于是府第积废，鞠为茂草。嘉靖十年，主簿卞来周爰相视，则叹曰……。是役也，经始嘉靖壬辰三月二十八日，落成冬十一月庚申日南至。

是年，南京户部重建银库，有《南京户部重建银库记》。

《泾野先生文集》卷18《南京户部重建银库记》：南京户部银库在本部后堂之东南，北面，当玉音楼之南，凡天下之穀金、布金、税金、绢金、盐钞金、户口金、赃罚金皆委输焉，数盈百万，以需军国之费，盖天子之外府也。……然木屋崇墉，不受风日，岁朽月蠹，支持实难。于是部尚书凤山秦公、侍郎新山顾公以当司勘呈，奏准重建。……是役也，始终嘉靖十一年八月十五日，落成十一月二十六日。

同年友罗辂为山东按察副使，有《赠半窗子说》。

《泾野先生文集》卷35有《赠半窗子说》：去冬，半窗子既有四川建昌之命，予闻之曰："半窗子必不怒。"已而半窗子既至。……今春，半窗子既有山东宪台，予闻之曰："半窗子必不喜。"已而半窗子且行。

按：据《泾野先生文集》卷32《明中宪大夫大理寺左少卿半窗罗公墓表》，罗辂于嘉靖十一年（1532）授四川按察副使，整饬建昌兵备，未至，内移山东。

半窗即罗辂（1487—1535），字质甫，号半窗，江苏江宁（今属南京）人。正德三年进士，授中书舍人，历任大理寺评事、江西袁州、赣州、南康知府、山东按察副使、顺天府丞，官至大理寺少卿。《泾野先生文集》卷35有《赠半窗子说》，卷32有《明中宪大夫大理寺左少卿半窗罗公墓表》；《泾野先生别集》卷10有《乞半窗葵栽》《俟凤堂饯四峰半窗和介立韵二首》，卷12有《于罗半窗宅宴集次四峰韵》《半窗百物园宴集怨四峰先去作》等诗。

是年，为江西高安举人刘文光（字子实）撰《刘母徐氏墓志铭》。

按：文见万历李桢本《泾野先生文集》卷35。

嘉靖十二年癸巳（1533），五十五岁

正月，门人江廷藻（字以荐）将归省，有《赠江以荐语》。

《泾野先生文集》卷33《赠江以荐语》：江以荐于嘉靖癸巳正月既拔历，欲省其父祖于旌德，以问言。则谓之曰："以荐归省，为顺孙孝子，然必为《大学》、《中庸》而后可。""何谓也。"曰："子思顺孙，故作《中庸》；曾子孝子，故传《大学》。"曰："廷藻所不请事于格致诚正、明善诚身，而惟其食之厚薄、衣之寒暖以为省父祖也，则为忘吾泾野子矣。"

春二月，为梅国刘节所编《广文选》作序。

吕柟《广文选序》（嘉靖十六年陈蕙刻本）：昔梁萧统编定《文选》，粤自秦、汉迄于齐、梁，骚赋、诗歌、诏册、表启，时且千年，焕知其旧。第博雅君子泛览别籍，见有遗诗脱文，则又每病乎统焉，然未有能广裒散失，粹纂重行者。今少司寇梅国刘公英特之材，博大之学，旁搜群书几二十年，类摘门补，世采人增，凡统之缺漏十九攒完，学士观览，无不足之叹。长垣侯君子方守扬州，谓可远传，乃命学生葛涧校正差讹，既且入梓，遣使问序。……嘉靖十二年春二月朔旦。

按：是序又见《泾野先生文集》卷9。

梅国刘节，见"嘉靖九年"条。

春，门人录其讲学、问答之语，编为《泾野子内篇》。

章诏《泾野子内篇序》：吾师泾野先生振起关中，方其盛年巳大魁天下，列职翰林，纳诲经筵，中间多见忤于时。是故先后立朝不逾

五稔，而家食者数年，与群弟子讲学于云槐精舍，于东林书屋，乐其教者有纪录焉。嘉靖初，以言官荐召用，又以言谪判解州，兴解梁书院之教，及与王端溪公往复问答，而门人邱东鲁、王光祖辈皆有录焉。戊子春，起仕南曹，至今尚宝，四方学者多从之，讲道于柳湾，于鹭峰东所。诏不敏，幸分半席于门下，爰与新安胡友大器、金坛王友标洎诸同门者数百人，日闻至教，亲炙既久，各纪录之。……诸录既备，诸生及门虽甚久，鲜得全见。今年秋，诏偕大器诸友叩请数四，乃得遍观而庄诵之。……间尝与程友默、张友重光、王友缙、陈友昌积辈数子参互校阅，大器诸友欲谋刻之，以公于天下后世，而先生之志则甚不欲传也。……嘉靖十一年岁次壬辰十二月吉日，书于芜湖舟中。

按：是书又有门人泰和陈昌积序，署"嘉靖十二年岁次癸巳仲春望前三日书"；门人歙县程默序，署"嘉靖癸巳春三月望日谨序"。

《泾野子内篇》除明刻本之外，又有清乾隆四年（1739）重刻本、嘉庆三年（1798）补刻本、咸丰四年（1854）补刻本、光绪七年重刻本。

《四库全书总目提要》卷93"《泾野子内篇》"条："明吕柟撰。……是书乃其门人所编语录。……其子昀等类而刻之。柟为学在格物以穷理，先知而后行。……观于所言，可谓不失河津之渊源矣。"光绪七年重刻本高陵白遇道序云："考旧序，板锓于胜国隆庆四年，行世已久。"可知《泾野子内篇》编成于嘉靖十一、十二年，而刊刻则或在隆庆四年（1570）（耿定向有《题泾野先生语录》，时间即在隆庆四年冬十二月，见《耿定向集》卷12）。

三月，弟子章诏复问学于鹭峰东所。

《泾野子内篇》卷18《鹭峰东所语》：（嘉靖十一年）十二月二十一日，顾侍坐。适章诏来见，先生问曰："行期何日？"对曰："二十四日下船，来年三月还至京，拜送考满。"先生曰："长江限隔，岂可尽必乎？"对曰："志之所至，虽穷山极海，不能阻绝，长江敢畏惮乎！"次年如期果至南都，相知闻之，谓章宣之真信人也。

门人王光祖将返解州，作《送王克孝还解州序》。

《泾野先生文集》卷6《送王克孝还解州序》：昔予之判解也，克孝从予游且三年矣。……他日，予改官南都，克孝不忘往日之聚也，束装买舟，泛黄河，渡大江，屡濒于风波之险，以至金陵，谒予于柳弯精舍。当是时，予足病甚剧，方欲徙鹫峰东所也。乃及休宁胡孺道同室，居数月，日讲夜诵，无少休暇。凡南都之显官文人，未肯一拜，奇山丽水，未尝一观，则其中之所得者可知矣。春中，克孝父母书来，云思克孝，克孝归心遂动，曰："吾不能侍吾师矣。"每欲留之，言及二亲，辄涕泣愍下，如孺子婴儿之态。予曰："世之云学者，类多从事于高谈阔论而力行不顾，至或使聪敏之士亦率文性命而质污浊，言周、程而行庸俗，凡其智巧辞辩适足为饕餮奔竞之资，视吾克孝何如哉！然则克孝兹往，如之何其为功？卜子夏曰：'日知其所无，月无忘其所能。'其往从事于斯乎！……克孝归，如相信不忘，斯二言亦为多。行见丘孟学、杨仁浃、巩邦重、张师孔及王子中所典书院诸贤，亦以是告之，使相勖。"

《泾野先生文集》卷18《明诚精舍记》：明诚精舍者，太学生解人王克孝光祖之所建也。……六年，予改官南曹，克孝有怀于予，又负笈渡江，侍予予鹫峰东所。……居洽年，克孝以父经府君老，思归省。……克孝既去之明年，予以公务北行，闻克孝卒矣。他日，路至真定而西取道，乃过哭克孝之墓。

按：据文"克孝既去之明年，予以公务北行，闻克孝卒矣"，吕柟所说的"以公务北行"即指明年（嘉靖十三年）三月的考尚宝绩，详见该条。可知此文作于是年。

门人金用九还休宁，有《赠金用九语》。

《泾野先生文集》卷33《赠金用九语》：癸巳初春，酌诸士于鹫峰东所，欲行投壶礼以侑觞，一士有不能，金用九曰："当行礼则不可辞。"遂立易同为司射，方元儒为司中，黄容、余宜诸人为三耦，卒如礼。未几，用九告归休宁，以问言。则谓之曰："用九兹往不可他求，凡有所见，即不辞如投壶礼者而行之，将无往非道矣。是故子思见鸢飞于天，仲尼见川逝于地，茂叔、子厚见窗草、驴鸣于偶尔，皆是物也。"曰："一投壶之不辞，何至如此之大乎？"曰："昔者夫子且欲执御，而况于射乎。是故，道不外于事之大小，理不间于物之精粗，惟患人既见而又忘，既得而又失耳。"

门人谢顾与其叔谢应鸿将还祁门，来鹫峰东所辞别。

《泾野子内篇》卷18《鹫峰东所语》：顾与叔应鸿归省，辞谢，先生留坐。适监中三四生来谒，先生曰："昨过诸友，无一在家，何也？"一生对曰："监中朋友处号房，因人事繁杂，多处鸡鸣山尔。"顾起曰："人贵于学尔。若不勤学，虽移居鸡鸣山顶，亦与在家同也。"一生问应鸿叔曰："汝常在家否？"叔曰："某常在尔。"先生笑曰："小谢言人之不勤，以见己之勤；大谢言己之常在，以见人之不在。得非欲以己之长，方人之短乎！"及请教言，遂书此以赠。至阶下，复语顾曰："汝毋以此工夫为易也。圣门高弟，都从此处做起。"

为门人衡阳易泉（字伯源）作《椿庭遗痛册序》。

《泾野先生文集》卷9《椿庭遗痛册序》：《椿庭遗痛》者，易伯源痛其父逸轩先生年越五十即告不禄，己方弱冠，未能逮养，抱恨终天，以自痛者也。……泾野子曰："吾知伯源之痛矣。可谓思其志意，思其好乐者乎！予之于先太史公也，生未能尽遂其意，亡未能尽继其志，每自悔恨，中夜不眠，计无若何。惟求置此遗体于斯道之中，以无作先人羞为，可少解耳。于是出言必思先人以发，举足必思先人以行，取衣必思先人以制，当食必思先人以食。时所竞者不敢以竞，非先人之义也；世所怯者不敢以怯，非先人之勇也。是以行年五十有五，发虽白而心尚赤，道虽远而力未歇，凡以为痛先人耳。……"

按：序文言"是以行年五十有五"，可知此序作于是年。

门人南京大理评事余光（字晦之）北上赴御史任，问于鹭峰东所。数日后，为之饯行，有《赠余晦之应诏北上序》。

《泾野先生文集》卷9《赠余晦之应诏北上序》：嘉靖十二年，期当考察南北御史，去者五六十人。……于是改主事、评事及推官、知县、教官以补其缺，盖皆稽诸舆论，素有风力之人，实精选也，乃南京大理评事余子晦之居首征焉。明日，晦之问予鹭峰东所，曰："则何以语光乎？"曰："御史职在辨明邪正、纠举贤否、以人事君者也，所贵不以喜怒为取舍耳。……"越数日，饯晦之，曾宗周、林廷彬诸友皆在也。

按：余光，字晦之，江宁（今江苏南京）人。嘉靖十一年（1532）进士，授南京大理评事。擢御史，巡按广东。

门人松溪叶逢阳（字子大）出为山东东平知州，有《赠叶东平序》，发明"君子己能而不有，虽直而不居，则得其道"之义。

《泾野先生文集》卷9《赠叶东平序》：今年考察之期，叶子子大与外补之列，其僚友及相知者皆愕然称屈。……泾野子曰："君子之于天下也，虽义以为质，信以成之，然非礼以行之，逊以出之，则其事虽济，亦不免于道之议也。盖能者怨之府也，直者忌之地也。故君子己能而不有，虽直而不居，则得其道矣。……夫虚也，在颜子且然，而况于他乎？是皆为子大讲切于鹭峰东所者也。苟能从事焉，虽积小以高大，他日上辅圣主以成王佐之才者，亦不外是也。"于是倪维熙适来，且曰："子大之过在有余不在不足。"曰："维熙真知子大矣！夫处不足者其学难，处有余者其学易。不足之学在于充，非大而不可为也；有余之学在于无，非忘而不可为也。"未几，子大有东平之命，遂书其说。

门人南京户部郎中倪缉（字维熙）来鹭峰东所，问寿言，有《贺倪氏重庆序》，发明"贞慈孝敬"之道。

《泾野先生文集》卷9《贺倪氏重庆序》：南户曹正郎倪维熙之父曾浦先生以举人署教于靖安，未久而归仕……维熙偕樊少南过鹫峰东所以告予。予叹曰："……然则维熙为子孙以笃此二庆者，岂有舍贞慈孝敬而他所用力者乎？且维熙明敏端懿，镇静洁齐，若移孝以事君，则忠无不精；移慈以使民，则惠无不广；贞以履位，处经事而不失其正；敬以临政，遭变事而不失其权。身立于此，道行于远，信于天下，光于四海，则将使林太安人及曾浦先生之道可千百岁常存也。……"

九江湖口秦泮（字汝化）学于鹫峰东所，问父寿言，作《懒轩秦君六十寿序》，为其发明"七懒"之义。

《泾野先生文集》卷9《懒轩秦君六十寿序》：秦汝化游于鹫峰东所，一日曰："泮父懒轩君今年生六十矣，泾野子何以为言乎？"……曰："汝化亦尝闻'七懒'乎？乃有权门势府，炙手可热，一入其门，通显立致，世固有懒于奔竞者矣。乃有当途要路，出言莫违，一和其声，贤圣改称，世固有懒于谄谀者矣。乃有城狐社鼠，阴肆奸慝，屠戮正士，求解盈门，世固有懒于钻刺者矣。乃有贫不聊生，觅幻化术，投隙而进，伺欲而合，入于左腹，坐致万金，世固有懒于逢迎者矣。乃有利害交战，荣辱争持，既罔是非，浑无可否，富贵以终，世固有懒于雷同者矣。乃有恃才妄作，谓人莫己若，己有过而不知，人有善而不闻，世固有懒于骄亢者矣。乃有畏首畏尾，日虞祸患，一见尊显，奴颜婢膝，垂首流涎，不能自立，卒以取败，世固有懒于怯懦者矣。夫先知四懒则乡有善俗，后知七懒则世有良材。……"

门人南京工部郎中樊鹏（字少南）来鹫峰东所，问母寿言，有《太宜人樊母计氏寿序》。

《泾野先生文集》卷9《太宜人樊母计氏寿序》：南工部郎中樊子少南过鹫峰东所曰："……太宜人则事无专制，以助其义焉。今年生七十有五岁，七月十二日则设帨之期也。鹏以便道过家，则何以为寿乎？"泾野子曰："少南其可以他求哉！惟在念此四德而不忘，充此四德而益广耳。……能充其俭，则必羔羊素丝，布被匪饰，虽禹之菲饮食、恶衣服、卑宫室者，亦可学也。于孝而能充，经所谓'夙夜匪懈，以事一人'，道行于人主者，不在兹乎？于义而能充，传所谓'所欲与聚，所恶勿施'，利及于百姓者，不在兹乎？……"

门人泰和举人欧阳乾元（字日大）来鹭峰东所，问母寿言，有《欧阳孺人陈氏六十寿序》。

《泾野先生文集》卷9《欧阳孺人陈氏六十寿序》：泰和举人欧阳日大来鹭峰东所曰："乾元之母陈氏……今年五月二十八日则六十初度之辰，虽亦强健不老，而乾元为子者之心欲使数百年皆如今日也，则何以致之？"

为湛甘泉《圣学格物通》一书作序，发明《大学》"格物"之意。

《泾野先生文集》卷5《刻圣学格物通序》：《圣学格物通》凡百卷，今少宰甘泉先生增城湛公所编著。嘉靖四年七月，皇上敕侍从文臣直解经史进览。是时，先生以翰林侍读为南祭酒，曰："若水不可以身在远，心不在圣躬也。"乃于作士之暇，纂著此书，以为圣学之助。盖大学之道，惟在于明明德，以止至善。止至善之道，莫先于格物。物皆关于意、心、身及家、国、天下，而格之为功，惟欲其诚、正、修以齐、治、平也。乃自诚意以下，类其物之繁简，列以目之多寡，或掇经史之格言，或阐祖宗之大训，断以独见，归于至当，意谓凡物不关于意、心、身及家、国、天下者，皆外物也；凡格不为乎诚、正、修以齐、治、平者，皆丧志也。

按：《圣学格物通》，今有嘉靖十二年陈升刻本。

是年，王廷相改都察院左都御史，撰《赠浚川王公诏改左都御史

序》。

《泾野先生文集》卷9《赠浚川王公诏改左都御史序》：浚川先生仪封王公为南京兵部尚书参赞机务三载矣，兹者诏至，改都察院左都御史。是日，予方偕僚友出郊，遇野人焉，皆曰："王公去，南都军士靡所依恃矣。公能杜私役，精武选，罢横敛，黜豪猾，汰泛差，振纲纪，南都士固欲家像而屋祝之者也。"

按：《国榷》卷55"嘉靖十二年"条："四月，南京兵部尚书王廷相改左都御史。"可知序作于是年。

是年，有《庆源堂记》。

《泾野先生文集》卷19《庆源堂记》：庆源堂者，少司马峨峰先生潘公之所建也。堂在婺源北乡桃溪之西明道上坊，中为厅堂，侧列寝室，山环溪绕，市嚣绝远矣。……斯工也，始嘉靖癸巳五月，落成于秋九月。

按：峨峰先生潘公即潘珍（1477—1548），字玉卿，号峨峰，江西婺源人。弘治十五年（1502）进士，授浙江诸暨知县，官至兵部左侍郎。传见韩邦奇《苑洛集》卷5《通议大夫兵部左侍郎赠都察院右都御史潘公墓志铭》。

南京刑部尚书周伦致仕，有七律《司寇周贞庵公致政》。

按：诗见《泾野先生别集》卷12。周伦，见"嘉靖十年"条。

南京户部郎中夏仁甫致仕，有《赠夏仁甫还山序》，告以"君子以谋道为重，谋禄为轻；以得学为大，得官为小"之义。

《泾野先生文集》卷9《赠夏仁甫还山序》：涪州夏子仁甫仕为南户部郎中二年矣，适考察之期，仁甫乃以疑似之事为人所簧鼓，流于执事者之口，遂得冠带解职去，诸与仁甫游者甚惜焉。……泾野子曰："……君子以谋道为重，谋禄为轻；以得学为大，得官为小。然则今日之事，虽去仁甫之官，固未能去仁甫之道，则仁甫之归也，岂肯以去其官而并去其道乎？如仁甫之不去其道也，则所谓对天地、质鬼神、合日月、贯金石、并山河以永者，皆在于是，又何赖于一官哉！"

嘉靖十三年甲午（1534），五十六岁

是年，考尚宝卿绩。王廷相作《送泾野吕先生尚宝考绩序》，称其为"有道者"，其学以"笃行""实学"为特点。

王廷相《送泾野吕先生尚宝考绩序》：士惟笃行可以振化矣，士惟实学可以经世矣。曲德细操，兢兢有执，非不可以自美也，以之动物则微。研究载籍，师守章句，非不学于古训也，以之敷治则浅。何也？行非敦化，而学靡达术，皆远于道故耳。余取友于天下，得有道者二人焉：河内何粹夫，高陵吕仲木是已。彼二子者，笃契往哲，几于圣轨，求诸今之世，盖绝无而仅有者也。……仲木为南京尚宝卿三年，将奏最于天官氏。诸门下生正郎杨君叔用徵浚川子之言以赠其师。

按：王廷相序见《王氏家藏集》卷22。

顾璘作《赠吕泾野先生序》，称其为"天下之士""善为人师"。

顾璘《息园存稿文》卷1《赠吕泾野先生序》：泾野吕先生可不谓天下之士哉！非以其科名也。观其言必由中，行必由道，其事君也耻不若舜禹，其交友也惟恐不竭其情，以善养人，人有不归于善，揪然若挤之阱也。居江南，四方来学之士，户履常满。璘闻其教曰：孝弟以立德，志义以明操，诚笃以积真，入圣以标准。呜呼！使其道大达于天下，其去平康正直之化殆庶几乎。斯谓善为人师也已。……先生今奏符台之最，枉过言别。

按：符台，尚宝司的别称。

欧阳德亦有《泾野吕先生考绩序》（见《欧阳德集》卷17），称吕柟能"随材启迪，皆能有所开明"。

三月，升南京太常寺少卿，迎继母侯氏来南京就养。

《国榷》卷56"嘉靖十三年"条：三月，南京尚宝司卿吕柟为南京太常寺少卿。

王九思《明故诰封太淑人吕母侯氏合葬墓志铭》：甲午夏，泾野君迁南京太常寺少卿，乃奉母于南，以地多卑湿，乃逾年而归。

雷礼《国朝列卿纪》卷45：（嘉靖）十三年，升南京太常寺少卿。

按：吕柟升南京太常寺少卿的时间，马汝骥《行状》作嘉靖十一年壬辰（1532）冬，马理《墓志铭》亦记为壬辰。误。

春，作《铭旌表张节妇李氏碑记》。

《泾野先生文集》卷18《铭旌表张节妇李氏碑记》：嘉靖甲午春，予以公务路经山西，时大理少卿南川张公得告还石州，予遇于太安驿。公拜而曰："先伯夏邑丞为先兄璞娶于有李氏，义官文之女也，蚤从姆训，克具四德，及归先兄，允执妇道。正德丁卯，先兄病卒，李方二十五岁，哀痛深至，感动邻里。笃念叔琇幼稚未立，而二孤德教、德化俱且孩提，舅姑在堂，彷徨无依尔，乃矢死靡他，一志孝慈。……贞节无贬，遂闻于朝，准锡赏建坊，重加优恤，实壬辰九月十五日也。其子学生德化怀母节行，寝食未忘，爰琢贞石，思勒恩典。展转筹惟，颛乞执事，以流永久。"

春，考尚宝绩至真定，得迁太常寺少卿报，未至京而回，取道山西，至榆次祭拜好友寇天叙，有《祭涂水寇公文》，并应其子寇阳之请，为撰墓志铭。

《泾野先生文集》卷27《兵部右侍郎涂水寇公墓志铭》：公讳天叙，字子惇，姓寇氏，别号涂水，以其邑榆次之南有涂水云。公年二十二中弘治辛酉乡试，与予同试礼部不第，卒业太学。乃会三原秦世观、马伯循、安阳张仲修、崔子钟、林虑马敬臣同窗学四年，遂同予举正德戊辰进士，筮仕南京大理寺评事，即清介自持，不滥交游。……癸巳八月，起改兵部右侍郎。……十一月二十六日终于官邸之正寝，距生成化庚子，年五十有四岁，位未能竟其所学。……阳卜明年嘉靖十四年二月某日葬公于城西祖茔之次。今年春，予以公务取道榆次以哭公，询其后事，阳言临终棺敛之需，多假于人，俸入仅置田数区，虽居第仍旧弊陋，未葺理。乃延予食于天秩之屋，天秩屋反优公数等。予谓阳曰："此汝父之所以超迈常流者也。汝继其志，增光多矣。"阳抆泪不能已，予与天秩皆哭。阳遂以铭请，予领之。今东昌又以前太常卿翰林院学士棠邑穆公伯潜状来，予览辄泣，数日而后能次第其事以志之。

《泾野子内篇》卷19《再过解州语》：先生考尚宝绩至真定，得迁太常报，未至京而回，哭寇司马于榆次。

按：《祭涂水寇公文》见万历李桢本《泾野先生文集》卷38，其云："公务北行，取道井陉，跋涉山水，泥雨不倦，持果戒牲，抆泪陈辞，斋沐告虔，以写积哀。"

墓志铭作于是年十二月，《涂水先生集》卷6附吕柟所撰墓志铭，文末记："嘉靖十三年岁次甲午冬十二月，赐进士及第南京太常寺少卿前翰林院修撰经筵讲官兼修国史友人高陵吕柟撰。"

从榆次又至解州祭弟子王克孝。

《泾野子内篇》卷19《再过解州语》：先生考尚宝绩至真定，得迁太常报，未至京而回，哭寇司马于榆次。又痛王克孝之殁也，由弘芝抵龙居，哭其墓尽哀。克孝父经府君请即其家，见书舍书籍及先师、汉唐宋以来诸贤祠，叹曰："不意克孝相信及此！"悲不能止。少焉，经府设席过劝，托以痰火不饮；与坐诸生皆起劝，再以痰火辞。及劝之力，方曰："我为克孝有一日之哀。同坐有能饮者，勿为我嫌。诸生亦皆不饮，悲惨移时。"

《泾野先生文集》卷18《明诚精舍记》：克孝既去之明年，予以公务北行，闻克孝卒矣。他日，路至真定而西取道，乃过哭克孝之墓。经府君乃邀予至其家，见明诚精舍，谒先师诸贤之祠，规模峻整，堂宇幽邃，宛然如与予所谈者。

为王克孝所编族谱题辞，作《王氏族谱题辞》。

《泾野先生文集》卷36《王氏族谱题辞》：此谱为太学生王克孝之所纂也。……克孝尝从予游，有志圣贤之学，致力明诚之地。其既殁也，予得见是谱焉，则其心虽以收族于天下，亦所愿也，王氏子孙可甚杰之。克孝侄曰用臣、舜臣请予书数语于稿前，遂有此题。

前往解梁书院，考察诸生课业，指出为学不宜多作诗。

《泾野子内篇》卷19《再过解州语》：乃南过州，居察院。诸生相谓曰："书院乃吾师所建，今日来，亦为书院之兴废，及我辈肄业其中者之勤惰尔，可复入院。请移居书院，以破诸生之愚。"其日夕，合用之物皆理葺完具以待。明日，将移居，先过谒乡贤祠。仍问各斋肄业者姓氏，乃作考德堂。举才呈课业，看到诗，则说："作了这许多诗也，为学不宜多及此。"

解州知州、学正及解梁书院诸生、乡约诸耆送至静林寺。

《泾野先生文集》卷11《李孺人七十寿序》：比予自太常过解，举才以乡试中式，举善已廪膳高等，时解太守、学正诸君暨解梁书院诸生、乡约诸耆且百人也，送予至静林寺，开宴万栢之中。诸生忆予在州之日，曾教童子诗歌，请重肄咏，予诺未已，举善即出班倡众歌者。……夫予在解时，乡约诸耆托王太学、阎节推，书院诸生托丘孟学。节推已化去，丘、王已出仕矣，则谓举才曰："叔元不可不承其绪也。"举才闻予言后，日居书院，礼举其废，乐修其坏，俗振其颓，经辨其疑，乡约继其成，恒若初举之日不懈也。

至王官谷，谒司空表圣祠，夜宿白云洞。

《泾野子内篇》卷19《再过解州语》：解人送先生至静林寺，州守石溪虞公酌于寺之潮海殿。……先生西行诣王官谷，乡约、诸生后从。适临晋焦尹远迎至土乐庄，庄有薛生良佐，门人也。献饭已，出庄外，命乡约皆回。乡约人在道左，百叩首不肯起。先生悲感不能言，只以"作善"二字勉之。诸生从至王官，谒表圣像。焦尹宴于聚仙堂，时有蒲坂苍谷刘公一中者，素识先生，焦尹请过陪。苍谷因说阳明之学。……先生寝白云洞。旦日，风雨交加阻行，焦尹尤恳留。仍坐聚仙堂，命吏持纸，书二绝赠焦尹，云："犹忆昔年作《记》时，乱山深处漫镌碑。十年三晋逢焦尹，重护云亭总未知。"又："曾将鱼雁到泾河，过此真闻老稚歌。旧是王官仙释地，妙更书院大开科。"

西过蒲坂，诸生送至黄河东岸。

《泾野子内篇》卷19《再过解州语》：先生西过蒲坂，诸生送至大河东岸，诸生乞留教。先生曰："六月当会于陕州，尔等其勉力哉！其勉力哉！"遂把棹，再揖而去。诸生临流瞻望，舟过河西登岸乃退。然多有泣下者，无异往日初离解之时也。

临晋县焦尹在王官谷中建王官书院，为撰《新建王官书院记》，指出书院之建，一方面要为国家培养人才，另一方面则要化民成俗，而非专以辞章记诵来获取功名。

《泾野先生文集》卷18《新建王官书院记》：王官谷在蒲州临晋县之南六七十里，其谷逶迤深广，入其中，四山盘结壁立，如人院落。……今年甲午，予再过此谷，不觉且十年矣。乃临晋焦尹毁寺拆观，请诸提学曹公改为王官书院，且请予作牌坊，并题表圣祠扁，而又以书院请为之。叹曰："……书院既作，不徒为资游览登眺之所，其必选敦行孝弟、博习经史、务本崇实之人，延请为师以立院主，使之开设科条，以待四方俊秀。徐以劝导乡里凡民，或举行乡约，勤于业作、秀崇礼让，比方风动之世，以助宣皇化，斯为良举。苟惟居记诵词章之徒，以较科第之利，其进多谋家，无益于国；退多谋身，有损于乡。改此书院，视前寺有何如哉？其作兴之人，反不有辱于表圣乎？况敢望有虞时之人物哉！斯举也，其小责存临晋县尹，其大责在提学先生。"书院落成在嘉靖十三年某月某日。

在陕西高陵。六月二十日，康海六十寿辰，至武功贺寿。

《泾野先生文集》卷13《寿对山先生康子七旬序》：对山先生康子先岁之六旬也，柟适过家，约作寿序一首。未几，奔走南北，日不暇给，久未践约。

在南京太常寺，禁道士俗装，革除太常之弊。

马汝骥《行状》：升南京太常寺少卿，乃迎继母侯就养。又禁道士俗装，每月令演乐者再。

冯从吾《泾野吕先生传》：久之，迁南太常少卿。往太常讌乐甚亵，先生悉革之。

暂管寺印，凡太常寺事之可否行止，常与典簿顾承美、殷良器商决。

《泾野先生文集》卷13《别顾承美序》：昔者予之在太常也，当是时，正卿已去，代者未至，予署寺篆，而承美适典簿于西厅，凡寺事之可否行止，皆得与承美论决焉。如欲变淮豕之恶，莳园蔬之美，复厨米之旧，葺烹屋之新，究礼乐之器，奖端悫之士，彼此论究，互相辩难，几于成章，而予改官辟雍去矣。

《泾野先生文集》卷11《赠殷良器考绩序》：昔者予之在太常也，数署寺印，得二属友焉，其一为无锡顾承美，其一为长洲殷良器。夫太常职在祀神，蔬果有户，牺牲有所，酒醴有程，香帛有度，乐舞有士。然积岁既久，废弛因仍，厨门敞而不扃，道流惰而无矩，渎艺神之罪难矣。我为此惧，每举一贤也，二属友或导之于前，或推之于后，必使其义立而后已。每惩一愚也，二属友或发之于始，或断之于终，必使其愚儆而后止。

穆孔晖致仕，撰《送玄庵穆公致政序》，称其学“邃于《易》，兼究老佛，折衷孔孟”。

《泾野先生文集》卷9《送玄庵穆公致政序》：天下之事有方聚而遽散，乍合而辄乖者，睇道则增感，抚情则怆怀，予于玄庵公是也。……公有不愧屋漏之学，有忠信博雅之器，有独立不惧之操。其戆直近汲长孺，隐厚如隽不疑，孚信如韩康伯，经术近刘向，史通近司马子长，道学近程正叔。乃且益笃其道，益邃于《易》，兼究老佛，折衷孔孟。

按：《泾野先生别集》卷10有七言杂曲《定淮门外道中送玄庵穆子作二首》，诗中云：“五旬六半同僚旧，忍看仙舟日暮开。”“同僚一纪更同寅，河北江南万里行。”

据王道《文简穆公孔晖墓志铭》，其于是年致仕。

讲学于太常南所，四方从游者日众。是时，讲学之风日盛，然或未免空谈，吕柟主张既要探讨《四书》《五经》中的义理，更要躬行实践。

薛方山《泾野先生传》：及迁尚宝卿，历太常少卿，吏事简省，四方从游者日众。先生乐于成人，应接不倦。是时海内讲学者相望而起，然或未免空谈。先生与诸生约，每会即以六经四书质正，就于其中探讨精义，勉其体认践履。或问朱陆同异，先生曰：“晦庵、象山同法尧舜，同师孔孟，虽入门路径微有不同，而究竟本原，其致一也，亦何害其为同哉。学者不务力行而胶于见闻以资口耳，竟于身心何益？”闻者多感发兴起。其训释经籍，皆躬行心得之言，有程朱所未发者，故所至学徒如云滃雾集。

冯从吾《泾野吕先生传》：先生在南都几九载，海内学者大集。初讲于柳湾精舍，既讲于鹫峰东所，后又讲于太常南所，风动江南，环向而听者前后几千余人。

长乐学生柯时偕从学于太常南所。

《泾野先生文集》卷36《明南坡处士柯君之墓碑阴题辞》：此南坡处士柯君者，长乐学生时偕之父也。……甲、乙之年，予讲《论语》于太常南所，时偕自长乐来。

南海冼桂奇（字奕倩）谒于太常南所。

《泾野先生文集》卷11《冼母陈氏六十寿序》：冼母陈氏者，吏部观政进士南海冼奕倩之母陈也。去年，奕倩举进士，思母不置，每中夜兴曰："安得吾母自南海来，馔此进士升斗禄乎？"……且奕倩未第时，尝谒予于南太常之别邸，会晤虽未久，然已瞰其志之不凡矣。

安徽歙县叶泓（字定甫）从游于太常南所，为作《旸山永慕诗序》。

《泾野先生文集》卷10《旸山永慕诗序》：旸山者，叶君世民之别号也。其子定甫泓从予游于太常南所，每言旸山自幼至艾，未尝有一不顺亲之心，亦无私货私畜。……予谓定甫当努力斯学，终日乾乾，夕亦惕若，务使道得于己而学成于身，处则化乡，出则济时，使旸山子身亲见之，无或少惰其力，孝有不及，亦若旸山之永慕竹轩翁也。

浙江建德徐绅（字思行）与其侄徐宗鲁（字惟东）从学于太常南所。将归省，问寿言，有《徐氏双寿序》。

《泾野先生文集》卷2《徐氏双寿序》：建德徐生绅与其侄宗鲁学于太常南所，将归省其父竹冈君与其母汪孺人焉。然是时汪生六十，竹冈君生五十有七矣。

湖南道州举人邓士元从学于太常南所。

清道光杨浚《续刻吕泾野先生文集》卷8《从吾处士邓君墓表》：

君讳志远，字伯仁，姓邓氏，别号从吾，湖广道州人也。……配某氏，生子士元，教之业儒，以光祖德。……元克继志，力学慕古，甘贫求道，器宇高广，脱落尘俗，既举湖广，而君已不在矣。……元隐恨终天，无能自解，至是从予游于太常南所，将归省母，而以从吾君墓上石问表。

门人范永宇之兄范永寰至南都为其母问墓铭。

《泾野先生文集》卷27《封孺人范母何氏墓志铭》：孺人范母何氏者，桂阳何泉公之仲女，浙江布政三峰范公汝载之配，贡士永寰、举人永宇、永官、学生永寀之母也。……比甲午，予再至南都，而寰持宇书状为孺人问铭矣。……及今嘉靖甲午四月十六日，遽以病卒，距生成化丙申年才五十有九。

为门人盛楷撰《盛氏族谱后序》。

《泾野先生文集》卷10《盛氏族谱后序》：太学生盛范卿从游于鹫峰东所者三年，比予居太常南所，持所自编族谱一帙来观，曰："楷家世居仪真者，自永乐间始祖伯谦公创为族谱以来，今族属繁衍矣，无复有能再谱之者。楷生也晚，然而尊祖敬宗之心，推恩收族之意，则固与楷之年日进而不能已也。兹编且考，则何以语之乎？"

按：《泾野先生文集》卷36有《俭庵行乐题辞》，亦为盛楷所作。

冬，作《明诚精舍记》，纪念弟子王光祖。

《泾野先生文集》卷18《明诚精舍记》：明诚精舍者，太学生解人王克孝光祖之所建也。初，嘉靖三年秋，予自翰林谪判解州，克孝同诸士子从予游于水玉堂。当是时，克孝年弱冠，即颖拔出群，器识超迈。及予建解梁书院，克孝则同丘孟学日夜侍予于礼和堂，当其笃志迅往，与孟学常争先焉。六年，予改官南曹。克孝有怀于予，又负笈渡江，侍予于鹫峰东所。……以后克孝与休宁胡孺道大器同斋寝处，强志精思，数至夜分，躬行实践，蔑视荣利，又能佐予作《史约》稿。……克孝既去之明年，予以公务北行，闻克孝卒矣。……予再至江南，经府君使人来曰："儿光祖为此精舍厥心良苦，先生何记之，慰其心于九泉。"予遂次第其事而归之，时嘉靖十三年冬也。克孝所著有《学思录》七卷，并《女戒》、《牧民篇》。

十一月初三，岳母魏氏卒，撰《南京国子监典籍李舅之配魏氏岳母合葬墓志铭》。

《泾野先生文集》卷29《南京国子监典籍李舅之配魏氏岳母合葬墓志铭》：岳母魏氏者，户侯讳善翁第八女也。……生天顺辛巳八月二十六日，卒嘉靖甲午十一月初三日，享年七十有三岁。

约是年，为山西潞州仇楫撰《宿州吏目仇君时济去思碑记》。

《泾野先生文集》卷18《宿州吏目仇君时济去思碑记》：泾野子公退坐厅上，有布衣毡帽、庞眉白须之老排闼而入，跪于厅下，顿首曰："小人宿州衣巾生员赵思也。宿州二十年前有潞安人仇君楫字时济者，以太学生为吏目于宿州。莅任以来，奉礼守法，事皆有程，廉以持身，恭以敬长，信以居僚，惠以慈民。……于是宿人相与立六丈之亭，磨数尺之石，以表去思。……"泾野子辗然曰："是雄山镇仇时济也。予十年前尝过雄山矣，详观《家范》，愧于未能历览乡约，行于解州。夫时济之从弟凡四人焉：时茂贵而不骄，时淳厚而不华，时表信而有守，时闲处士也，博学笃行，尝从予游于江南。……"

按：序中言"予十年前尝过雄山矣"，可知此序约作于是年。

约是年，有《与郭希说南雍赠别题辞》。

《泾野先生文集》卷36《与郭希说南雍赠别题辞》：韩城郭希说卒业南雍，适予讲《论语》于太常南所，希说亦数与焉。既久，诸友见希说之语默动静，皆加敬爱，以为笃信力行，不同流俗之士也。而希说思亲欲以归，诸友恋恋不能舍，阎师说辈数十人皆有诗也。予叹曰："此固江南士风之厚，亦以见吾希说致行之美。夫希说持此不已其功，益求其所未至，岂惟今兹之悦亲信友哉！虽他日以获上下而成治功亦有余也，希说勖哉！"

《新建和州儒学记》作于是年或稍后。

《泾野先生文集》卷19《新建和州儒学记》：和州学正铅山张子乾泽偕王光谟、撒镛、叶子泓三生渡江来曰：……兹者陇西王君朝用以监察御史谪判于和，思人才为首务，惟学宫之先图，……经始嘉靖甲午五月，落成于十一月，敢请文记，以示和之来学。

嘉靖十四年乙未（1535），五十七岁

门人徐之麟（字道征）会试不第，过南都，问父母寿言，作《徐生椿萱具庆序》。

《泾野先生文集》卷10《徐生椿萱具庆序》：《椿萱具庆》者，为都昌徐道征之麟序也。道征从予游数年矣，今年乙未会试不第，再过南都，作《椿萱具庆图》以寿其父秋山君及母王孺人。

门人樊济川会试不第，至南京复从学于太常南所。

清道光杨浚《续刻吕泾野先生文集》卷8《明江西举人小山樊以楫墓志铭》：以楫讳济川，江西进贤县人，中嘉靖辛卯举人，因入南雍并会试北上，尝谒予于鹫峰东所，后又谒予于太常南所。……及乙未之不第也，又卒业于南雍。

门人李萃（字亨夫）会试还，谒于太常南所。既而将归武昌，为父问寿言，作《鹊亭处士李君七十寿序》。

《泾野先生文集》卷10《鹊亭处士李君七十寿序》：李亨夫会试还，谒予太常南所，既而将归武昌，拜曰："萃辱游于泾野子之门下，不识亦知吾父鹊亭君之为人乎？……明年五月九日，实七十之初度

也，吾母□氏少家君止二岁，亦并强健不老。……"

按：嘉靖十四年为会试年，而吕柟在太常南所讲学的时间为嘉靖十三年七月之后至十四年七八月，故可知此序作于是年。

欧阳南野考绩北上，有《赠欧阳南野考绩序》。

《泾野先生文集》卷10《赠欧阳南野考绩序》：南野欧阳子崇一以翰林编修出为南京国子监司业，今将考三年之绩于朝也，南都群公卿皆有赠章，大司成钟石费公欲予为之序。

四月十四日，门人胡大器之兄胡大周卒，为作《胡仲德墓志铭》。

清道光杨浚《续刻吕泾野先生文集》：胡仲德者，太学生孺道之仲兄，徽州休宁县某里人也，讳大周，仲德其字也。生性好蟾，因以蟾石字号。嘉靖十四年四月十四日以医士误投药而卒，距生弘治十年某月日，寿四十有二岁。于是孺道持礼部安福易粟夫状为问墓铭。

夏，讲《论语》于太常南所，指出"仲弓之敬简，非止坤道，颜子之不迁怒贰过，可至位育"，发明"力行"之旨。

《泾野先生文集》卷12《赠周怀玉之任序》：乙未之夏，予讲《论语》于太常南所，尝论仲弓之敬简，非止坤道，颜子之不迁怒贰过，可至位育。当是时，闻者亦数十辈，然而如怀玉有讲即契，以斯言为不妄者，不过数人耳。

《泾野先生文集》卷19《世德流光堂记》：嘉靖乙未之夏，予讲《论语》于太常南所，时建昌王子难来谒。

夏，江西建昌王材（字子难）从学于太常南所。不久，升北国子监祭酒，王子难与诸友渡江送至扬州。

《泾野先生文集》卷19《世德流光堂记》：嘉靖乙未之夏，予讲《论语》于太常南所，时建昌王子难来谒。未几，予改官太学，子难同诸友送至扬州，时子难微恙，予苦劝还南都，然予心犹日拳拳然未惬。

按：王材，字子难（一作子卿），号稚川，江西新城（今黎川）人。吕柟弟子。嘉靖二十年（1541）进士，累迁至南京太常寺卿，掌南京国子监祭酒事。

门人王材问父寿言，作《一溪王君还山序》。

《泾野先生文集》卷10《一溪王君还山序》：窃闻之，士有虽退而实进，虽辱而实荣者，行道于时，不合则去是也。迩年以来，余于江西见二人焉：其一则一溪子：王汝学者，建昌之新城人也；其一则黄氏直者，临川之金人也。一溪登正德癸酉乡举，授知漳州平和县。寻上《正礼养储》之疏，当路排拒，下福州狱，乃罢其官。……一溪之子子卿材从予游于太常南所，尝问寿一溪之言，而一溪适遭母忧。余谓子卿曰："欲寿一溪，无他术，惟在继一溪之志与政，扩而充之，虽以寿之千万年可也。"

玉林举人文桂（字仲芳）从学于太常南所。

《泾野先生文集》卷36《泽存堂跋》：泽存堂者，宋信国公文文山之七世孙武宁州同知蔚林钦所构。……岂意武宁之后，子孙蕃衍硕大，如今举人桂仲芳时泽益存而盛乎！仲芳于嘉靖乙未尝从予游，而予方赴太学之任，仲芳同诸友渡江送予，经江浦、六合至扬州，暇叙先世文山事，未尝不惨然长忆也。

门人许象先（字汝贤）与其侄许椿（字寿卿）将归歙县，问父寿言，作《淳庵处士许君六十寿序》。

《泾野先生文集》卷10《淳庵处士许君六十寿序》：泾野子曰："自予至江南与诸友之讲学也，在柳湾精舍则有休宁胡孺道，喜予言，未尝忘，退或札记，率相似也。在鹫峰东所则有歙人许汝贤，喜予言，未尝忘，退或札记，率相似也。比予居太常南所，两生以大比之后，又同处三四月，当其进修，视昔者益通明且坚定焉。来年正月十四日，则汝贤之父淳庵君六十初度之辰也，汝贤与其侄寿卿偕孺道来曰：'象先甚不肖，无以为淳庵家君悦。兹诞期且至，象先归，将称寿觞，则先生何以教之乎？'"

按：序言"两生以大比之后又同处三四月"，嘉靖十四年为会试大比之年，故知此序作于是年。

门人杨本源（字叔用）升四川马湖知府，作《赠杨叔用升知马湖序》。

《泾野先生文集》卷10《赠杨叔用升知马湖序》：肤施杨君叔用仕于南户部主事至正郎六七年矣，乃有马湖之擢，……叔用亦曰："先生如有言也，其详说马湖之政，本源将奉以周旋焉。"泾野子曰："……君子学有要领，则应无不当；心有所见，虽蛮貊之邦亦可行也。且叔用忘三十年前云槐精舍乎？子与赵幼孜之来也，予尝讲《虞书》第二篇至'咨，十有二牧'矣，其言曰：'食哉惟时，柔远能迩，惇德允元，而难任人，蛮夷率服。'子盖听之真而信之笃矣，岂非为今日之用哉？……自吾抄释《程子》十年于兹矣，未有能用之者，而子言于是，行于是，或以决疑政，苏困吏，亦于是足知其所为矣。……"

按：序言"自吾抄释《程子》十年于兹矣"，《二程子抄释》刻于嘉靖五年（1526），至嘉靖十四年正十年，故知此序作于是年。

太常寺典簿顾承美（字彦夫）将北上考绩，来谒，为父问寿言，有《雪坡顾君八十寿序》。

《泾野先生文集》卷10《雪坡顾君八十寿序》：雪坡顾君，常州无锡之高士也，今年生八十岁也。其子彦夫仕于南京太常寺典簿，往年以恩诏封雪坡君如其官。至是，彦夫将有考绩之行，其行也，得便道过家，称寿雪坡君，乃拜予以问言。……曰："……自予之至太常也，与承美共事一年矣，凡事之是非善恶，祭品之精粗，鬼神之享祀，承美皆能力持正论，剖决不谬，阴喜其得良助焉。使他日当大任，临大难，亦能迎刃而解，无所回曲，其与夫料事悬定成败者，大小何如耶？……"

六月，为闻人邦正之母作寿序，有《寿闻人母王太孺人七十序》，以"成人有德，小子有造"为勖。

《泾野先生文集》卷10《寿闻人母王太孺人七十序》：闻人母王太孺人者，提学南畿闻人邦正之母也。……至今年乙未六月十二日，于是生七十岁矣。邦正开宴于敷教察院，司寇石塘闻公、中丞南皋王公及诸上卿皆登堂称寿，而司谏钱、陈二君俾予说其意也，以上太孺人焉。予曰："……盖尝读《棫朴》之诗矣，其言寿考也，惟在作人之道，使成人有德，小子有造耳。然则邦正当作人之责，而其所以仰师先圣贤，以寿考其太孺人于千万年者，孰有外于造小子而德成人哉？"

南京刑部主事王贞吉、举人王贞善兄弟来谒，问父寿言，有《王封君醒庵七十寿序》。

《泾野先生文集》卷10《王封君醒庵七十寿序》：醒庵王先生者，泰和县之南富里人，刑部主事如悔贞吉、举人如性贞善者之父也，以如悔之先知平山县也，于是得敕封平山知县云。今年乙未八月四日则七十初度之辰也。……当其期之未届也，如悔、如性尝以长者礼事予，问寿封君千岁之术，并以其友吴用晦之传来也。

继母侯氏因南京气候过于潮湿，难以适应，是年返归高陵。

王九思《明故诰封太淑人吕母侯氏合葬墓志铭》：甲午夏，泾野君迁南京太常寺少卿，乃奉母于南，以地多卑湿，乃逾年而归。

七月，由南京太常寺少卿升北国子监祭酒。

《国榷》卷56"嘉靖十四年"条：七月，南京太常寺少卿吕柟为国子祭酒。初调南祭酒费案，宏引嫌，故改柟。

雷礼《国朝列卿纪》卷45：十四年，升国子监祭酒。柟笃实率人，勤于诲迪，每有条约，动遵古义，经书子史，博读详玩，并有发挥。门下环向请益，耳听口授，无倦容，无择言。

《泾野先生文集》卷12《赠南少宰钟石费公考绩序》：钟石先生铅山费公履少宰任通前礼部者三年矣，将献绩于朝，……往年祭酒之缺也，公正为南祭酒，众拟公必转北矣。当是时，其兄大学士鹅湖先生且再起入相，公寓书于路曰："北祭酒缺，甚无念汝弟，必以吕少卿改。"书至再三，言极谆切。比鹅湖先生履相位，不鄙菲材，竟用其言以荐之。

按：吕柟升北国子监祭酒，康海有五言古诗《闻泾野先生转祭酒》（《康对山先生集》卷7）、湛甘泉有《赠大司成吕泾野先生之京诗》（《湛甘泉先生文集》卷26）、欧阳德有七律《赠泾野吕先生赴召大司成》（《欧阳德集》卷29）、林文俊有《赠大司成泾野吕先生序》（《方斋存稿》卷4）。大司成，祭酒的别称。

费寀（1483—1548），字子和，号钟石，江西铅山人，内阁首辅费宏之弟。正德六年（1511）进士，授翰林院编修，历南京国子监祭酒、礼部右侍郎、南吏部右侍郎、南兵部左侍郎、礼部尚书掌詹事府，封太子太保、少保。卒，谥文通。著有《少保文通公摘稿》《钟石集》等，纂修《铅山县志》。

《泾野先生文集》卷12有《赠南少宰钟石费公考绩序》，为费寀考吏部右侍郎绩时所作；同卷《费氏传芳集序》，亦为费寀所作。少宰，明清时吏部侍郎的别称。

九月一日，撰《汪氏乐寿堂记》。

《泾野先生文集》卷19《汪氏乐寿堂记》：乐寿堂者，徽州太守双石郑君子成为荆山处士汪君克安题也，其书则宗伯甘泉湛子之笔也。……他日，远谒甘泉湛子，湛子遂作大书以为扁。他日，远又谒予于太常南所，以问记。……太守之题在嘉靖丁亥二月，湛子书在今年乙未七月，予记在九月一日。

九月二十五日，北上至六合，为弟子杨应诏作《白鹤山三思记》。

《泾野先生文集》卷19《白鹤山三思记》：白鹤山者，杨邦彦应诏葬其祖父母及母处也。……未及，余改官北行，邦彦买舟渡江送之六合，遂书以记之，在嘉靖十四年九月二十五日。

按：杨应诏，字邦彦，号天游，福建建安（今建瓯）人。举人。十举进士不第，后卒业南京国子监，从学于吕楠。归后，以讲学著述为事。著有《闽南道学源流》《天游山人集》。

九月二十八日，至仪真，作《耐斋记》。

《泾野先生文集》卷19《耐斋记》：耐斋者何，石州二守钟君主毅之别号也。斋何以耐名也？……夫世有四耐焉：耐欲者则不屈于物，耐剧者则不扰于事，耐挠者则不折于势，耐穷者则不贪于位。然则主毅君之以耐名斋者，固有见于斯乎！主毅君之子贵尝从予游，为问耐斋之记。予谓"四耐虽在主毅君，师道当动心忍性，无所不耐，以底于道，为耐斋光永，不可耶？"斋扁某年月日，记在嘉靖十四年九月二十八日仪真公署。

过高邮，门人高邮知州邓诰（字子华）来见。

《泾野先生文集》卷36《赏丰乐亭题辞》：前岁乙未，予过高邮，邓太守子华方知州事，恶其地之冲要，送迎日夜不暇，以为疲于奔走，无补民瘼，不如求改太学一官，以与诸士子谈说经史为少安也。予谓之曰："一命之士且能济人，而况于五品大夫乎！且虽奔走迎送之间，无非益民劝士之所。"予既去，子华乃一心于民，谕之如师保，抚之如婴儿，已而四民乐业，士亦向学。

《泾野先生文集》卷19《高邮州重修文庙记》：嘉靖乙未秋九月，新城邓侯子华来守是郡，敷治更化，敦兴礼俗，仰瞻师模，庙貌弗称，即图更新，无所于处。……邓侯名诰，起家江西乡进士。

门人谢应熊送至淮安，问父寿言，作《废庵谢君七十寿序》。

《泾野先生文集》卷10《废庵谢君七十寿序》：予自南太常改官北上，谢梦卿送至淮安，拜而曰："熊父字天然，号守拙，又号废庵。……行年七十矣，熊又不才，不能早为显扬，以致荣寿，则泾野子何以命之乎？"

为门人程爵作《寿容庵处士程君世大七十序》。

《泾野先生文集》卷10《寿容庵处士程君世大七十序》：容庵处士之七十也，其子爵欲上难老之觞，以尝从予游也，欲予有言，又以予数言处士也，未敢遽请。比予起南都而北上，乃嘱其戚友胡孺道追予恳寿言。

过山西吕梁，获赠砚台，有诗《过吕梁洪玉湖张都水贻砚并惠诸公诗因次韵答玉湖　乙未》。

《泾野先生别集》卷12，诗云："生平爱书先觅砚，行获吕梁双玉片。两手摩挲倍端溪，光明温润惊初见。"

在北国子监，见监规久弛，乃刊行《监规发明》，使子监学风大为改观，但同时亦有人以"敬敷在宽"来反对此举。

薛应旂《泾野先生传》：乙未，进北国子祭酒。时监规久弛，先生发明揭示，动以身教。一二贵游子弟有不率者，即绳之以法，不少假借。于是咸知所从事而乞差，争拨之蔽风顿息。或有以"敬敷在宽"规先生者，先生曰："宽非纵弛之谓，乃日刮月劘以要其成，而不责效于旦夕，故谓之宽。然云敬敷，则不可不谓之严矣。古称师严然后道尊，道尊然后民知敬学，其意正谓是也。今人才渐不如古，岂真古今人不相及哉。内则祭酒，外则提学，皆有师道而以教人，为识者率多姑息假借，而不知人才之日流也。甘临希悦，违道干誉，且非治民所宜，矧以之教士哉。"规者不以为然，而先生持之愈坚。国子诸生自是知所检束，而弦歌之声，礼让之俗，洋洋于京师首善之地矣。

马汝骥《行状》：乙未，升国子监祭酒，首发明《监规》，教人以正心为本，忠孝为先。取《仪礼》及为《诗乐图谱》，俾诸生讲肄。每试，刻文之优者，以式多士。复申明《监规》五事，上皆允行。公在监，诸生有疾，必问而医；有死者，必哭而归骨其乡；有丧，必吊且赙；有孝廉着闻者，则识诸簿榜以旌之，又先拨历示劝。仍奏减历；以通淹滞。于是两厅六堂诸属皆观法清慎，诸生皆以德行道义相先，而礼乐并行，声谷俱美。诸公侯子弟皆率教乐学，诸观政进士及历事举人数就而问业，中官沈东亦时至听讲。

《泾野先生文集》卷11《监规发明序》：《国子监规》乃太祖高皇帝为诸监生作也。作于洪武初年者为旧规，凡九条，永乐三年申明之。作于洪武十五年者十二条，十六年者八条，二十年者二十七条。成化十年间，祭酒周洪谟尝通刻榜谕诸生矣。故诸生入监者，必先读《监规》而后治余书。近见诸生率艰于背诵，又或择其易读者，舍其难读者，于是《监规》虽已行，实未为诸生有也。窃尝仰思我太祖之心，欲得真才以为邦家实用，其于诸生虽坐立进退之间、饮食衣服之际、号舍斋堂之处、诵读讲解之详、课试仿字之细，皆本道义而有渠范，爱之至而教之切，真天地之于物无不覆帱、无不持载，父母之于子饮之、食之、诲之、教之者也。此其恩德深重，化育周洽，则《监规》诚诸生所当先读，又不可以有所择也。柟自莅任以来，深惧浅薄，不胜其职，以负我圣皇委任之意，乃日诵《监规》，条释其下，详演推广，如异代诸儒笺注《五经》《四书》者，使诵读之顷，因传以求经，不以为难，又知字字句句皆道之所在，不可有所择而或舍之也，因名曰《监规发明》云。诸士子除将已行《监规》庄诵外，其于《发明》录一帙，时加览玩，自当手不释乎《监规》之卷矣。

上《申明监规以光圣教疏》。

按：疏文见万历李桢本《泾野先生文集》卷31。

王献芝（字德仁）为南道御史，过国子监辞别，言《监规》过严，非文武弛张之道。

《泾野先生文集》卷28《王生德诚墓志铭》：王生者，吾年友刑部员外歙人黄罗君之子，赠君一舫先生之孙也。……他日，予典成均事，其子南道御史德仁献芝来辞，且言予《监规》过严，非文武弛张之道也，予受而改之，乃私叹曰："斯御史也，他日必以谠言鸣于时矣，黄罗君其有子哉！"

作《六合尹何君去思碑记》。

《泾野先生文集》卷19《六合尹何君去思碑记》：予在南都时，闻前御史田君德温巡下江，而何君道充方令六合，尝断流囚，田君三驳而道充三执不改，田君不以为倨。比三过六合，道充适公差他出，不及一迎，田君览政绩，亦不以为简。……比予改官北雍，道过六合，六合之父老仆隶无不诵道充之贤，至有叹息咨嗟于舆马之傍者，乃然后益信道充之循良，而惊田君之高一至此乎！他日，六合之人思道充不置，专太学生袁悌具书列状以问碑。……道充名宏，号纯庵，广东顺德县人。

为张子阳作《赠少司成桂滨张公升南少常序》，望其能继续改变南京太常寺之风。

《泾野先生文集》卷11《赠少司成桂滨张公升南少常序》：予自南太常少卿补今官，既至京邸，宿于公署。当是时，桂滨张公尚为少司成也，即夜枉问，续烛话旧，叩所以教人之道，盖已示之大略矣。未数日，而公南少常之命下，即以予之缺也。……公戒行有日，问曰："何以赠我？"对曰："……予于太常未考厥职者有遗悔焉，淮豕欲变而未程，堧蔬欲艺而未圃，厨米枉汰而未还，乐师欲正而未请，秩祀有失而未经。或频举而遭更代，或适议而遇迁改，遂使懿业未修，正政觖弛，至今抱悔者，不啻此五者而已。公之往也，斟酌其事，损益于时，或大补其缺典，或尽厘其纪文，当必又有出于予志之上者已。……"公字子阳，广西桂林人，起家正德丁丑进士，选为翰林庶吉士，读中秘书，授翰林编修，历任两京国子司业，至今迁云。

十二月十日，弟子张诗卒，有《明昆仑处士张子言墓志铭》。

《泾野先生文集》卷35《明昆仑处士张子言墓志铭》（万历李桢本）：子言之病，予适从南来，子言两使人问予，予谓子言小疾，遂缓问。比往，子言已盖棺七日，当其终，实嘉靖乙未十二月十日也，予痛哭而归。……初名学诗，谒予时，予去其"学"字，而字之以"子言"，其曰昆仑者，所自号也。……子言生成化丁未，得年四十有九，少二十日不五十也。

在京师，与李开先结为忘年交。

李开先《闲居集》卷9《泾野吕亚卿传》：予之继妻其祖母吕氏，乃先生近派，流寓齐东，举族往来甚厚。……先生知予以王渼陂、马溪田、康对山三公之荐，在京师忘年与交，别后音问不绝。其赠予《中麓说》及简札，集中乃不载，何也？

按：李开先（1502—1568），字伯华，号中麓子、中麓山人，山东章丘人。嘉靖八年（1529）进士，授户部云南司主事，官至太常寺少卿。嘉靖二十一年（1542），罢归。

河南汝宁知府廖自显创建笃志书院，是年问记，撰《新建笃志书院记》。

《泾野先生文集》卷18《新建笃志书院记》：汝宁郡城之北，汝水自天息山西来，过隍堨而东，其北干有淫祠焉，宫殿巍峨，瓴甋枚实，奥区当阳，祭非其鬼。太守漆滨廖子德潜莅汝之阅月，往视焉，乃谓汝人曰："名邦善地而此祠淆杂，何以教吾汝乎？且夫漆雕开者，汝产也，当夫子将仕之时，即有未信之对、笃志之说，千百载下，学士大夫诵仰焉。改祠斯贤，岂独为汝人师表哉！"遂建笃志书院，以漆雕氏名也。……及今大比，汝郡之举者十九出书院云。太守走币以问记。

按：笃志书院即后来的天中书院，位于河南汝南。明嘉靖十三年（1534），汝宁知府廖自显建于城北门外，初名笃志书院，旁列孔子弟子漆雕开祠。嘉靖四十一年（1562），知府徐中行建天中阁等，改名天中书院。李攀龙有《天中书院碑记》。

吕柟记文言"及今大比"，嘉靖十四年乙未正为会试年，可知记作于是年。

嘉靖十五年丙申（1536），五十八岁

正月，吏部观政进士南海冼奕倩为母问寿言，作《冼母陈氏六十寿序》。

《泾野先生文集》卷11《冼母陈氏六十寿序》：冼母陈氏者，吏部观政进士南海冼奕倩之母陈也。去年奕倩举进士，思母不置，每中夜兴曰："安得吾母自南海来，馔此进士升斗禄乎？"于是遣人迎之南海。……然母终思弟某，对食则泣，游庭则泣，虽以奕倩愉惋之诚，旨甘之奉，百计不能解也。……遂列疏上天子，吏部覆题，得送母南归。然其时已至今年正月，陈夫人于是生六十岁矣，奕倩之友数十人因作《金台祝寿图》，各赋诗歌，而奕倩请予序其事。

春，南京户部主事周谦之考绩至京，问父母寿言，作《封户部主事南山周君暨张安人双寿序》。

《泾野先生文集》卷11《封户部主事南山周君暨张安人双寿序》：予在南都时，户部周谦之尝过予以论学。比予改官北上，谦之问寿其父母南山君、张安人，言皆且六十也，予已诺之矣。今年春，谦之考最，又申前问于端范亭。

四月，上《恭和圣制谒陵》诗、赋各一、曲十首。

《国榷》卷56"嘉靖十五年"条：四月己丑，国子祭酒吕柟上

《恭和圣制谒陵》诗赋各一、曲十首。

七月，刊刻《仪礼图解》，有序。

《泾野子内篇》卷23《太学语第三十一》：七月中，编刻《仪礼图解》书成。

《泾野先生文集》卷11《仪礼图解序》：《仪礼》本周公所作，其篇目甚多，遭秦焚书，汉高唐生止传其十七篇，与淹《中经》同。后仓能明之，然多士、庶人、卿大夫、诸侯之礼。宋朱文公欲以《仪礼》为经，《礼记》为传，其徒杨复遂图解《仪礼》，存其篇于《十三经注疏》中。柟卒业太学时，尝约所友五七人率其子弟习行于宝邛寺，今三十余年，心未之能忘也。近蒙圣恩，误授今官，图报靡称。伏观圣皇以礼乐为治，而太学尤礼乐所先之地。用是仰承德意，旁求《仪礼图》本，偕其僚童公思与在监习礼公侯伯及诸士子演行，使知揖让进退之节，以沐圣上《菁莪》、《棫朴》之教，而效雍熙太和之化也。第此书稀少，止访获一二善本，乃命监生王世康辈手抄其图，月数日艺业焉。寻将具题请敕工部刊印，而未遽行也。有监生卢尧文、魏学诗、汪尚庭、钱寅、余诲者，广求《仪礼图》以观尔，乃奋然兴念，身自书写校正，且捐赀刊刻成书，送观以问序焉。

朱彝尊《经义考》卷293：嘉靖十五年，祭酒吕柟上言："士必知古，斯可通今，《仪礼》一书乃成周致太平之具。世行高堂隆所传十七篇，宋儒杨复为之图解，乞敕部重刊印装一二百部，以便诸生肄业。"从之。

八月，编成《诗乐图谱》，有序。

《泾野子内篇》卷23《太学语第三十一》：八月中，编次《诗乐图谱》书成。轶拜而言曰："尝闻礼乐不可斯须去身。宗师以此为教，编成礼乐二书，兴亡继绝，有功于圣门，有大造于学者。轶自下土来，初入太学，闻弦歌之声雍容和鸣，又见行冠射诸礼，从容揖逊，恍若身游于凤仪兽舞之世。窃思古昔帝王以礼乐治天下以，今所闻见推之，亦可以想见三代当时之盛矣。"

《四库全书总目提要》卷38 "《御制律吕正义后编》一百二十卷"条云："又考嘉靖十五年国子祭酒吕柟着《诗乐图谱》共六集，分为六谱，以教六馆诸生。"

《泾野先生文集》卷11《诗乐图谱序》：《诗乐图谱》者，取《诗经》《周南·关雎》以至《商颂·玄鸟》可歌之诗八九十篇，被之八音，以为图谱者也。……柟自莅任以来，仰承德意，偕其僚童司业课艺诸士，习行《仪礼》，内有用乐之处，选知音监生卫良相等率其友百余人，取前诗篇，日每歌咏，谐之音律。未及期年，卫良相于前诸诗皆能画图定谱，除钟鼓柷敔之外，列为六调：一曰钟磬调，二曰琴调，三曰瑟调，四曰笙调，五曰箫笛调，六曰埙篪调。每一用之，沨沨乎，有古音之遗。柟益叹曰："圣明作人之深，而古乐亦不难复也。"因命传教六馆诸生，以养其性情之正，育其和平之德，仰副我圣皇教养之厚意也。

秋八月，编订《朱子抄释》，有序，指出"君子之学，虽贵于博，而尤要于约也。苟惟其博之趋，在朱子大贤也则可，于学者之学，岂不泛滥而无所归哉"。

吕柟《朱子抄释序》：予在江南日，徽中士从予游者请刻《朱子抄释》，予诺之，未有以应也。比守太学，徽士戴冠辈十余人复以是请。予乃取朱子门人杨与立所编《语略》者，遗其重复，取其切近，抄出一帙，条释其下，以便初学阅览。夫朱子之文，动千万言，学者少而读之，至于白首不能穷尽，乃今落落数百条，何也？曰："君子之学，虽贵于博，而尤要于约也。苟惟其博之趋，在朱子大贤也则可，于初学岂不泛滥而无所归哉！学者苟于是编少加意焉，然后以观朱子之全书，自当知所从矣。且因是以窥周、程、张子之奥，上溯孔、颜、思、孟之道，亦可优入而不难也。"嘉靖十五年丙申秋八月己丑国子监祭酒吕柟序。（见清李锡龄惜阴轩丛书本《宋四子抄释》）

按：此序又见《泾野先生文集》卷11。

清代四库馆臣对吕柟的《朱子抄释》颇为肯定。《四库全书总目提要》卷93"《朱子抄释》二卷"条云："明吕柟撰。是编乃嘉靖丙申柟为国子监祭酒时所定。宋儒之中，惟朱子著述最富，辩论亦最多。……明人递相选录，几于人有一编。其大意乃在于胜负相争，区分门户，不过借朱子为名，未尝真为明道计也。柟作是编惟摘切要之词，而不甚以攻击为事，于学问大旨转为简明。然于'与陆子静论意见'一条，注其下曰：'陆氏终近禅。'则是非之辨，亦未尝不谨严矣。"

秋八月，门人戴冠等刻《周子抄释》《张子抄释》《二程子抄释》《朱子抄释》（合称《宋四子抄释》）于国子监，撰《宋四子抄释序》。

吕柟《宋四子抄释总序》：宋四子者，濂溪周子、明道程子、伊川程子、横渠张子、晦庵朱子也。朱子曰："程氏兄弟二人，其学既同，其言无异。"遂统称程子云，故曰"宋四子"也。予谪判解州时，尝抄释周、程、张三子书，解士丘东鲁、王光祖乃校正而刻之解梁书院。比予官南都，光祖复篚是书，问于鹭峰东所。于是休宁程爵见《周子》、《程子》，取而刻诸由溪；维扬葛涧见《张子》，取而刻诸江都。乃若同志之士欲求周、程、张子之道者，皆可因是以知其大略矣。比予既守太学，其诲诸士，每称四先生之言为入《五经》、《四书》之门户也。于是徽中戴冠、胡大器、黄卷、汪云、黄本静、汪克俭、洪钊、胡其仁、黄登诸士侍侧曰："是刻诸江南者之三子书也，冠辈尚能诵之，但恨未能博及天下之士耳，愿暨同志友曹颢、罗琼、吴时叙、黄锡、吴文达、汪凤梧、汪橹、汪一中自为校写重刻，并请《朱子》者以加诸梓，使海内游太学者，皆得诵习四先生之言，以求为孔子之道，当见士风可正，民俗可移，不尤愈于一由溪、江都之行乎？"予然其言，遂并《抄释朱子》以附之。于是冠辈持是书，请博士南海萧子日强、莆田郑子汝舟重加校正，遂入诸木，曰《宋四子抄释》云。嘉靖十五年秋八月己丑国子监祭酒吕柟序。（见清李锡

龄惜阴轩丛书本《宋四子抄释》）

郑汝舟《宋四子抄释后序》：《四子抄释》者何？泾翁吕先生惧后世学者之学之靡也，爰辑周、程、张、朱四先生之书而释其要旨也。夫自圣学湮微言绝，士各以意为学，泛滥于诸家，出入于老释，离经叛道，甚矣。奎开宋室，四贤叠兴，著书立言，以觉来世，所谓洙泗之嫡传是矣。顾其全书浩汗靡竟，学之者往往皓首穷年，而不得其要旨之所在。先生虑其卒也，此《抄释》之所以作也。……嘉靖丙申阳月吉前进士后学莆田郑汝舟谨识。（见清李锡龄惜阴轩丛书本《宋四子抄释》）

按：吕柟序又见于《泾野先生文集》卷11。

《宋四子抄释》分《周子抄释》3卷、《二程子抄释》10卷、《张子抄释》6卷、《朱子抄释》2卷，共21卷。今有明嘉靖十六年（1537）汪克俭刻本，以及清光绪二十二年（1896）《惜阴轩丛书》的重刊本。

上《进呈书籍以永圣教疏》。

按：疏文见万历李桢本《泾野先生文集》卷31，所言书籍即指《仪礼图解》《诗乐图谱》与《监规发明》。

夏，南京礼部郎中王文儒（字国珍）以考最北来，问父母寿言，作《封君王水楼先生双寿序》。

《泾野先生文集》卷11《封君王水楼先生双寿序》：水楼先生王君德容者，南京礼部郎中国珍文儒之父也。……往年予在南都时，居太常之清风亭，与水楼君之第甚密迩。……今年夏，国珍以考最北来，问双寿之言。

门人国子监学正巴陵余坤（字叔载）为母问寿言，有《寿萱图诗序》。

《泾野先生文集》卷11《寿萱图诗序》：《寿萱图》者，国子学正巴陵余子叔载为其母李孺人作也。初，予在南都时，叔载方典教于芜湖。他日，以事来谒予于鹫峰东所，予甚重其威仪端雅，志向不群。以后虽未数聚，然或寓书寄声，义未尝不相通也。比予改官辟雍，叔载已先升学正于此矣。……然叔载日以属官礼事予。既数月，偶以他事来，忽言及鹫峰事，予曰："叔载而忘鹫峰之旧邪？"曰："坤未敢忘，第恐诸僚以坤为拔援耳。"予曰："师我在前，属我在后，《礼》曰：'有其举之，莫敢废也。'此天地间之大分，又何嫌疑哉！"于是叔载矍然改执旧礼，予于是滋重叔载之为人耻为趋承奔竞者也。又数月，叔载以《寿萱图》来，且言："……是年八月四日则八十初度之辰也，幸赖强健矍铄，未甚有老态，不知泾野子何以语坤，使吾母至数百岁乎？"

顺德府知府孙锦（字元朴）修《顺德府志》，有序。

《泾野先生文集》卷11《顺德府志序》：顺德即古邢国，汉巨鹿、常山地也……旧有《志》，讹漏不善，今太守孙君元朴自莅任顺德，笃志慈民，政平讼理，四境之内，盗贼屏息，民安其业，则曰："非往无以开来，失古何以贞今尔？"乃考摭遗失，遹追旧典，选委师儒，纂成斯《志》，将以具文献而诏士民也。泾野子览而叹曰："后世郡邑之纪，有古列国诸侯史之遗意。然时世虽异，而道义则未尝不一也，乃王仲淹谓陈寿之《书》、范宁之《春秋》，思过半者，盖以迁、固而下，制作纷纷，率竞博洽而鲜劝戒，其志寡也。斯编也，当其志不亦远乎！"《志》自郡纪以至外传，凡三十四篇，岂惟足征，亦可诏后，其可传无疑矣。孙君讳锦，陕西绥德卫人，起家嘉靖丙戌进士。

按：今有嘉靖十五年刻本《顺德府志》。

泉州进士黄镇卿从游于太学。

《泾野先生文集》卷11《椿萱荣寿序》：《椿萱荣寿》者，工部正郎邓子一新寿其父节庵翁暨母刘宜人者也。……一新乃作椿萱荣寿图以乐之，留都大夫士咸歌咏以侈其事。……去年，予在太学，有泉州进士黄镇卿者从予游，甚重一新，言能教邑士子，邑士子至今思慕，犹苏、湖人之仰胡瑗。

八月，由北国子监祭酒升南京礼部右侍郎。

《国榷》卷56"嘉靖十五年"条：八月，国子祭酒吕柟为南京礼部右侍郎。

王九思《明故诰封太淑人吕母侯氏合葬墓志铭》：丙申，泾野君自国子监祭酒迁南京礼部右侍郎，值天子覃恩，获封母为太淑人云。

王世贞《弇山堂别集》卷56《卿贰表·南京礼部左右侍郎》：吕柟，陕西高陵人，由状元十五年任右，十八年致仕。

冯从吾《泾野吕先生传》：丙申，晋南礼部右侍郎。

《泾野先生文集》卷19《世德流光堂记》：嘉靖丙申，予改今职南来，闻子难病尽瘥，且历事已完，归新城去，予然后心始安也。

按：薛应旂《泾野先生传》记吕柟升南京礼部右侍郎在嘉靖十六年丁酉（1537），其曰："丁酉，升南京礼部右侍郎。"李舜臣《刻泾野先生文集序》亦曰："丁酉，迁南京吏部侍郎。"由上可知二人所记有误，且李序又谓吏部，亦误。

皇太子生，吕柟之祖父母、父母、继母及妻子李氏皆得赠封，次子吕昀荫入太学。

马汝骥《行状》：时皇太子生，以覃恩得赠祖及父如己官，祖妣、妣、继母及妻俱得赠封淑人，次子昀荫入太学。公有微疾，因使具疏乞归，会公长子田在京，疏不得投，返其使，公意不遂。

王九思《明故诰封太淑人吕母侯氏合葬墓志铭》：丙申，泾野君自国子监祭酒迁南京礼部右侍郎，值天子覃恩，获封母为太淑人云。

按：据李开先《泾野吕亚卿传》载："次子昀，历任寻甸府知府，娶王、郭、李。"

安徽歙县生王献芝（字德忠）来从学。

《泾野先生文集》卷28《王生德诚墓志铭》：王生者，吾年友刑部员外歙人黄罗君之子，赠君一舫先生之孙也。……他日，予典成均事，其子南道御史德仁献芝来辞，且言予监规过严，非文武弛张之道也，予受而改之，乃私叹曰："斯御史也，他日必以谠言鸣于时矣，黄罗君其有子哉！"未几，改官南道，德仁又使其弟德忠从予游。献芝负志英迈，端悫不苟，予又私叹曰："斯生也，他日必以直躬鸣于时矣，黄罗君其有子哉！"寻献芝告归，思予复来，以德仁之在浙差也，不得已又告归，且为其兄德诚索墓铭。

按：《泾野子内篇》卷27《礼部北所语》，即为王献芝于嘉靖十六年（丁酉，1537）、嘉靖十七年（戊戌，1538）年所录。

王德诚即王献葵（1504—1535），字德诚，号乐川，亦曾从吕柟学于鹫峰东所。

是年，门人范永宇之父卒，致书南京问墓铭，作《明福建左布政使质庵范公墓志铭》。

《泾野先生文集》卷28《明福建左布政使质庵范公墓志铭》：质庵范公之殁也，其子举人永宇兄弟自桂阳寓书金陵，曰："往年宇母何孺人殁，泾野子既铭之石矣。兹父之铭，谅亦不靳乎？"……公讳辂，字以载，别号质庵，初号远咎子，再号三峰，柳州桂阳县某里人也。……丙申，升福建左布政使，七月莅闽，精神顿减，归思屡兴。十月二十六日，遽中风痹，越三日，卒于正寝。

是年，山东武定重修其城，作《重修武定镇城记》。

《泾野先生文集》卷19《重修武定镇城记》：武定，古齐无棣地，即周赐太公履北至无棣者也。……佥宪二衢王君在叔继为兵备，莅政之日，图厥先务莫急于此……乃程役动众，计费课工，军民咸乐趋事，未期年而成。……君名玑，衢州西安人，起家嘉靖己丑进士。滨州尝从予游于鹫峰东所，同武定皆江南高士，宜其立。工始嘉靖乙未八月，告成于丙申五月。

是年，监察御史沈文澜考绩北上，有《赠沈南湖考绩序》，论御史之职在"激扬有道，举错有方"，不能以一己之喜怒同异来臧否进退人物。

《泾野先生文集》卷11《赠沈南湖考绩序》：侍御沈子文澜将考三载之绩于天官氏。……泾野子曰："夫御史之职，激扬有道，举错有方而已。夫激扬之道，不惟其喜怒，惟其人，即百官之恶德者远矣；举错之方，不惟其同异，惟其才，即百官之不才者远矣。若是而百姓有不蒙其福者乎？行而考诸天官氏，虽曰不职，吾必谓之职矣。如其狥己之喜怒也，清浊必至于混淆；如其泥己之同异也，贤不肖必至于倒置。若是而百姓不被其殃者，未之前闻也。行而考诸天官氏，虽曰职，吾必谓之不职矣。……文澜，予礼闱所取士，知其必拳拳于是也。"

是年，门人樊济川卒，有《明江西举人小山樊以楫墓志铭》。

清道光杨浚《续刻吕泾野先生文集》：以楫讳济川，江西进贤县人，中嘉靖辛卯举人，因入南雍并会试北上，尝谒予于鹭峰东所，后又谒予于太常南所。……以楫之父友松处士日鼎者痛以楫之蚤逝也，泛长江，至金陵，持其眷友吴衮状以索铭。……乃嘉靖丙申正月十四日以疾卒于家，距生正德三年四月九日，得年才二十九岁。天授之以材，而不使之究其所施。呜呼，伤哉！……卒已葬于青山之阳，未铭也。至是友松请，乃叙其状而铭之。

约是年，为山西正学书院（在运城）撰《正学书院志序》。

《泾野先生文集》卷11《正学书院志序》：侍御余子晦之巡盐河东黜政，既举，乃曰："予身履唐虞之墟，目睹稷、契之旧，顾风俗未振，醇良未兴，是光以一盐自足也。"爰度运城之东空地若干，创建正学书院，并建塾学于其傍。严选信厚端悫之士群业其中，暇则亲临训迪，以明孝弟谨信、恭敬学文之道。而又举行《蓝田乡约》，延致仕马、张诸君为约正副，讲习古义，表正群物。一时志士聿兴，齐民多劝。于是监生王世相纂辑其事，作《志》七卷，而都运詹子诸君走使问序。……曰："……今去解且十年矣，侍御乃能兼揽古今，广开艺局，虽予浅陋，亦与举行，凡蒲、解诸地，莫不闻风飙起，挽回古道。是予行之一郡者，今充而为数十州县之广；试之一时者，今传而为千百年之远，岂特一杜诗继召信臣而已哉！则予又何敢以一己之私而废侍御之公乎！斯《志》也，虽以共天下及后世可也。"

按：序言"今去解且十年矣"，吕柟于嘉靖六年九月离开解州任南京吏部考功司郎中，至嘉靖十五年正十年，故可知此序约作于是年。

嘉靖十六年丁酉（1537），五十九岁

春二月，门人胡大器编刻《吕泾野先生十四游记》。是书为吕柟游览山西解州、江苏南京名胜之后而作的十四篇游记，其中包括河东六游：《游王官谷记》《游龙门记》《观底柱记》《游傅岩记》《游雷首山记》《游涑水记》，以及江南八游：《游燕子矶记》《游灵谷记》《游高座记》《游省中南竹坞记》《游鸡鸣山记》《游牛首山记》《游献花岩记》《游卢龙记》，并附录诗31首。

胡大器《十四游记序》："《十四游记》者，我师泾野先生政暇游山随所至而记之者也。六篇在解州作，而条山、黄河之胜具见之矣；后八篇在南都作，而钟阜、长江之灵具见之矣。《传》曰："仁者乐山，智者乐水。"世有乐得其物，不乐得其道者，将亦当有所悟乎！大器事先生于鹫峰东所，尝与亡友王光祖录而读之。他日，兄大同见，亦爱焉，况其他乎？器遂梓以传，曰："将使漫游者知所傲也。"其诗亦附刻于后。嘉靖丁酉春二月门人休宁胡大器顿首书。"（《吕泾野先生十四游记》）

李愈《十四游记叙》：泾野先生自史馆谪出，讲学于河东、江南

者十四五年矣。于其地之雄一方而名海内者，暇必往游，游必有记，凡十有四篇，诗亦每剖附焉。愈获读之，叹曰："渊乎！我先生之深造也。"盖天地间莫非道，亦莫非教，君子修诸己而教随之者也。先生之游也，穷天地之高厚，究山川之流峙，感古今之废兴，法贤圣之矩度，尽事物之变，析邪正之归，性命参于日用，致知存乎格物，经世成务，有斯记焉，而岂徒哉！昔马迁探禹穴以文鸣，张旭观剑舞以书鸣，今斯记之鸣，四方学士或欲登泰山之巅、观江海之澜以为游者，当亦有助乎哉！愈惧人之放达慢游而忘道也，乃僭有是说焉。嘉靖十六年冬十月吉，赐进士第南京太常寺博士门生李愈拜识。"（《吕泾野先生十四游记》）

按：《十四游记》有明嘉靖十六年胡大器刻本、清咸丰四年重刻本。清咸丰四年（1854），吕柟后人吕士龙重刻《十四游记》，三原贺瑞麟作序。序云："瑞麟将东游太华之北，渡渭水，谒桐阁师，过黄河，访薛仁斋，以就正所学，而吕君士龙适以补刻其先人泾野先生《内篇》求麟序，并欲刻所谓《十四游记》。……读先生之记，乃益知所以为游，故序之。明日遂行。咸丰甲寅九月五日，贺瑞麟谨书。"（《清麓文集》卷2）

春三月，《宋四子抄释》刻成。

童承叙《宋四子抄释后序》：天地之道，大矣哉！作之者之谓圣，至周孔而备矣。述之者之谓明，至周、程、张、朱而备矣。出于圣者，经也；出于明者，传也。经传作而道无余蕴矣。泾野吕先生之为成均也，既以六经教士，又取《仪礼》日肄习之，暇日复抄四子之言而释焉，其于明道立教之功何如也！诸生汪克俭辈乃以《抄释》付之梓，人其服膺先生之教者欤！未几，先生转官南部，余为阅成事，且以播夫人也，因附著岁月于末简云。嘉靖十六年丁酉春三月廿日后学汉沔童承叙识。（清李锡龄惜阴轩丛书本《宋四子抄释》）

太常寺典簿殷良器北上考绩，作《赠殷良器考绩序》。

《泾野先生文集》卷11《赠殷良器考绩序》：昔者予之在太常也，数署寺印，得二属友焉，其一为无锡顾承美，其一为长洲殷良器。……比推及南礼署篆，南吏方有入贺之行，即日出印，而良器考绩文移适至，乃谓其考功曰："予素知其人，乃不能一书其最。夫贤如二属友也，其不遇如此，岂非有数哉！"虽然，遇不遇者数也，学进而不已，志立而不渝，行修而不愿乎其外者，则君子之常也。二君子苟审于斯，又何患于不遇哉！不观古之大贤上士，亦不待崇阶峻位而后显也。乃其僚李博士惟中数为良器问考绩之言，于是乎书。

三月，进贺表北上进京。

《泾野先生文集》卷19《云章楼记》：云章楼者，今春坊谕德渐山屠君文升居第之楼也。……问记在嘉靖十六年之三月，以予因公事入京也。

《泾野先生文集》卷36《赏丰乐亭题辞》：前岁乙未，予过高邮，邓太守子华方知州事。……今春，予进贺表北上，再过高邮。

过高邮，为弟子高邮知州邓子华作《赏丰乐亭题辞》。

《泾野先生文集》卷36《赏丰乐亭题辞》：前岁乙未，予过高邮，邓太守子华方知州事。……予既去，子华乃一心于民，谕之如师保，抚之如婴儿，已而四民乐业，士亦向学。既期年，蝗飞蔽天，江淮一带州邑卒罹其灾，而高邮四境之内，蝗皆抱草赴水而毙，连岁大熟。子华喜己政之有微，而忆予往者之言果非虚恢也，乃作丰乐亭以与士民同乐，有昔醉翁亭之遗焉。今春，予进贺表北上，再过高邮，滋闻其详，且得观子华自序并诸歌谣之作，喜慰无已。

有《高邮州重修文庙记》。

《泾野先生文集》卷19《高邮州重修文庙记》：高邮先师文庙故在州治之东，重建于天顺四年，逮今且百年矣，垣宇日圮，不蔽风雨，鸟鼠且唐陈偪隘，庶草蕃芜，每值享祀，至者叹惜。嘉靖乙未秋九月，新城邓侯子华来守是郡，敷治更化，敦兴礼俗，仰瞻师模，庙貌弗称，即图更新，无所于处。明年丁酉，诹得郡东时堡镇元君一祠，愚民奔走，香火浩繁。乃谋诸郡士，议籍其材，撤彼就此，以兴明役。……是役也，始于嘉靖丙申夏四月二十八日，告成于丁酉春某月某日。邓侯名诰，起家江西乡进士。

六月，在高陵，修筑先祖之墓垣。

《泾野先生文集》卷19《莹芝记》：去年六月中，予筑先莹垣，仰思予祖予考凡役用人力，禁取在官者。予承其意，出所积俸金，就土工以从事，县大夫发来夫丁，皆遣去。垣既成，予叹曰："此垣皆君之赐也。"

按：《莹芝记》作于嘉靖十七年（参见该年条），而记中言"去年六月中"，可知修垣一事在是年，盖北上进贺表后便道回乡省亲。

七月初，与康海至鄠县贺王九思七十寿辰。

王九思《渼陂续集》卷下《次男渭墓志铭》：嘉靖丁酉……其年秋，予寿七裹，对山康先生、泾野吕先生皆至。

按：是年七月十六日，吕柟即启程前往南京，故可知其贺寿王九思乃在七月初。

赠王九思《宋四子抄释》。

王九思《渼陂续集》卷中《与吕仲木先生书》：去秋枉顾，匆匆别去，未获尽所欲言者，甚恨。辱惠《宋四子抄释》，执事平生所学尽在是矣。……夫四先生之书，亦常经目，然体认之功或缺如也。乃今获读是编，反复玩味，愧悔多矣。夫道未易闻也，惟自今至死之年，于所谓格物者，先从身所临处格而行之，亦庶几少补其万一云尔。不然，恐虚生此世也。昔吕进伯老而好学，伊川以为可爱也。学之多年，数之不足，不犹愈于终不闻乎？执事今之伊川也，仆亦愿步进伯之后尘。然启之者，则执事也。宁敢忘所自耶！仆又思之，此书东南传之已广，而吾陕省则罕有见者。济济诸贤，岂无同志？若得一有力之人刻而传焉，则夫锡类之仁，孰有大于此者？恨未见其人耳。

七月十六日，从高陵启程前往南京。十七日至临潼，十八日至蓝田。因会乡友，在蓝田、渭南居十余日，再至华州（今陕西华县），次子吕昀返回高陵。

《泾野先生文集》卷19《莹芝记》：嘉靖丁酉七月十六日，予自高陵发程南来，次日至临潼，又次日至蓝田。因会乡友，滞于蓝田、渭南者十数日。方诣华州，遣次男昀还高陵。

七月，河南陕州（今三门峡）州学新开泮池，有《陕州新开泮池记》。

《泾野先生文集》卷19《陕州新开泮池记》：陕州两生陶进、王钧奉其师钱学正举暨三司训启来曰："州学建于召公祠之东南，……今太守陇州阎侯莅政二年，笃念斯文，见弘农卫后弃有隙地，当庙学之南，若疏凿为沼，导引城北活水流注其中，潆洄庙学，于以革纳山川之秀，昭回云汉之光，固其所乎！……故泮之作，至侯始勃然而兴也。"……其成也，在嘉靖十六年七月。

在南京，讲学礼部北所。

冯从吾《泾野吕先生传》：东南学者喜先生复至，益日纳履其门，乃复讲于礼部南所。

按："礼部南所"应为"北所"，《泾野子内篇》卷27即作《礼部北所语》。

有书信于邹东廓。时邹东廓在家乡江西安福，有回书《简吕泾野宗伯》，发明"修己以敬"之旨。

《邹守益集》卷10《简吕泾野宗伯》：侧闻考绩西归，遂阙驰候，及收教札，知复至南都，慨然有念于旧讲之好，感悚感悚。病体视旧稍健，今春出馆崇福寺中，与门生儿子绪理旧学，而郡之耆艾与四方之彦时造焉。乃知平日病痛，尚是比拟文义，想象光景，自以为为学工夫，而不知于良知本体反增一层障蔽，乃欲持是以抗群论，宜长者之不许也。圣门之教，只在修己以敬。敬也者，良知之精明而不杂以私欲也。故出门使民，造次颠沛，参前倚衡，无往非戒惧之流行，方是须臾不离。圣学之篇，以一者无欲为要，而定性之教，直以大公顺应，学圣人之常。濂洛所以上接洙泗，一洗支离缠绕之习，正在于此。未审高明深造以为渐可与语否？

按：吕柟写给邹东廓的书信，今各版本《文集》中不见收录。

时有论湛甘泉为伪学者，力阻之。

冯从吾《泾野吕先生传》：会有论湛先生伪学者，先生白诸当路曰："圣皇在上，贤相相辅之，岂可使明时有学禁之举乎？"事遂已。

按：是年四月，御史游居敬上疏劾湛若水，奏请禁毁王阳明、湛若水所著书及门人所创书院（参见《明世宗实录》卷199"嘉靖十六年四月"条）

八月二十六日，皇第六子生，上《庆贺皇第六子生疏》。

按：疏文见万历李桢本《泾野先生文集》卷31，略云："臣等接到邸报，伏睹圣谕：嘉靖十六年八月二十八日，皇第六子生，钦此。臣等屡际大庆，不胜欢忭。"

秋九月，长子吕田岳父刘璋卒，撰《明奉训大夫霸州知州北桥刘君墓志铭》。

《泾野先生文集》卷28《明奉训大夫霸州知州北桥刘君墓志铭》：君姓刘氏，讳璋，字尚德，别号北桥，延安中部县原村人。……前刑部郎中仕之父也。……今年九月，仕先以大狱事谪戍柳州，恩诏宥还，闻君之讣，道过金陵，托通政撰状请予铭。嗟乎！道义之交，婚姻之缔，予安能忍铭，又安能忍辞哉！……乙酉，升霸州知州。……

乃己丑得致仕还乡。……君卒于今年丁酉四月八日，距生成化六年某月日，享年六十有九岁。

按：刘璋，见"嘉靖二年"条。

冬，次子吕昀入北国子监。

《泾野先生文集》卷19《莹芝记》：嘉靖丁酉七月十六日，予自高陵发程南来。……方诣华州，遣次男昀还高陵。比予至南都，昀来书云："儿渭南还家后，即展拜先莹，见祖墓旁有芝一本。昀恐被他人折伤，取而置诸家庙矣。"是年冬，昀赴太学去。

冬，门人柯时偕自长乐至南都，问父墓表，作《明南坡处士柯君之墓碑阴题辞》。

《泾野先生文集》卷36《明南坡处士柯君之墓碑阴题辞》：此南坡处士柯君者，长乐学生时偕之父也。处士名崧，字伯峻。……丙申之年十二月既望，处士年已八十有五矣，乃夜召时偕暨诸子曰："吾已矣。夫吾素所愿慕者，得泾野公数言大书藏所。时偕可往求之以表于墓，吾九原之下瞑目矣。"言已而逝，时偕哭踊痛绝，哀毁成瘵。……水行数千里，时经三二月，冬抵南都，乞问墓表。

冬，门人程默北上会试，道过南京来谒。

《泾野先生文集》卷12《赠简州知州程惟时序》：歙人程惟时去冬北赴会试，过予曰："默今会试越五且六矣，昨拜辞老母，老母与默同泣，且曰：'吾早年望夫，中年望儿。汝父既没，汝弟又亡，今止遗汝，倘授一官，不问崇卑，吾心少慰。莫效汝弟，驱驰道路，竟于无益，吾甚怨恨。'且去秋母病，几于不起，默裂心治剂，偶尔有感，倏忽转生，入仕之言，益切默怀，不知先生以为何如？"……惟时果又落第，乃向天再拜曰："默不敢违。"

十二月二十九日，皇第七子生，上《庆贺皇第七子生疏》。

按：疏文见万历李桢本《泾野先生文集》卷31，略云："臣等接得邸报，伏睹圣谕：嘉靖十六年十二月二十九日，皇第七子生。"

是年，为南京工部郎中邓文宪（字一新）作《椿萱荣寿序》。

《泾野先生文集》卷11《椿萱荣寿序》：《椿萱荣寿》者，工部正郎邓子一新寿其父节庵翁暨母刘宜人者也。……予叹曰："节庵、宜人之寿此可以跻性，百年未艾也。虽然，犹在一新能广之耳。去年，予在太学，有泉州进士黄镇卿者从予游，甚重一新，言能教邑士子，邑士子至今思慕，犹苏、湖人之仰胡瑗。而一新之在工部，又能秉度奉程，不愆干素，工部上下皆称良焉。……"

王阳明弟子苏州举人黄省曾至南京来谒，获读张载《横渠易说》。

《泾野先生文集》卷11《刻横渠先生易说序》：予访横渠先生全书有年矣。往在解州，刻其《东》、《西铭》、《正蒙》、《理窟》、《语录》并《文集》一二卷，其他未之见也。去年，苏州举人黄省曾谒予，言及之，获此《易说》。暇尝披阅，其言简质实，于发经、开物、修身、教人甚切也，当为先生之书无疑矣。

按：《横渠先生易说》，今有明嘉靖十七年吕柟刻本，故可知黄省曾来谒及获得《横渠易说》在是年。

黄省曾（1490—1540），字勉之，号五岳，江苏苏州人。嘉靖十年（1531）以《春秋》中举，后累试不第，遂绝意科举。从学王阳明。黄宗羲《明儒学案》列入南中王门。

约是年，山西潞州仇氏兄弟刻王云凤《博趣斋稿》成，问序，作《刻博趣斋稿序》。

《泾野先生文集》卷11《刻博趣斋稿序》：虎谷先生和顺王公自举成化甲辰进士，历仕礼部祠祭至都御史，凡平日所著文诗、奏议以及学政、兵务之章程咸具焉，自名曰《博趣斋稿》。……及先生殁，某遂撰次其行，为墓志铭，亦略具矣。第其著作之富，力莫能为之传也。往来过雄山镇，会玉松仇时茂，尝语及此，而时茂素慕先生，即以其稿托某校正，命其弟时醇、时闲辈刻之。然某官事纷冗，兼以道路奔驰，校未及精，而时醇使人过江取回是蕙入梓，以完兄命，且装钉送观问序焉。

门人胡大器自京师至金陵来谒，并为解州王举才之母问寿言，作《李孺人七十寿序》。

《泾野先生文集》卷11《李孺人七十寿序》：太学生胡大器自都下来，至金陵谒予曰："解州王举才与大器及黄卷、吴梁十数人同游业北雍，义气相孚，情相厚。闻其母李孺人今年十二月某日七旬之诞期也，……卷辈相率醵金，装轴赋诗，寄寿解梁，请序以宣举才之思。"泾野子曰："……举才闻予言后，日居书院，礼举其废，乐修其坏，俗振其颓，经辨其疑，乡约继其成，恒若初举之日不懈也。有余御史诲之者观风河东，还至京师，褒嘉不置。於戏！举才不日试春官，对大廷，有官守言责矣。其举措发于事业，施诸民物，近则光于四海，远则垂于后世，则李孺人之寿，虽数千岁不啻也，斯固器、卷诸友之志乎！"

按：序言"举才不日试春官，对大廷"，明年即嘉靖十七年（1538）为会试之年，可知此序约作于是年。

嘉靖十七年戊戌（1538），六十岁

正月，有七律《次渭厓丁酉除夕诗韵二首》。

按：诗见《泾野先生别集》卷12，诗中云"江海望春民皞皞"，"奔走四方愧耳顺"。

渭厓即霍韬（1487—1540），字渭先，号渭厓，广东南海人。正德九年（1514）进士，授兵部主事，官至礼部尚书，卒赠太子太保，谥文敏。传见郭棐《霍文敏公传》（《明文海》卷388）。

春，门人文桂赴会试，过南京来谒，为作《泽存堂跋》。

《泾野先生文集》卷36《泽存堂跋》：泽存堂者，宋信国公文文山之七世孙武宁州同知蔚林钦所构。……岂意武宁之后，子孙蕃衍硕大，如今举人桂仲芳时泽益存而盛乎！仲芳于嘉靖乙未尝从予游。……今年赴春试，自广东、浙江道来至仪真，又复遡江，持文山遗像并《泽存卷》以谒予，且请跋焉。

按：《泾野先生文集》卷12有《文氏家谱序》，亦为文桂所作，约作于是年。

二月，欧阳德升太仆寺少卿，有《赠南野欧阳子升太仆少卿序》。

《泾野先生文集》卷12《赠南野欧阳子升太仆少卿序》：南尚宝卿南野欧阳子崇一既有太仆少卿之擢，凡寺监诸卿大人皆欲予为赠言。……南野名德，江西泰和县人，起家嘉靖癸未进士。

《国榷》卷56"嘉靖十七年"条：二月，南京尚宝司卿欧阳德为太仆寺少卿。

三月，撰《莹芝记》，以教育子孙勿违祖宗之意。

《泾野先生文集》卷19《莹芝记》：比予至南都，昀来书云："儿渭南还家后，即展拜先茔，见祖墓旁有芝一本，昀恐被他人折伤，取而置诸家庙矣。"是年冬，昀赴太学去。今年二月，昀自京师回，遂图画前芝寄南都。……芝图至南都，在今戊戌年三月初四日，因记之，以示来世。

六月二十五日，门人福宁举人周璞（字怀玉）会试不第，至南京来谒。临别，饯于玄真观，有《赠周怀玉之任序》。

《泾野先生文集》卷12《赠周怀玉之任序》：周怀玉既有广州通府之命，职居捕盗。去年会试，欲过南京问予，同舟友人不便，乃托林子之书以抵予曰："来年会试遇不遇，必至此。"已而章宣之会试亦不遇，来曰："怀玉已授官矣，约必过谒。"今月二十五日，盖大暑后七日，中伏之六日也，酷热铄金，道鲜行人，怀玉乃解装镇江，买棹飚至。予与诸友叹曰："忠信哉！怀玉，果至矣。持此以往，岂惟可判广州哉！"越翼日，偕诸友饯于玄真观，怀玉问广州。予曰："……夫君子之志于道也，不患言之难，惟患言而必信之为难；不患信之难，惟患信而必行之为难；不患行之难，惟患行而必得之为难。若苟信矣，又何患行与得之难哉？……"怀玉，福宁世族，起家福建乙酉举人。时章宣之诸友为问言，遂书为序。

门人程默会试下第，以举人授简州知州，至南京来谒，有《赠简州知州程惟时序》，以爱民之仁为言。

《泾野先生文集》卷12《赠简州知州程惟时序》：歙人程惟时去冬北赴会试，过予曰："默今会试越五且六矣，昨拜辞老母，老母与默同泣。……"严示以不第必授官之言。惟时果又落第，乃向天再拜曰："默不敢违。"遂赴吏部试，得有简州之命。……惟时始即日渡浦口江，过予问简州。予谓之曰："理简州亦无他法，即柳湾精舍所讲爱民之仁耳。是故胥吏为奸，不仁也；台隶为蠹，不仁也；豪黠为武，不仁也；编徭颇侧，不仁也；赈济虚惠，不仁也；悖逆争阋，不仁也；田有蒿叶，不仁也；沟洫淤浅，不仁也；里书盖蔽，不仁也；盗贼窃发，请谒公行，四民昼不甘食、夜不安寝，不仁也；野桑无沃叶，不仁也。"

八月，门人程默之母卒，遣子问墓铭。

《泾野先生文集》卷28《明监察御史岑山程君之配方孺人墓志铭》：敕封孺人方氏讳孝真者，前监察御史岑山先生歙人程君讳材之配，今简州知州默之母也。……去冬会试，又遣人赴京，再申前命，故默下第遂就铨拣，得守简州，走人复命，孺人已卧床矣。七月，默归拜床下。……越一月，病转剧，遂以八月二十二日告终正寝，享年七十有二岁。……默择嘉靖十七年戊戌冬十二月二十一日，奉孺人之枢祔岑山君之圹合葬焉，使其子载吉持举人李昶状问铭。

刻《横渠先生易说》（三卷），有序，指出"《易》本为人事而作"，并非专说天道阴阳。

《泾野先生文集》卷11《刻横渠先生易说序》：予访横渠先生全书有年矣。往在解州，刻其《东》、《西铭》、《正蒙》、《理窟》、《语录》并《文集》一二卷，其他未之见也。去年，苏州举人黄省曾诒予，言及之，获此《易说》。暇尝披阅，其言简质实，于发经、开物、修身、教人甚切也，当为先生之书无疑矣。予窃谓：《易》本为人事而作，虽历四圣，其究一揆，非专说天以道阴阳也。故孔子以君子行此四德解《乾》元亨利贞，示诸卦爻，皆此例耳，今以质诸《易说》益笃焉。太学生刘椿、程爵诒，见此书，好爱之。椿请入梓，爵同校正，则先生之《易》固与程《传》、朱《义》并行于世不泯也。

按：《横渠先生易说》，今有明嘉靖十七年吕柟刻本。

有七言乐府《寄王中丞檗谷兼辞寿仪》。

按：诗见《泾野先生别集》卷10，诗中有"与兄年并六旬遐，焉敢清狂独拜嘉"。

檗谷即王大用（1479—1553），字时行，号檗谷，江苏兴化人。正德三年（1508）进士，授工部主事，官至南京刑部右侍郎。传见徐观澜《都御史王公大用传》（《国朝献征录》卷59）。

《泾野先生文集》卷21有《答王檗谷中丞书》，写于王氏致仕之后。

是年，泰州重建文庙学宫，有《重建泰州文庙学宫记》。

《泾野先生文集》卷19《重建泰州文庙学宫记》：泰州文庙学宫自国初开设之后……经经百年，倾圮日甚，不蔽风雨，或撑支其下，州司惧工役之大也，莫敢遽议鼎修。嘉靖丁酉十月，巡按御史洪君浚之垣按泰诣学，深为慨叹。于是知州朱簦、学正李钊、训导刘泮率于钦、柯经诸生呈禀获允。……工将讫，朱乃偕州守贰暨诸学官遣生员张淳、唐度来问记。……工始嘉靖十六年十二月二十六日，落成次年四月某日。

门人王材会试落第，复受学于礼部南所。居数月，还新城，为撰《世德流光堂记》。

《泾野先生文集》卷19《世德流光堂记》：今年戊戌，予谓子难决举甲科，乃又未偶，复调予于礼部私第，与胡孺道同寝食。于是凡予素所论说，二生因得览观校正，予亦获切磨之益焉。居数月，子难将还新城，谓予曰："材五世祖文会轩讳益字受谦，惇厚周慎，中永乐乙酉乡举，授霍丘知县，专务以德化民。……夫自文会以至家君，计世已五，历年百余，然中间三登乡举，一被岁贡，官虽未显，泽多及人，委祉于材，亦添乡荐。故材仰思作室之底法，欲扁世德之流光，惟先生是教焉。"

秋，门人许州魏廷萱（字子宜）出任西安知府，有《周诗汉赋赠魏太守之西安任有序》。

《泾野先生文集》卷12《周诗汉赋赠魏太守之西安任有序》：少颖魏子子宜既有敝郡西安之命……泾野子曰："……予与子宜处者五六年矣，其事明诚之学，笃仁义之道，练经济之材，抱天下国家之志，予心所敬重而口常美谈者也。……子宜斯往，必挽西汉之俗，以上遡成周之风乎！"子宜名廷萱，许州人，起家河南辛卯亚元，连举壬辰进士高等。

门人南京户部主事艾希淳（字治伯）北上考绩，有《赠地曹艾治伯考绩序》。

《泾野先生文集》卷12《赠地曹艾治伯考绩序》：米脂人艾子治伯为南户曹主政，管后湖版籍三年矣，将考绩于朝。……旦日，治伯躬自来曰："希淳之在后湖虽三年，然查册有士，书办有丁，晒晾有役。……且从先生将二年矣，愆咎时出，昏弱日惧，惟先生赐教言以箴之乎！……"予叹曰："……夫圣贤之道，以仁为本，而其学以虚为要。盖尝观于天之春矣，淑气一至，万物咸育，无纤芥之遗生焉，其殆仁之所为乎！又尝观于地之海矣，汪度恒开，百川皆注，无支派之滞流焉，其殆虚之所为乎！……"治伯起家嘉靖乙未进士。

南京吏部右侍郎费寀考绩北上，有《赠南少宰钟石费公考绩序》。

《泾野先生文集》卷12《赠南少宰钟石费公考绩序》：钟石先生铅山费公履少宰任通前礼部者三年矣，将献绩于朝，南都九卿诸公皆有赠诗，太宰甘泉湛先生以序畀我。……公起家正德辛未进士，选入翰林庶吉士，授编修，至春坊赞善，出为南尚宝卿、国子祭酒及今位。

按：费寀于嘉靖十四年（1535）任南京吏部右侍郎。费寀，见"嘉靖十四年"条。

为费寀作《费氏传芳集序》。

《泾野先生文集》卷12《费氏传芳集序》：铅山横林之有费氏也，海内人率诵说仰重焉，盖不独以鹅湖先生状元宰相，勋在鼎彝；钟石公以翰林编修，今方少宰，道行于时而显也。……於戏！为费氏子孙者，处则尽其孝，仕则尽其忠，其亦知芳之所自，而勿忘孝谨之风乎！

是年五月，三原王承裕卒。

按：参见"弘治六年"条。

嘉靖十八年己亥（1539），六十一岁

春，上《陈愚忠以重礼教疏》与《慎重山陵大礼疏》，请明世宗停止亲视山陵及慎重大礼。

马汝骥《行状》：己亥春，累疏乞停止亲视山陵及慎重大礼，上悉纳。

按：吕柟奏疏原文见明万历李桢本《泾野先生文集》卷31。

有《别顾承美序》。

《泾野先生文集》卷13《别顾承美序》：昔者予之在太常也，当是时，正卿已去，代者未至，予署寺篆，而承美适典簿于西厅，凡寺事之可否行止，皆得与承美论决焉。……比予改官南礼，与承美处益亲切。暇尝问其所作，乃书十解以示予。……以视予说，虽亦不同，然而博雅精究，斯亦勤且良矣。乃如是之人，久滞寺簿，始升通府，斯固铨曹者有遗明，然而承美又何必尊官峻爵哉？所望不以在外者为念，而于在我者，当益修其所未至，以求与古之先达者匹休可也。

五月，北上进圣节表。道经河南，见饿殍盈途，嘱所在郡县葬之。

马汝骥《行状》：五月，复进圣节表，道过河南，见饿殍盈途，语所在郡县瘗之。

过汴梁（河南开封），弟子许州知州张良知（字幼养）谒于行署，问其治许之政，有《许昌新建乡约所记》。

《泾野先生文集》卷19《许昌新建乡约所记》：嘉靖己亥之夏，予自南都捧表北上，道出汴梁，许州守运司张幼养方以公差在汴，谒予于行署。予以幼养旧从予游也，问治许之政。对曰："良知虽不才，然于先生之道不敢违也。良知履任后，谓论治者当识其体，养民者宜先乎教。乃于州治之东辟地一区，建为乡约一所。行令儒学官会同诸生于公堂，同举治政敦德者一员为约正，以率约士。闲礼者二员为约副，以掌约仪。才识公正者一员为约史，以监约事。乡同者民六行克敦者三十人为耆老，皆免其杂泛差徭，以见优崇之意。仍举生员年长、熟于礼仪者八人为礼生，年少生员十人者，肆诗歌焉。每月朔望，赴乡约所厅，约正、副宣圣训，并示以四礼条式，举善纠过，又申之告戒，明之宪章。凡入约人家，冠婚丧祭，悉自约所举行，定为章程。务主以诚实，持以悠久，庶道德可一，风俗可同矣。"……是役事始戊戌冬十月，落成于己亥秋九月。

按：记当作于是年九月之后或第二年。

五月，有《黄氏祠堂记》。

《泾野先生文集》卷19《黄氏祠堂记》：黄氏祠堂者，少司马雪洲先生仪真黄公之所创建，其子户部照磨襄之所茸理者也。……是祠也，经始嘉靖癸未之秋，落成在某年月日。记凡五年而后成，在己亥五月。

六月，有《云章楼记》。

《泾野先生文集》卷19《云章楼记》：云章楼者，今春坊谕德渐山屠君文升居第之楼也。……问记在嘉靖十六年之三月，以予因公事入京也。越三年之六月，予又以公事入京，始能答之。

六月，次孙吕师伊（永宝）生。

《泾野先生文集》卷13《泾野吕翁之次孙永宝圹砖记》：其次孙师伊永宝，则次子监生昀娶邑人张耆老公兰之女金所生者也。……今年三月，生二岁又九个月，将三岁也。

按：《永宝圹砖记》作于嘉靖二十一年（1542，参见该年条），记云是年三月，永宝生二岁九个月，可推知其生于嘉靖十八年六月。

七月初三，叔父吕博卒。有墓志铭之作。

吕柟《（嘉靖）高陵县志》卷7：叔父讳博，生而英敏强毅，弱冠即服贾四方，谙练家人生产业作，务本力穑，耻事华靡。……弘治之初，柟始事塾师周先生，父力禁，不欲柟为识字人，曰："恐坏尔性也。"盖有见于士流之放荡不检者云耳。叔父曰："此儿慧，可教也，焉知其不能戒？"柟凡购书策笔札，皆于叔父取给，至有今日，多叔父之赐也。……叔父生景泰六年乙亥四月二十七日，卒嘉靖十八年七月初三日，享年八十有五。

七月，在京，上疏致仕，归乡。

马汝骥《行状》：抵京，值奉先殿灾，例自陈，上允其致仕。公既与阁臣忤，及入京，乃阁臣先来见，馈之酒肉，语款而礼勤。已，乃得致仕，阁臣意也。

王九思《明故诰封太淑人吕母侯氏合葬墓志铭》：己亥秋，泾野君致仕归于家。

《国榷》卷57"嘉靖十八年"条：七月丙子，南京户、礼部右侍郎王潮、吕柟自陈致仕。

归途中，有《己亥岁还山途闲作》。

《泾野先生别集》卷10，诗云："少时为官一丈夫，河山江海白头颅。会逢雷火乞骸骨，天与归家始是吾。"

按：胡缵宗有《赠泾野宗伯致仕归关中四首》（见《鸟鼠山人小集》卷9）。

在家乡高陵，建北泉精舍讲学。

按：《泾野先生文集》卷13《寿对山先生康子七旬序》云："今岁庚子，先生年已六旬又六，且望七旬矣。……去岁还山，辱先生枉问予北泉精舍，予同友人饯之西郊，因论及用人事。"庚子为嘉靖十九年（1540），故可知吕柟致仕回高陵后，即于当年建北泉精舍讲学。

七月，作《新建巡茶察院行台记》。

《泾野先生文集》卷19《新建巡茶察院行台记》：徽州火钻镇旧设批验所，与秦州骆驼巷稍子镇同，后至巡茶刘君俱奉革去，惟火钻镇官虽革而印未缴也。嘉靖丁亥，犹铨注一大使来，然而于所无衔，于官无事，知虚衔耳。戊戌之秋，应天沈君中甫奉命巡茶陕西，至火钻镇，叹曰："此地去徽、秦二郡俱且二百里程，而茶马由是通焉，岂可以无官守与公署哉！况房囚一寇，众逾十万。……然则火钻镇察院行台之建，是其可少且缓乎？"……是役也，始于嘉靖十六年月日，落成于十七年月日。未几，君以竣事还朝矣。君去之第二年七月，予因徽人速记，遂述所闻君之美政一二，以告后来。君讳越，字中甫，南京人，起家嘉靖壬辰进士。

九月，康海至高陵，访于北泉精舍。

《泾野先生文集》卷13《寿对山先生康子七旬序》：今岁庚子，先生年已六旬又六，且望七旬矣。……去岁还山，辱先生枉问予北泉精舍。予同友人饯之西郊，因论及用人人事。先生曰："若任此责，当先进君子，其小人不须搏激，则自潜消默化矣。"枬惊叹曰："此枬三四十年穷经之功方有此见，乃先生开口便与圣贤暗合耶！不可及，不可及！"友人问其故，予曰："即舜、汤举皋、伊，而不仁者远之旨也。"

按：康海《康对山先生集》卷18有七绝《吕子北泉精舍宴集五首》。其一云："北泉精舍菊花开，节过重阳我始来。坐对菊花酬节物，危楼南眺望登台。"其二云："自拟重阳醉此楼，不堪诗酒作淹留。狂夫老去情愈放，自折黄花插满头。"

是年，所撰《周易说翼》（三卷）刊刻。

《四库全书总目提要》卷7"周易说翼三卷"条：明吕枬撰。……是编乃枬平时讲授，其门人马书林、韦鸾、满潮等录其问答之语而成。每卦皆有论数条，专主义理，不及象数。前有嘉靖己亥王献芝序，后有李遂跋。

有《答王大巡湛塘书》。

《泾野先生文集》卷21《答王大巡湛塘书》：两寄书俱到矣。《说翼》误辱入梓，披睹惊惧！谪倅盱江后，亦今古之常事。然而崇贤圣之德，练经济之才，未必非一助也。文集徽烟，敬已拜嘉。

是年，有《封监察御史东村张公荣寿序》。

《泾野先生文集》卷13《封监察御史东村张公荣寿序》：东村先生张公五十且七也，其子侍御双溪君方被命巡按陕西，得过颍水之上，舞彩称觥以寿先生。凡双溪之同僚数十友皆赋诗为轴附献焉，中有樊渭野者寓书币于予以问序。

按：双溪即张光祖，于是年出任陕西巡按御史。《泾野先生文集》卷13《陕西奏议序》云："嘉靖己、庚间，双溪巡按陕西，遇大政事必奏议圣主俞允批处而后行，陕之八郡、三边以及四镇之急务，罔不厘举也。……双溪子字德征，名光祖，颍川人，起家嘉靖壬辰进士。"

是年，《司马文正公集略》重刻于江西赣州，门人薛应旂作序。

《方山薛先生全集》卷10《司马文正公集略序》：《司马文正公集略》者，吾师泾野吕先生谪解时所校录也，尝刻诸河东书院，东南士人罕有得者。岁戊戌，浦南胡公义都御史巡抚江西，属兵备副使文峰俞公某刻诸赣州。已亥，告成。适俞进按察使，谓斯集当公诸远迩，而楮墨之资又弗可以独费赣也，于是移置臬司，语应旂书诸末简。

嘉靖十九年庚子（1540），六十二岁

二月，赴三原，与康海会寿马理。

《泾野先生文集》卷13《寿对山先生康子七旬序》：今岁庚子，先生年已六旬又六，且望七旬矣。……今岁二月，会寿于谿田马子，因举所闻浚川王子《与柏斋何子》书论"圣人有变通不执泥"，何子答之书曰"接渐而行者亦圣人也"。浚川之书意在箴何子之过于退，而何子之书亦箴浚川之必于通也。先生判之曰："此皆今之画红模儿

秀才者也。若古之皋、夔、稷、契，志在苍生者，意岂若是践迹乎！"
予又惊叹曰："自别先生后，日力斯学，自以为可几及也。今见先生
造诣益高远，可谓有命世之才，人所难知也。彼以诗酒声妓之细测先
生者，不亦宜乎？"

有诗《与三原进士昝如思举人王佩贾守正》。

《泾野先生别集》卷10，诗云："楼底风沙日暮来，问予李守紫
荆隈。北还莫道无相赠，好记康论老秀才。"注："时对山在坐，因
论皋、夔、稷、契为老秀才，故及之。"

有七言杂曲《与谿田对酌戏作二首》。

按：诗见《泾野先生别集》卷10。

四月，绛州陶梓（字季良）与其弟陶模（字季作）、子陶成及门
人襄陵卢时皞（字叔道）来学于北泉精舍，劝其读《尹彦明集》。

《泾野先生文集》卷24《赠别陶季良语》（万历李桢本）：绛州
陶季良携其弟模、子成暨其门人襄陵卢时皞至北泉精舍，泾野子讶之
曰："季良从何而来乎？"对曰："梓自怀庆父所来也。""来何事？"
对曰："自沙岗拜别先生后，日夜倾慕，乃祁暑渡河，思欲绳熙前学
以请益。"……遂引至西斋，辟其门，见几上旧置《尹彦明集》，指
而谓之曰："曾读是书乎？"对曰："未也。"予曰："此人深得程氏之
真传，季良可即从事此书焉。"……他日，予避暑于白云洞中，洞去
精舍殆三十里，时炎蒸孔炽，季良偕卢生自精舍徒步省予于洞。……
予叹曰："往者季良初业于解梁，再业于辟雍，三业于海印寺，予以
为温恭醇雅之士，不意北泉之季良，其勇一至此哉！古所谓予不能为
若师者，今泾野子之谓也。虽然，予有畏友三人焉，愿季良如事尹子
也。"池阳有马谿田氏，季良走三原谒之，归而曰："恭敬而温文，
好与人行善，汉郭泰之俦也。"藕山有康对山氏，季良走武功谒之，
归而曰："广博而严毅，爱与人并立，汉贾谊之俦也。"泾野子曰：

"予所不能教者，季良皆由予以见之，将二氏之教，岂非予之所教乎？斯往也，若又能请事何柏斋氏，则予所厚于季良者，不又重乎？夫尹子，古人之杰也；予所谓畏友三人者，今人之杰也。合古今之杰，季良皆能事之而有得焉，纵予有教，岂能过之？予又何言哉！"

按：吕柟于嘉靖十八年秋致仕，回乡后乃建北泉精舍讲学，而文中云"乃祁暑渡河"，又言"鄠山有康对山氏，季良走武功谒之"，康海卒于嘉靖十九年十二月，可见陶季良至北泉精舍来问学当在嘉靖十九年。

为陶模取字曰季作，有《赠别陶季作语》，发明其字之意，谓"君子以作己而作人耳"。

《泾野先生文集》卷24《赠别陶季作语》（万历李桢本）：陶生模将冠，泾野子字之曰季程，杨守中在旁曰："若是，则与陶成之名同音矣。"遂改字之曰季作。守中曰："何也？"曰："君子以作己而作人耳。作己之谓体，作人之谓用，体用咸备，君子之道周矣。昔者鲁仲连曰：'人皆作之不已，乃成君子。'作己之谓也。《诗》曰：'周王寿考，遐不作人。'作人之谓也。然必先作己而后能作人，己之未作而欲作人，犹人未能立而欲行，鲜不仆矣。""作己之道如之何？""一曰笃志，二曰致知，三曰力行，四曰广而不隘，五曰平而不易，六曰自强不息。"

有《示陶成语》，发明其名之义。

《泾野先生文集》卷25《示陶成语》（万历李桢本）：成乎！汝知尔父祖命名之义乎？盖欲尔之成身也。

为卢时暤取字叔道，作《卢叔道字说》，指出为君子，"于斯道自衣服饮食之常，出入往来之细，不可顷刻或违也"。

《泾野先生文集》卷35《卢叔道字说》：卢时暤，襄陵人。其父西峰君，仕为怀庆府知事，暤从其师陶进士季良学于北泉精舍。未几，季良命时皡同其弟模偕冠焉，予字时皡曰叔道，且与之说云。时皡，汝其笃志以学夫道乎！君子之为人也，出将赞圣王之政，以使民皡皡如也。使非其道修于己，其何以上相圣人，使有纯王之心，以行纯王之政乎？皡如勿为君子也，不学夫道可也。皡如必为君子也，则于斯道自衣服饮食之常，出入往来之细，不可顷刻或违也。汉初有董仲舒者，能明道不计其功，其发愤下帷之志，超出世俗，遂成大儒，说者以为能接孟氏之传。汝之归也，《董子传》不可不熟览而近思之，将所谓道者，当亦不出于此乎！

四月五日，偕处士张公兰访三洞张道人于白云洞，有《游白云洞记》。

《泾野先生文集》卷19《游白云洞记》：泾野子偕近渠张处士公兰访三洞张道人于渭滨，时四月五日已暮，三洞已出事于南姜里，其徒数人爇灯烹茗，扫二榻于白云窝中，予与近渠对寝熟寐。既旦早飧，三洞至矣，提酒携鱼，喜见颜面，曰："先生何以至此？"予曰："君在南姜，何以知吾至此？"答曰："先生一来，消息不甚大乎！"遂开宴于白云窝中。……且暮，遂同近渠、三洞南至渭干，以观泾渭合流，并看打鱼之人。……未几，绛州陶季良携其徒自北泉精舍步来，予方自渭滨观网鲢而回，有小记持示季良共讨之。

按：白云洞在高陵清真观内。三洞张道人即张道隆，参见"弘治三年"条。

与三洞道人前往渭滨观网鲢，有《暮至渭滨观网鲢记》。

《泾野先生文集》卷19《暮至渭滨观网鲢记》：清虚子偕三洞道人暮至清渭北干，立于洄涡之上，见巨鲢焉，有中鲜、细鳞及群虾从者，不下数百千。巨鲢卧飧四五虾焉，坐飧细鳞二三焉，起飧一中鲜焉，已而扬须鼓鬐而飞，逐中鲜、细鳞数十并吞之。有渔翁持方丈络头而至，以修竿汕于涡中，遂获巨鲢，肥泽新美，不美黄河之鲂、楚江之鲟也。巨鲢俯首叩地，张口呼友，若求解焉，其情甚哀。渔翁者怜其状之苦也，复投于涡中。巨鲢乃将涡中群虾须臾淹之尽矣，未饱也；又将细鳞尽淹之，未饱也；又尽淹其中鲜焉。已而无所淹也，腹且枵，遂浮于水上，瞠目而望他洄涡，若将趋焉。有舟子摇橹荡桨而至，见巨鲢彷徨无依，遂捕之，横剖其腹，生虾、活鲜犹有数千存也。舟子共叹曰："甚矣！渔翁之不仁也。使其初也，既获此鲢，不再投之于涡，虽细鳞今可若尺，线虾今可若寸，以充万人之食有余也。今乃以小不忍而殃及群鳞虾，岂不误乎！"渔翁闻而笑曰："予自小学打鱼，至今皓首老矣，不及舟子之才也。"清虚子归坐洞中，闻之叹曰："《易》不云乎：'立人之道，曰仁与义。'是故一吏肥，百民瘦，果然哉！君子而未仁，于道尤当汲汲也。"洄涡在渭桥之东，鲢鱼多自浊泾玄甫薮来，经至高陵县南合渭水。

作《复双溪张侍御书》，告之读《晦庵朱子文抄》之感及答应作序一事。

《泾野先生文集》卷21《复双溪张侍御书》：承谕晦翁《文抄》之序，实后学之责，又诸贤及吾友后渠公所笔，安可辞耶！……即读数篇，则公深潜谙练之学，辟邪卫正之意，可谓精深而于斯道信有功矣，速梓之可也。又仆尝谓朱子之文浩瀚无涯，抄之近约，良是也。第其尝有言曰："曾氏之传，独得其宗。"此尤晦公所深见也。今使学者师曾氏以入孔氏，则朱子之功斯又大矣。即欲为序，以此意附之，不知可否也？序俟前所命作者完，月终呈稿改教。原书二册，先返璧。坊牌辱挂念，感荷无任！附谢。

夏六月，作《晦庵朱子文抄序》。

《泾野先生文集》卷13《晦庵朱子文抄序》：或问："晦庵朱子何以文抄也？"曰："朱子之文浩瀚无涯，学者未能遍观而尽识，是以抄其要者以范后进耳。……陆子静高才笃学，亦名儒也，倡为一偏之学。其徒杨简扬其波而助其澜，宛若文殊、辟支之护法也，而况陈同父、张九成辈或以功名，或以词章，相竞于时哉！婺源晦庵朱子者出，先格致以择善，即诚正以固执，事为之辩，言为之论，理不明不已，道不直不休，圣学至是亦大复续乎！是故董子明《春秋》而人心正，文中子续《六经》而圣道显，韩子辟异端而正教明，朱子辩群说而斯文之实学定。"……侍御颍川双溪张君光祖属藩司梓行传布，意深远乎！

按：《晦庵朱子文抄》有明嘉靖年刻本，其中吕柟序文末署："嘉靖十九年夏六月吉后学高陵吕柟书"（见《朱子全书》（修订本）第27册《附录》，第839—841页）。

六月，有《寿对山先生康子七旬序》。

《泾野先生文集》卷13《寿对山先生康子七旬序》：今岁庚子，先生年已六旬又六，且望七旬矣，乃益童颜庞眉，凤鸷鹤举，且犹能弄璋，由病躯老态视之，真仙人也。

秋七月，陕西贡院重修成，有《陕西重修贡院记》。

《泾野先生文集》卷19《陕西重修贡院记》：吾陕方伯喻公、尹公暨大参王公使学官张穆持状兼币诣予曰："兹嘉靖庚子大比，侍御颍川张双溪先生实有监临之任。先时往观贡院，谓：'此乃国家兴贤取才之地，不宜敝漏若此，且是地屡敝屡修，屡修屡敝，多非为久远计者。'于是会谋于巡抚都御史洪洋赵公。及春，诹日选委才吏，群役爰作，次第举新，堂厅门坊，规制倍昔，且奎壁中工适落成，正文明时也。"……双溪名光祖，字德征，河南颍川卫人，起家嘉靖壬辰进士。喻名茂坚，尹名嗣忠，王名纳言。是役也，始于今春二月，落成于秋七月。

八月，为山西潞州仇朴撰《明义官仇君时淳墓志铭》。

《泾野先生文集》卷29《明义官仇君时淳墓志铭》：君讳朴，姓仇氏，字时淳，世家潞安府南雄山之东火镇。……君兄弟三人：长楫，宿州吏目；季栏，郡医学训科，致仕隐居，专治儒书，尝从予游；君其仲也。……乃秋七月二十五日正终，据生成化九年六月二十二日，享年六十有八。……初，君将殁，医官在侧，愤恙成疾。既殁越月，疾少间，命君之孙阶具状走使请铭，义不可辞，遂即其孙阶所具之状而次第其事以铭之。

秋，《陕西乡试录》成，有序，望诸士子能践行其言，做到言行合一。

《泾野先生文集》卷13《陕西乡试录后序》：嘉靖庚子之秋，《陕西乡试录》既竣矣，某以执事当序诸末简，以申告尔诸士子。曰："……圣皇崇重斯典，凡以为治道设也，故格之以言行焉。言行者，君子之枢机，所以动天地、感鬼神也，而况于治道乎！粤自虞、夏以来，凡其言之立者，必其行之立者也；凡其行之能立者，必其言之能立者也。故主司者于尔诸士子，虽因言以占行，又将以其所言征诸行事而验之也。……宰我、有若善为说辞，似能立者矣，然中狷之士亦或索其疵而尤之，不以为圣人也。闵骞、丙卿率不言也，或至老且殁者矣，然哲睿之士亦多得其情而信畏之，必以为忠孝之豪杰也。……斯往也，其践所言哉！"

十二月十四日，康海卒，与马理同至武功吊唁。

《泾野先生文集》卷32《大明前翰林院修撰对山先生康公墓表》：对山先生讳海，字德涵，姓康氏，西安府乾州之武功人也。……初，栴自入翰林，求交先生，每闻绪论，惊骇忘倦，退省若不及，恐复自失。诘问其故，答曰："惟在一诚。"自是力学，以追步武，果至教也。……其殁也，予从黥田公会哭问后事，同诸弟检诸箧笥，止百余金，家人云："此今大学士翟公过陕，惜其贫，转他官所与，及杨御史征文资也。"其余皆酒器首饰，不满一二百云。……先生生成化乙未六月二十日，卒嘉靖庚子十二月十四日，寿六十有六岁。卒时命以山人巾服殓。……乃卜二十年十月十八日葬先生凤原之陆祖茔之次合尚安人，使人问表。予以忧辞不获，为之辞。

按：康海卒，吕柟撰有《大明前翰林院修撰对山先生康公墓表》，作于第二年即嘉靖二十年。

有《赠大司徒前总督三边大司马松石刘公之部序》。

《泾野先生文集》卷13《赠大司徒前总督三边大司马松石刘公之部序》：嘉靖庚子九月间，固原黑水苑捷至，圣心嘉悦，纶音涣褒，以松石刘公总督经略，懋著勋庸，加太子太保，荫一子锦衣卫正千户世袭，赏白金五十，纻丝四表里。一时协同建功抚按、副参、三司诸臣亦多进阶受赏，而公又寻升南京户部尚书。……未几，抚按群公问序以贺。

按：《国榷》卷57"嘉靖十九年"条："十一月，改陕西总督刘天和为南京户部尚书。""录败虏功。进刘天和太子太保，世锦衣正千户。"

松石刘公即刘天和，见"正德五年"条。

约是年，有《贺解梁太守解母郭氏八十序》。

《泾野先生文集》卷13《贺解梁太守解母郭氏八十序》：泾野子方致思于北泉精舍，有解州司训薛仲野偕武进少尹王子中暨乡约诸者、书院诸生咸来访予。时天久不雨，道路多流移，守令且因他事过客，剥削诛求，不念民隐，咸叹息焉。薛、王二子及诸耆生咸曰："吾解州近得一守姓解名情者，其良吏乎！莅郡数月，即迎其母郭氏以养之。郭母今已八十有五也，守旦视其膳，夕问其安，夜陈其政事。念民之饥，即欲推其食；念民之寒，即欲解其衣；念民之劳，即欲息其力；念民之科扰过甚，至欲其去官而不肯应其私。迩者贵官之过解也，他郡费且千金，吾解数十金而止。至两司命治候舍之馔，亦损其席数而不从其言，曰：'情见民之穷也，情岂忍剥其肉以食其人乎！纵上官有责，不过免情官而已。'"……未数日，太学生张汝附、侯子耘亦来，其言亦如薛、王诸友言也，且以币为守索寿母文。

是年，有《答王良辅书》。

《泾野先生文集》卷21《答王良辅书》：此行鸿才积学，定中高选，素志将大行矣！然或一就秋试魁元之擢，知不让他人也。所云翰林相识之人，良辅又何必挂念哉！北泉精舍之言，将又忘之邪？盖仆自去年一出国门，凡诸缙绅即息交绝游矣，况翰林之近侍者乎！虽有一二相识，义亦不可告也。惟良辅相信之深，凡前者之言必有诸己，斯慰远怀耳！

嘉靖二十年辛丑（1541），六十三岁

正月，有七律《寿谿田兄诗》。

《泾野先生别集》卷12，诗云："去岁春残补贺杯，今岁三燕早时开。七旬将及头还黑，正月犹寒酒已醅。自昔作人偏寿考，于今名世仗高才。华风幸倚无暇玉，岁岁题诗太华隈。"

按：马理是年68岁，生于正月间。

正月，陕西巡按御史张光祖巡按期满，将离开陕西，有《乌台风教序》与《陕西奏议序》。

《泾野先生文集》卷13《乌台风教序》：双溪先生张君巡按陕西且满期，适边功告成，命下待升京职。先生出省北上，东次太华之麓，以需代者，盖嘉靖辛丑正月也。先时西安、咸、长三学师生感先生之道德，装为《乌台风教》之册，积有诗歌焉以拜别。长安教谕杨英者，使学生张大政北渡渭河，请予序诸端。

《泾野先生文集》卷13《陕西奏议序》：《陕西奏议》者，双溪先生张子之所著也。嘉靖己、庚间，双溪巡按陕西，遇大政事必奏议圣主俞允批处而后行，陕之八郡、三边以及四镇之急务，罔不厘举也。双溪子既满且去矣，有良司牧者录次成帙，爰加诸木，将以范后之有事西土者也。……泾野子读而叹之曰："双溪子真可谓昭代之俊杰而识时务者乎！夫政因时而变，议以时而立，违时而议，不知务者

也。……"双溪子字德征，名光祖，颍川人，起家嘉靖壬辰进士。

在张光祖临行之前，有《再答双溪书》与《复双溪书》。

《泾野先生文集》卷21《再答双溪书》：昨白金宪过此，辱多寄声，感感！且云旌节不久北上，凡我西土士风之颇越，民冤之滞抑，失所仰正矣。各精舍木扁字匠不嘉，多失其真，因念仆于执事行事取法不暇，敢辱后学之逊乎！斗胆易为"颍川"二字僭妄，其余大书数张，珍藏巾笥，以贻后人耳。先正宦迹二纸，闻洪洋公亦将举行，若被役使之末，愿随谿田公共尽心也。县中抄书已完，《元经》亦查出附抄矣。坊牌于前月十九日已竖柱上梁，感刻无任！《乌台风教》鄙序，想已尘览，实不足以副诸士子感德之志也！

《泾野先生文集》卷21《复双溪书》：适闻还旌即发，抱疾不能瞻拜，谨遣生员高阡代送，不胜缱绻之至！又昨陈宪长寄到《陕西奏议》一部，内有误荐匪人之本，生见之，不胜惊惧。夫方荐匪人，匪人又作前序，此何以传远？万刊除荐本，使匪人梦寐获安，幸甚！若不然，除其鄙序亦可。斗胆冒言，采纳幸甚！

正月、二月间，门人西安知府魏廷萱遣使来取吕柟文集，分散西安各州县进行刊刻。

《泾野先生文集》卷21《答张二守幼养书》：前过高陵，已辱枉吊，并奠先姊，不胜哀感！兹复辱书帕茶篓之贶，过厚过厚！又辱询及鄙人文集，然于正、二月间已为少颖魏太守取去，言与赵曲岭同刻也。近少颖升官后过高陵来别，见印得一二张，果然，则鄙人文集皆少颖散刻各州县。

《答齐叔鲁书又帖》：鄙集本不欲刻，一恐传笑他人，一恐遗失原本。春初感疾颇重，而前太守少颖适遣使来取，意颇专急，且云虽或他转，便托齐尹，齐若先有行取，有我在也。

按：吕柟信中言"前过高陵，已辱枉吊，并奠先姊"，吕柟母侯氏卒于此年七月，可知信中所言之事在是年。从本年吕柟与他人的往来书信中，可略知当时其文集的刊刻情况。参见以下各条。

《泾野先生文集》卷21有《复魏少颖书》，言及文集之事，约作于是年，其云："远辱遣使寄惠华翰，兼以酒果米牢，多感雅厚！所问文集，自去秋别后，寒家老少多患疾病，至今方就痊愈，一年之内，手未拈笔，目未觑书，而鄙稿因多散落，今辱问及，愕骇失措。乃于群书先捡得序文二册，暇中望一校勘。若惠一名序，尤出望外。余稿不日检出，专人封识走送。"

魏廷萱刻于西安的《泾野先生文集》，是吕柟文集最早的刻本，惜已佚。

二月，陕西巡抚赵廷瑞遣使至高陵问记，有《复洪洋都宪书》，应允作记，并告知《（嘉靖）陕西通志》的纂修将于三月六日在竹林祠举笔。

《泾野先生文集》卷21《复洪洋都宪书》：辱遣杨教谕持华简，云移建藏书楼、启圣祠、敬一亭，命撰一记，顾此大题也，匪人何以胜任？且往命志书事，生于前月二十七日始至溪田公处，请定约于三月六日在竹林祠举笔。兹奉申命，益深悚栗，兼之厚礼稠迭，愧荷奚胜！又敝县敬一亭建非其地，望亦垂念。

按：赵廷瑞所问记即《泾野先生文集》卷19中的《重建敬一亭启圣祠尊经阁记》（参见后条）。纂修《陕西通志》事见下条。

赵廷瑞，字信臣，直隶开州人，正德十六年（1521）进士。嘉靖十八年（1539）至二十一年（1542）巡抚陕西。

三月六日，受陕西巡抚赵廷瑞之托，与马理共同纂修《（嘉靖）陕西通志》，以竹林祠（即寇准祠）为馆。

马理《谿田文集》卷2《陕西通志序》：往岁帝命司马献臣抚我西土（司马姓赵氏，名廷瑞，直隶开州人。详《名宦志》中）……爰用币及书，托泾野宗伯（姓吕氏名柟）逮余衰朽，续前二志。维时二人出所藏籍，萃诸时彦，就馆竹林（寇莱公祠名，在高陵、三原二县境上），议纂述焉。未几，宗伯乃归侍慈闱，寻罹内艰，继应星陨，溘焉长逝。……诸彦就馆于嘉靖辛丑三月六日，散馆于壬寅十一月望日。……赐进士出身中大夫光禄寺卿三原马理序。

按：马理序又见《（嘉靖）陕西通志》中。据序文可知，《（嘉靖）陕西通志》开始纂修后不久，吕柟就因母病而归，此后就未再从事该书的编撰。《（嘉靖）陕西通志》（四十卷）完成于明年即嘉靖二十一年十一月。

有《答谿田书》与《又答谿田书》，告之《陕西通志》各考编撰情况。

《泾野先生文集》卷21《答谿田书》：兹遣崔、刘两生诣候门下，质疑数处。且前命草诸考，力今不能，于经籍止考得《易》、《书》、《诗》并圣迹文字，其帝王考止有西汉、隋、唐数帝而已，外兵防、马政、刑法、山川尚未完稿也，若《春秋》、《仪礼》、《周礼》、《武经》并礼乐、释老、盐铁类，望吾兄命诸生考定也。又昨竹林祠欲枉顾寒舍，生近日衰病昏晕，酬酢拜揖，力皆不能，每一对客，倦卧数日而醒。望吾兄怜其不才，暂且停驾，不胜幸甚！此等处心照为尚，不拘旧迹可也。生目今亦他出矣。即不然，月尽间，吾兄独至一叙，如何？

《泾野先生文集》卷21《又答谿田书》：来谕到，拟在十七八共到竹林，如何？临期当再报也。此务恐不可缓，受人之托，当急人之事。昔寇涂水作"敬事而信"文字，其内曰："应一事，则心在一事。"王伯安以为极得乎圣人之意。弟至今识之不忘，先生想亦知也。

夏五月，刻《（嘉靖）高陵县志》（七卷），有序。

吕柟《高陵县志序》：县久无志，旧志虽美，亦多疏略。弘治辛酉，予忝乡举，即事斯志。往来京师，箧载以行，入翰林后，秦晋之越历，海河之奔驰，稿或未忘，垂三十余年，斯编粗就。今春，学博杨子时亨以诸友之请，使数士来誊此稿。予以未真，不敢从命，乃恳以请，发箧与之。誊将终编，徐侯宗义时以蒲城儒学教谕升知高陵，莅任未久，即念斯《志》，请加诸梓，予兹固辞。门人杨九式等曰："我国家百七八十年，县志不著，岂非缺典？况遇明侯，欲行仁政，多用教化，适合不梓，后复如先矣。"予始诺之。……嘉靖辛丑夏五月壬辰泾野吕柟谨序。(《(嘉靖) 高陵县志》，明嘉靖二十年刻本)

按：是序又见《泾野先生文集》卷13。吕柟序外，马理、徐效贤、王九思和刘守臣亦有序。

徐宗义，名效贤，字宗义，号几江，四川江津人。由举人任山西蒲城儒学教谕，嘉靖十九年（1540）升陕西高陵知县。

五月，崔铣卒，赴河南安阳凭吊拜墓。

《泾野先生别集》卷6《吊崔后渠子》：悠悠来渭水，凄凄吊后渠。……痛极声更咽，如吾丧父初。……明日奔彪涧，束辞拜墓除。

按：《国榷》卷57"嘉靖二十年"条："五月，前南京礼部右侍郎崔铣卒。"

《河南通志》卷49《陵墓》：崔铣墓，在府城西彪涧村。

七月二十三日，继母侯氏卒，年七十四岁。

马汝骥《行状》：归事继母侯，孝养备至。侯病头风，畏寒，亲为艾褥进，乃安。张御史按陕，荐公雅志安贫，忠信笃敬，规矩准绳。辛丑春，侯卒，公哀毁殡殓如礼。

王九思《明故诰封太淑人吕母侯氏合葬墓志铭》：己亥秋，泾野君致仕归于家。逾三年，太淑人病，病且殆，顾谓泾野君，曰："多累汝，多累汝！"言讫而逝，其年嘉靖辛丑七月二十三日也，距生成化戊子七月十四日，寿七十有四岁。

按：马汝骥《行状》云侯氏卒于是年春，误。

门人河东张良知（字幼养）至高陵祭奠吕母。

《泾野先生文集》卷21《答张二守幼养书》：前过高陵，已辱枉吊，并奠先妣，不胜哀感！

张良知遣使至高陵，有《答张二守幼养书》，告知张良知文集刊刻情况，并将诗集交付来使。后又作《复幼养书》，告知诗集中有可忌讳者望删去勿刻。

《泾野先生文集》卷21《答张二守幼养书》：前过高陵，已辱枉吊，并奠先妣，不胜哀感！兹复辱书帕茶篓之贶，过厚过厚！又辱询及鄙人文集，然于正二月间已为少颖魏太守取去，言与赵曲岭同刻也。近少颖升官后过高陵来别，见印得一二张，果然，则鄙人文集皆少颖散刻各州县，而未完在家者，止有诗集四五册，谨附来使吴守已。如刻，止可书吾幼养官衔姓名也。诗集再无副本，幸好收之！舍亲家张近渠在彼多承厚爱，谨此附谢，并拜曲领也。

《泾野先生文集》卷21《复幼养书》：传文力疾撰讫，此传远之文也，望改正后用之。茶币之贶过矣！文集已为少颖、曲岭所刻，可勿再加灾于木也。前吴守已带去诗集数本，中有可忌讳者，望删去勿刻，如狱中诗亦有数首，千万！千万！昨者张近渠厚扰兼贶，附谢。

按：吕柟诗集即《泾野先生别集》由张良知刊刻于嘉靖二十三年（1544），参见该年条。

门人魏廷萱遣使至高陵慰问，作《答魏少颖书》，望其不变所守，指出"君子之政，与其得上人之心，不若得小民之口；与其慎之于初，不若谨之于后"。

《泾野先生文集》卷21《答魏少颖书》：远辱遣人，将至名历，父子遍及，并厚礼酒果牲醴，皆自省城而来，敬爱真切，虽在丧病中，不敢不受，但双币返璧。以郡繁事冗，应接稠多，执事安能一一皆及之也？速达之言，岂所望于执事？不变所守，真鹫峰之旧讲也！不然，虽即日张桂，正士论之所耻言耳。不见汉之萧、曹、丙、魏、龚、黄、卓、鲁同一传芳，千载无增减也！故君子之政，与其得上人之心，不若得小民之口；与其慎之于初，不若谨之于后。

　　是年，魏廷萱由西安知府升湖广按察司副使，过高陵来别。别后，有《与蓝田赵尹书》《与王二守书》，希望能将已刻好的文集内容先刷印几部，以便对其中错讹之处进行校正。又有《答齐叔鲁书又帖》，担心因主事者先后离任，文集原本有所遗失。

　　《泾野先生文集》卷21《与蓝田赵尹书》：昨云谷郭道人去便，曾有简，想入览矣。去后数日，少颖魏宪副过高陵别我，云鄙人文集曾分送七八本于蓝田，想今已完刻矣，恐有差字，望先刷印三二部，舍亲家文寿官者寻访族人去便，可托寄我也。

　　《泾野先生文集》卷21《与王二守书》：执事荣升敝府，敝府之民受福多矣。仆在丧病中，未能称贺，幸亮之也！近少颖魏宪副过高陵，云鄙人文集俱托执事分刻各州县府中，有礼房白云者专管记查，而执事代少颖统命，又云今已刻过七八分矣。今专舍侄生员吕唅谒谢。其已刻过板，望先刷印一二部，恐有差讹字校正也。

　　《泾野先生文集》卷21《答齐叔鲁书又帖》：春初感疾颇重，而前太守少颖适遣使来取，意颇专急，且云虽或他转，便托齐尹，齐若先有行取，有我在也。今少颖及叔鲁皆去，鄙集恐不能尽全乎！虽有二守王公之托，恐府事烦剧，无暇及此。又闻票散各处，何从而完？意见必借叔鲁之重，于二守公处一言，分遣使人催见明白已刻若干，未刻若干，庶使集不失落也，不知以为如何？

陕西巡抚赵廷瑞重建西安府学敬一亭、启圣祠、尊经阁，有记。

　　《泾野先生文集》卷19《重建敬一亭启圣祠尊经阁记》：夫治民莫先于作士，作士莫先于兴学，兴学莫先于崇道。洪洋赵公之巡抚陕西也，首事庙学，见省城三学联于一区，规制宏伟，寔先列郡，则美之曰："壮哉！斯基也。"既而观于敬一亭焉，在郡明伦堂之后，而甚狭浅，则曰："非所以尊圣制也。"既而观于启圣祠焉，乃在先师庙之后，而室甚陋，则又曰："非所以达圣孝。"既而观于藏书楼焉，乃在郡明伦堂之前，规制庳隘，而收藏疏缺，则又曰："非所以衷古典也。"遂檄藩司，俱为改建。……他日，遣学官问记，致仕侍郎吕柟曰：……是役也，始于庚子八月，落成于辛丑月日焉。

约是年，有《答王端溪书》。

《泾野先生文集》卷21《答王端溪书》：昨诸稿，实欲请教，顾溢美过甚，何以克当！窃惟古之友朋，室路虽远，道义实深，盖以乡间之近，不得其人，则使求之河山江海之遥，虽至数千百里而不辞，凡以为斯文之重耳。当其切嗟之间，箴规之处，情同骨肉，而志断金石，……执事自任道以来，颇错爱乎愚弟，愚弟亦甚重于执事，故敢以此奉复，冀日后常闻过也。……陕西总志尚未完修，方欲借大儒名笔以增辉于黄河、华山也。

《蒲州新建闸河引水卫城记》约作于是年。

《泾野先生文集》卷19《蒲州新建闸河引水卫城记》：嘉靖辛丑之秋，北虏自大同入寇山西，势甚猖獗，声震豫、雍，平阳以东，残破不支。时赵君伯一方守蒲郡……遂定策曰："若有不虞，闸河引水，周流于隍，数万甲兵不足惧也。"……未及三月，厥功告考。于是蒲大夫方山、龙谷、竹门诸士夫会而言曰："太守斯功，吾蒲人百世之利也，可无文石以诏后来乎？"乃遣孟生、刘生赍状以问记。

按：赵伯一名统，字伯一，号丽山，嘉靖十四年（1535）进士。

是年，南大吉卒。

按：南大吉，参见"成化二十三年"条。

是年，杨爵因上疏谏斋醮廷杖下狱，从此在狱中前后羁押八年之久，至嘉靖二十六年（1547）十一月方赦归。在狱中，杨爵先后与钱德洪、刘魁、周怡等阳明学者讲学不断。

按：刘魁，字焕吾，号晴川，江西吉安泰和人。正德二年（1507）举人，历官宝庆通判、钧州知州、潮州府同知、工部员外郎。先后从学于王阳明与邹东廓。自嘉靖二十一年（1542）至嘉靖二十六年（1547）十一月，在狱中与杨爵、周怡讲学。

周怡（1506—1569），字顺之，号讷谿，安徽太平人。嘉靖十七年（1538）进士，授顺德推官，官至太常寺少卿。师事王阳明弟子邹东廓与王龙溪，黄宗羲称其能"于《传习录》身体而力行之"（《明儒学案》卷25《南中王门学案一》）。

嘉靖二十一年壬寅（1542），六十四岁

与二子分产析居。有诗。

《泾野先生别集》卷11《与二子析居》：行年六十四，老病已临身。井臼俱分置，祠堂与共新。籝金一镒少，载籍五车真。积善留余庆，云仍望几人。

有《寿魏母刘太孺人八十序》。

《泾野先生文集》卷13《寿魏母刘太孺人八十序》：去年辛丑之春，古厓魏先生巡按陕西，有事茶马。时初入关，自华州过高陵，会晤之顷，乃言曰："吾母刘明岁且八十，职事有间，因便获省膝下，欲得泾野子一言以为千万岁祝也。……"

四月，次孙吕师伊卒，有记。

《泾野先生文集》卷13《泾野吕翁之次孙永宝圹砖记》：予致仕到家，得见两孙，甚喜。其长孙师皋永胤于去年随其父举人田会试，今尚未还。其次孙师伊永宝，则次子监生昀娶邑人张耆老公兰之女金所生者也。永宝生未期年而张金殁，虽路人皆怜其无母也，予抚之于昼，予配李淑人暨其乳母并一二戚媪抚之于夜。今年三月，生二岁又九个月，将三岁也。然受性颇灵慧，其婉恋于予暨李淑人，虽成童弱

冠之孝顺者不及也。……及痘疹……既革之子夜，数呼予至，内人以予在前堂外寝，不以告。既旦，则四月二日，宝已乱，不能言，辰巳之间殁矣。……至五十衣帛时，始用重纩，然亦未尝作里衣。至六十，同南都九卿冬至节会于礼部，诸老多言寒甚，有钱尚书者言潞绸可作小袄，老人骨寒，宜用之。予自是始置一袖袄，今服之四年未易也。

按：据记文，"长孙师皋永胤于去年随其父举人田会试"，"去年"指嘉靖二十年，该年为会试年。记又言"至六十，同南都九卿冬至节会于礼部……予自是始置一袖袄，今服之四年未易也"，到今年嘉靖二十一年正四年，故可知吕柟次孙《圹砖记》作于是年。

有《答王国珍书》。

《泾野先生文集》卷13《答王国珍书》：滁阳人到，得简书、葛绢之贶，足感雅厚犹昔，不以久近远迩易其心也，深荷相信之笃矣！执事茂学实德，偶有一蹶，然公道自明，旋即超起，实他日大用之基也。……去秋遭先母之丧，今岁又罹风痹之疾，不尽所欲言，惟情照，幸甚！

夏五月，弟子胡大器自安徽休宁来高陵，为其撰《胡氏族谱记》。

《泾野先生文集》卷19《胡氏族谱记》：岁壬寅，胡孺道自休宁来吊予于北泉精舍，乃留东厢以居。一日，出所撰《胡氏族谱》展予。……泾野子阅而叹曰："……昔予官南都考功郎中，木斋翁即遣孺道学于柳湾精舍，孺道事予如事木斋翁，朝夕不忍离予也。窃尝私喜，以为孺道有所得矣。及戊戌，予将北上还家，孺道曰：'他日，大器必至高陵。'当其意，虽颠沛患难有所不避。然而山川之险，跋涉之劳，何足为孺道艰哉！予亦谊其必至矣。既而孺道果至，在夏五月也。予喜甚曰：'孺道斯行也，予将以为天降耶！且亦能成得一信字矣。'……若孺道不以此自足，志益坚而功益专，言益谨而行益慎，则仁由是可以溥天地，孝由是可以通鬼神，信由是可以透金石，至于穷神知化之妙，然后为继述之善也。此岂但谱胡氏于今而已哉！虽以谱天下之族至于千万年亦可也。"

有《与渼陂先生书》，为胡大器求文及诗。

《泾野先生文集》卷21《与渼陂先生书》：休宁人胡生大器孺道在江南日仰慕吾兄之道德文章久矣，此来欲为其父求一传文，望念路远心诚，勿拒也。胡生留住月余以候便，不敢急遽耳。器所持赞见书籍，多器所自带来者，内有一二部作，见希示教也。有诗章教言赐一二首，尤器中心所欲而不敢言者耳。丧病中，不及备悉。

六月，左臂患病。

马理《墓志铭》：壬寅六月，公左臂患痛。

马汝骥《行状》：壬寅六月，公左臂病痛。

七月一日，卒，享年六十四岁。门人胡大器在侧。马理从三原至高陵来吊。

马汝骥《行状》：壬寅六月，公左臂病，至七月一日卒。距生则成化己亥四月二十一日，享年六十四岁。卒之日食时，复有大星流光震陨之变。远迩吊者以千计，大夫士及门人悲痛如私亲，皆走巷哭，为罢市三日。解梁及四方弟子闻讣，皆为位哭。

冯从吾《泾野吕先生》：休宁门人胡大器先至高陵侍疾，遂视殓殡而执丧焉。

马理《墓志铭》：公之卒也，理率诸门人哭而殡之。

嘉靖二十三年甲辰（1544）

七月二十四日，子吕田、吕昀葬吕柟于高陵县城东北偶。

马理《墓志铭》：田、昀以甲辰七月二十四日葬公于邑城艮隅，渭阳公坟之左。

门人张良知刊刻《泾野先生别集》于汉南（在今湖北武汉）。

胡缵宗《泾野先生别集序》：汉南刻《泾野先生别集》成，郡丞张幼养，其门人也。……嗟乎，泾野先生以道德起于雍州，时则平川先生为之长，谿田先生为之辅，而横渠以至伊洛之学赖以复续。其所著《四子抄释》、《易说翼》诸书传于世者，可以考先生之学，非程朱不以传，非张吕不以售，而雍西士子皆彬彬然知学有源委矣。维时崆峒先生独好屈赋、杜诗，先生曰："何其酷似屈、杜邪！"对山先生独好迁史、固书，先生曰："何其酷似马、班邪！"缵宗不自量，亦窃有志于古文辞，先生曰："胡为乎秦汉文，胡为乎汉乐府，胡为乎唐诗？不问其酷似与否而非所望于吾弟之初心也。"乃知先生之文行，上以匡君，下以范士，而薄海内外，在在知关中横渠、蓝田之学之有传也。其所为赋，或学荀，或学屈，或学杨诚斋；所为诗，或类邵，或类朱，或类陈白沙，而其性情因形之歌咏。盖先生不事乎文辞，而亦不专于文辞。观先生者当于其笃志圣贤、潜心道德，远述周程，近绍张吕，而后及于诗赋，乃知先生矣。是故立朝以正学，范世以古学，斯则先生之为先生也。缵宗尝语诸友人曰："天宇可学濂溪，伯循可学明道，仲木可学伊川。"友人亦以为然。……诗赋特先生之绪余耳。……嘉靖癸卯中元天水胡缵宗序。

按：《泾野先生别集后序》云："嘉靖甲辰岁秋七月望日门人河东张良知谨识。"

是集又有王九思序（见《渼陂续集》卷下）。

嘉靖二十九年庚戌（1550）

弟子胡大器在家乡休宁建景行书屋奉祀吕柟。

马理《谿田文集》卷3《景行书屋记》：景行书屋者何？休宁太学生胡孺道所营，奉祀其师祠也。其师为谁？高陵泾野子吕仲木也。……嘉靖壬寅七月朔日日食，是夕大星陨，高陵泾野卒。孺道盖先至高陵侍疾，遂视殓殡而执丧焉。他日归，营兹祠屋以祀，名曰"景行"，盖取诗人仰止景行之意，欲尊所闻，行所知也。呜呼！非师淑人以身，弟子笃信好学，能至是耶？呜呼！泾野，予辅仁友也。其卒也，孺道事予如其师，故以祠记托予。祠营于岁嘉靖己酉九月九日，落成于庚戌七月七日。

嘉靖三十二年癸丑（1553）

门人谢少南刻《泾野先生五经说》（二十一卷）。

谢少南《刻泾野先生五经说序》：自汉、唐来挟策习文字，号儒家者流率慨焉，永叹恨不生圣人之时，得从听其言。今遗经非圣人言哉？当时亲炙之徒所传与所得闻，夫非是与遗经在前而又叹息求所谓言，惑矣。是故《六经》若大都，然由入之道则不必同，要之适国；诸说经家虽所由入言人人殊，然抱遗经，出所自得，不愧称明经士。今人应科试乃不然，崇一家疏，硁硁守之，不得旁及，虽剿说雷同，漫不省戒，顾犹曰："叹不闻圣人之言。"是餔糟粕者怪乏酒味，顾安所从得哉！予刻泾野先生经说，传业经家得兹意，毋剿说雷同，求所自得，辟诸达大都，见宗庙之美，百官之富，奚啻云足，乃所由蹊径东西，夫谁与问。《易》曰："天下同归而殊途。"此之谓也。嘉靖癸丑冬十月朔门人江左谢少南识。（见李锡龄《惜阴轩丛书续编》）

按：《泾野先生五经说》包括《周易说翼》《毛诗说序》《尚书说要》《春秋说志》与《礼问》。

谢少南，字与槐，一字应午，江苏南京上元人。嘉靖十一年（1532）进士，官至河南布政司参政。著有《粤台稿》《河垣稿》《谪台稿》等。

嘉靖三十四年乙卯（1555）

门人编辑刊刻《泾野先生文集》（三十六卷）于河北真定。

按：据《泾野先生文集·凡例》及李桢《刻泾野先生文集序》云，是集原有吕柟门人魏廷萱的西安刻本，但字多讹谬且佚缺，于是门人徐绅、吴遵与陶钦皋又重新编订，并依吕柟次子吕昀所藏原稿加以订正，由真定府知府于德昌刻于真定。

是集有徐阶、马理与李舜臣序。徐序与李序皆作于嘉靖乙卯春三月。而据马理序，是集虽搜罗较全，但仍有遗逸。明万历二十年（1592），李桢又编刻成《泾野先生文集》三十八卷，但此本其实是一种选刻本，故卷数虽多，内容却远少于三十六卷本，不过还是收录了于德昌本中一些没有的文章。到了清道光十二年（1832），富平的杨浚又依李桢本进行了重刻（名为《重刻吕泾野先生文集》）。后来，杨浚又得到一种文集本进行续刻（名为《续刻吕泾野先生文集》）。续刻八卷，其中有不少内容是于德昌本和李桢本中都没有的。

是年十二月，关中大地震，马理与韩邦奇在地震中卒。

按：马理与韩邦奇的去世，标志着明代自弘治、正德、嘉靖以来一度兴盛的关中讲学开始走向衰落，虽然此后数十年间，还有吕柟弟子吕潜等人在关中讲学，但其规模已不复昔日盛况，并且在这一期间，关中理学人才凋零。明代关学与关中讲学的再度兴起，一直要等到万历三十六年（1608）长安冯从吾的出现。

隆庆元年丁卯（1567）

追赠礼部尚书，谥文简。

参考文献

（一）文集、史书

（明）吕柟：《泾野先生文集》，明嘉靖三十四年真定于德昌刻本。

（明）吕柟：《泾野先生文集》，明万历二十年北地李桢刻本。

（明）吕柟：《重刻吕泾野先生文集》，清道光十二年富平杨浚刻本。

（明）吕柟：《续刻吕泾野先生文集》，清道光十二年富平杨浚刻本。

（明）吕柟：《泾野先生别集》，明嘉靖间刻本。

（明）吕柟：《泾野子内篇》，北京：中华书局，1992 年。

（明）吕柟：《十四游记》，明嘉靖十六年胡大器刻本。

（明）吕柟：《宋四子抄释》，收入清三原李锡龄《惜阴轩丛书》，光绪二十二年长沙重刊本。

（明）吕柟：《泾野先生五经说》，明嘉靖三十二年谢少南刻本，收入清三原李锡龄《惜阴轩丛书续编》，光绪二十二年长沙重刊本。

（明）焦竑：《国朝献征录》，明万历四十四年刻本，收入《续修四库全书》第 525—531 册。

（明）谈迁：《国榷》，北京：中华书局，1958 年。

（明）雷礼：《国朝列卿纪》，明万历徐鉴刻本，收入《续修四库全书》第 522—524 册。

（明）冯从吾：《关学编（附续编）》，北京：中华书局，1987 年。

（明）康海：《对山集》，北京：社会科学文献出版社，2016 年。

（明）王九思：《渼陂集》《渼陂续集》，《四库全书存目丛书》，集部第 48 册。

（明）王恕：《王端毅公文集》，《四库全书存目丛书》，集部第 36 册。

（明）王廷相：《王廷相集》，北京：中华书局，1989 年。

（明）邹守益：《邹守益集》，南京：凤凰出版社，2007 年。

（明）欧阳德：《欧阳德集》，南京：凤凰出版社，2007 年。

（明）唐龙：《渔石集》，《四库全书存目丛书》，集部第 65 册。

（明）王云凤：《博趣斋稿》，明万历六年刻本。

（明）何景明：《大复集》，《景印文渊阁四库全书》本。

（明）寇天叙：《涂水先生集》，《四库全书存目丛书》，集部第 65 册。

（明）薛应旂：《方山薛先生全集》，《续修四库全书》，第 1343 册。

（明）薛敬之：《思庵野录（附行实）》，清咸丰元年渭南武鸿模重刻本。

（明）马理：《马理集》，西安：西北大学出版社，2015 年。

（明）南大吉：《南大吉集》，西安：西北大学出版社，2015 年。

（明）韩邦奇：《韩邦奇集》，西安：西北大学出版社，2015 年。

（明）李开先：《李开先全集》，上海：上海古籍出版社，2014 年。

（明）李东阳：《怀麓堂集》，《景印文渊阁四库全书》本。

（明）吕文南：《重编义勇武安王集》，明隆庆元年刻本，收入《北京图书馆古籍珍本丛刊》第 14 册。

（清）黄宗羲：《明儒学案》（修订本），北京：中华书局，2008 年。

（清）孙奇逢：《孙奇逢集》，郑州：中州古籍出版社，2003 年。

（清）纪昀：《四库全书总目提要》，海口：海南出版社，1999 年。

（二）地方志、书院志

（明）吕柟：《（嘉靖）高陵县志》，《中国地方志集成》，南京：凤凰出版社，2007 年。

（明）康海：《（正德）武功县志》，明正德十四年刻本。

（明）来时熙：《弘道书院志》，明弘治十八年刻本，收入《中国历代书院志》（第6册），南京：江苏教育出版社，1995年。

（清）岳冠华：《（雍正）渭南县志》，清雍正十年刊本。

（清）达灵阿：《（乾隆）重修凤翔府志》，台北：成文出版社，《中国方志丛书》。

（清）焦云龙、贺瑞麟：《（光绪）三原县新志》，台北：成文出版社，《中国方志丛书》。

（清）吕懋勋、袁廷俊：《（光绪）蓝田县志》，《中国地方志集成》，南京：凤凰出版社，2007年。

（清）葛晨：《（乾隆）泾阳县志》，清乾隆四十三年刻本。

（清）宝琳：《（道光）定州志》，清道光二十九年刊本。

（民国）徐嘉清、曲迺锐：《（民国）解县志》，台北：成文出版社，《中国方志丛书》。

（三）著作、论文

金宁芬：《明代中叶北曲家年谱》，北京：中国大百科全书出版社，2012年。

张卫红：《邹东廓年谱》，北京：北京大学出版社，2013年。

黎业明：《湛若水年谱》，上海：上海古籍出版社，2009年。

吴震：《明代知识界讲学活动系年（1522—1602）》，上海：学林出版社，2003年。

陈玉兰、胡吉省：《中国学术编年·明代卷》，上海：华东师范大学出版社，2013年。

甄洪永，孔德凌：《明代经学学术编年》，南京：凤凰出版社，2015年。

骆兆平：《天一阁藏明代地方志考录》，宁波：宁波出版社，2012年。

季啸风主编：《中国书院辞典》，杭州：浙江教育出版社，1996年。

李青云《浙中王门学者应良论考》，《贵州师范大学学报》（社会科学版）2015年第4期。

后　记

　　本书最初的设想来源于我的博士论文选题。记得那还是 2009 年的暑假，我正蜗居在宝鸡文理学院的宿舍里，为着博士论文写什么题目而苦恼，突然有一天接到导师刘学智教授打来的电话。在电话中，导师建议我以明代关学著名学者吕柟为研究对象，并让我先编一部吕柟年谱出来，因为通过年谱的编写，既可以对吕柟的生平有更为详细的了解，又能熟悉文献，把握其思想主张。说实话，虽然已在关中读书与工作多年，并且我的导师以及陕西师范大学的其他几位老师如林乐昌教授、丁为祥教授都对张载关学有着深厚、精深的研究，但在这种耳闻目染下，我却对张载与明清关学没有多少兴趣，当时的我比较喜欢阳明学，而且已经收集和阅读了不少阳明后学的资料，所以在电话中我比较犹豫，只是回答导师说先看看吕柟的书再说。虽然有太多的不确定，但是我在阅读吕柟著作的时候，仍然按照导师的吩咐开始将其文章按照年代顺序进行了初步编排。尽管这一工作后来由于博士论文选题的改变而中断，但今天想想，导师的那次建议却使我在不经意间走上了对明清关学研究的道路，同时也让我为日后承担《关学文库》中吕柟文集的点校与评传的写作打下了基础。

　　毕业后，除了给学生上课之外，余下的时间便是主要研读明清关学学者的一些著作和整理点校吕柟文集。在点校的过程中，出于想弄清吕柟每一年主要活动的想法，就继续在原来的基础上编撰其年谱，但因为懒惰和一有时间就想看自己喜欢的书，所以对吕柟年谱的编订总是时断时续的。2015年，张波博士建议我做好吕柟年谱，并通过努力给我提供了一个出版的机会。然而，由于孩子的出生，以及一些其他的科研任务，我在此后一年多的时间里没有太多的精力投入吕柟年谱的编订中。在这里，要感谢张博士，对我一拖再拖的宽容与理解，于是乎，直到2017年的今日才完成本书。

最后，需要说明的是，由于时间和精力有限，不能一一考订吕柟每篇文章的写作时间，还有些文章虽可大概推知在哪一年，但因缺乏充分证据，只好付诸阙如。另外，虽然本书大致呈现了吕柟生平的主要活动，但这远非全部，有些活动因无专门记载，只能隐约从他的一些文章中获知，不能对其进行详细考辨。留下诸多问题，颇为遗憾。

米文科

2017年4月27日